미국

미국을 지배하는
또 하나의 제국

글록
GLOCK

폴 배럿 지음 | **오세영** 옮김 | **강준환** 감수

일러두기

1. 외래어 표기는 영어를 기준으로 한국어 어문규범 외래어 표기법을 준수하는 것을 원칙으로 하되 관용적 표현은 예외를 허용했습니다. (예 : 시그사우어)
2. 인명, 단체명, 용어 등의 원어는 맨 처음 등장할 때만 병기하고, 지명은 필요한 경우에만 원어를 병기했습니다.
3. 전문용어나 단체명 등은 붙여쓰기를 허용했습니다. (예 : 전미총기협회, 더블액션, 자동권총)
4. 각주는 필자 주라고 표기된 것 이외에는 모두 역자 주입니다.

줄리를 위해

차 례

The Glock 23

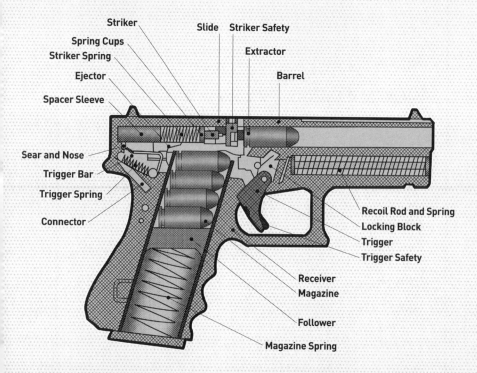

Striker

Spring Cups

Striker Spring

Ejector

Spacer Sleeve

Sear and Nose

Trigger Bar

Trigger Spring

Connector

Slide

Striker Safety

Extractor

Barrel

Recoil Rod and Spring

Locking Block

Trigger

Trigger Safety

Receiver

Magazine

Follower

Magazine Spring

1장
마이애미 총격 사건

1986년 4월 11일 오전 9시 45분, 특수요원 벤저민 그로건Benjamin Gro-gan과 제럴드 도브Gerald Dove는 도난당한 검은색 쉐보레 몬테카를로 차량과 2명의 용의자를 사우스딕시 고속도로에서 발견했다. 두 용의자는 지난 4개월 동안 남부의 데이드 카운티에서 은행과 현금 수송 차량을 털었다. FBI 마이애미 지부의 책임 특수요원 고든 맥닐Gordon McNeill은 용의자를 잡기 위해 24시간 잠복근무를 지시했다. 맥닐은 "두 사람이 죽었고 여성 한 명이 실종 상태다. 이들은 다른 사람에게도 네 번이나 총을 쐈다. 근무 24년 만에 처음으로 수단과 방법을 가리지 않고 현장에서 잡겠다."라고 말했다.

몇 개월 후, 다른 FBI 팀이 세단 3대를 타고 은행털이범을 추적했다. 반대 방향에서 접근하던 맥닐은 수상한 호송 차량의 선두에 있던 검은색 몬테카를로를 발견했다. 조수석의 용의자가 루거 미니 14Ruger Mini-14 반자동소총에 20발 탄창을 끼웠다. 맥닐은 무전기에 대고 소리 쳤다.

"용의자 차량 정차시킨다! 덮쳐!"

FBI 세단은 몬테카를로를 들이받으며 큰길로 몰아냈다. 다른 세단 3대가 미끄러지듯 다가와 몬테카를로를 포위했다. 길 건너에 있던 또 다른 FBI 차 2대까지 합류해 모두 8명의 요원이 용의사 2명과 대치 했다. 갑자기 용의자 한 명이 총을 쏘기 시작했다. FBI 요원들은 몸을 숨기고 대응 사격을 했다. 용의자는 총에 맞은 것처럼 보였지만 여전 히 총을 쏘고 있었다.

요원들이 사용하던 스미스&웨슨Smith & Wesson 리볼버는 장탄 수 가 고작 6발이라 혼전 중에도 계속 재장전해야 했다. FBI 요원 중 3명 은 특수전술분대 소속이어서 15연발 S&W 자동권총을 사용했는데 이도 용의자의 저항을 멈추게 하지는 못했다. 루거 미니 14를 가진 용 의자는 새 탄창을 끼우면 바로 20발을 더 쏠 수 있는 상황이었다. 탄 창 하나는 무려 40발짜리였다. 다른 용의자는 장탄 수를 8발로 늘린 12게이지 샷건을 사용했다. 은행털이범은 시가전 수준으로 단단히 무 장했다.

맥닐은 총에 맞아 오른손 뼈가 부서졌다. 살 조각이 리볼버의 실린 더에 끼어 재장전할 수 없었다. 그는 차 뒷좌석의 샷건을 꺼내려고 몸을 일으켰다. 그 순간, 5.56mm 소총탄이 목을 관통하며 그의 전신을 마비시켰다. 동료 요원도 S&W 모델 36(일명 치프스 스페셜)을 재장전하려다가 중상을 입었다. 맥닐은 이때의 경험에 대해 "모두 쓰러져갔다. 우리는 가미카제 두 놈에게 달려든 것이다."라고 말했다.

나중에 밝혀졌지만, 은행털이범 마이클 플랫Michael Platt과 윌리엄 머틱스William Matix는 평범한 범죄자가 아니었다. 두 사람은 1970년대에 켄터키의 포트캠벨에서 만났다. 머틱스는 101공수사단에 소속된 헌병이었고, 플랫은 특수부대 훈련을 받아 사격에 능숙했다. 이웃들은 이들이 조경 사업을 했는데 근면 성실해 보였다고 회고했다. 둘 다 범죄기록이 없었는데, 중간에 뭔가 잘못되었는지, 그들은 미치광이가 되었다.

플랫은 미니 14를 견착하고 정확한 조준사격을 하며 치명적인 접근전 능력을 과시했다. 군용 M14를 변형시킨 미니 14는 소형 동물 사냥, 취미 사격과 경찰용으로 많이 사용되었다. 플랫은 반자동소총의 다연발 탄창과 관통력 높은 탄환을 십분 활용했다. 그는 상체를 이리저리 흔들면서 검은색 몬테카를로를 발견했던 그로건과 도브에게 다가갔다. 다른 요원이 "뒤로 돌아간다!"라고 알렸지만 이미 늦었다. 플랫은 그로건의 상체와 도브의 머리에 치명상을 입혔다.

4분 동안 총격전이 계속되었고 FBI가 타고 온 뷰익 차량은 총탄으로 벌집이 되었다. 중상을 입은 에드문도 미렐레스Edmundo Mireles 요원이 플랫과 머틱스에게 비틀거리며 다가갔다. 시민의 증언에 따르면 그는 마치 좀비처럼 뻣뻣하게 걸어갔다고 한다. 그는 S&W .357 매그넘을 앞으로 내밀고 바로 앞에 있는 두 사람에게 계속 사격을 해 죽게 만들었다. FBI 역사상 가장 끔찍한 날이었다.

양쪽이 총 140발을 쏘았다. 플랫과 머틱스 외에 FBI 요원 2명이 죽고, 3명이 영구적인 장애를 입었고, 2명이 다쳤다. 〈팜비치포스트〉는 "OK목장처럼 보이는 총격전"이라며 경악스러운 목격담을 보도했다.

1881년 애리조나 툼스톤에서 벌어진 OK목장의 전설적인 총격전은 겨우 30초 동안 벌어졌고 30발만 발사됐으며 3명이 죽었다. 그러나 마이애미에서 벌어진 현대판 대결에서는 한 명이 더 죽었다.

✐✐✐

잭슨빌 보안관 사무실의 사격장 감독관 존 러더퍼드John H. Rutherford 부관은 그날 뒤늦게 총격전에 대해 들었다. 그는 "나쁜 놈들이 이전과 달리 고성능 화기를 가지고 다니기 시작했다. … 그건 무섭고 끔찍한 얘기다. FBI가 화력이 달린다는 건 단단히 잘못된 일이다."라고 했다.

법 집행기관과 소화기 연구자들은 마이애미 총격 사건의 법의학 기록을 검토해, 수천 장의 보고서를 작성했다. 전국의 경찰서는 총격전에 대한 세미나를 개최했다. 총기 잡지들은 이 사건을 자극적으로 재구성했다. NBC는 〈사선에서 : FBI 살해범In the Line of Fire : The FBI Murders〉이라는 TV용 영화를 방영했다.

검토 결과, FBI 요원은 용감하게 맞섰지만 총격전 대비가 충분하지 않았다는 결론이 나왔다. 그 이후, 모든 사람의 머릿속에는 한 가지 생각이 자리 잡았다. 러더퍼드 부관의 말을 빌리면, "경관의 화력이 부족했다."라는 것이다. 경찰, 정치인, 합법적인 총기 소유주 대부분이 그렇게 생각했다. 범죄자의 무장이 경찰보다 강력했고 전국적으로 범죄율은 나날이 치솟고 있었다. 마약 갱은 도심 주택가를 지배했고 난폭한 10대는 칼 대신에 총을 쥐었다. 경찰, FBI, 평화를 수호하는 모든 사람이 점차 치명적인 위험에 노출되고 있었다. FBI는 요원이 소지하고 있던 15연발 자동권총 3정과 12게이지 샷건 2정은 제쳐 두고, 리볼버 7정만을 부각해 오해를 부추겼다. FBI 국장 윌리엄 세션스William Sessions는 마이애미 사건 이후 "FBI가 수십 년 동안 리볼버를 잘 사용해 왔지만, 이제는 요원과 미국 시민의 안녕을 위해 대대적인 변화를 일으킬 때가 되었다."라고 말했다. 리볼버는 장탄 수가 너무 적고 격전 중에 재장전하기 곤란했다. 저지력도 의심스러웠다. 마이애미 총격전에서 FBI는 약 70발을 쐈고 플랫과 매틱스는 18발의 총상을 입었는데도 계속 저항하며 FBI에게 끔찍한 피해를 입혔다.

1987년, 잭슨빌의 러더퍼드 부관은 사무실에 지급된 S&W 리볼버를 교체할 권총을 추천하라는 공식 명령을 받았다. 지역, 주, 연방 경찰 수백 명도 비슷한 임무를 받았다. 러더퍼드는 "더 좋은 총을 찾기 위한 임무였다."라고 말했다.

2장
미래의 권총

가스통 글록Gaston Glock은 오스트리아에서 30년간 근면 성실하게 제조업에 종사했다. 그는 대성공을 거두지는 못했어도 지역에서 존경받으며 안락한 삶을 누리고 있었다. 하지만 큰 꿈을 포기하지 않았다.

글록은 오스트리아 철도 인부의 아들로 빈 외곽에서 작은 자동차 라디에이터 공장을 운영했다. 공장에서 그리 멀지 않은 도이치-바그람Deutsch-Wagram 근교의 집 차고에서 아내 헬가와 함께 부업도 병행했다. 그곳에서는 러시아제 중고 금속 프레스로 문과 창문용 황동 장식을 주로 만들었다. 차고에 차린 철공소는 점차 사업을 확장했다. 글록은 품질 좋은 철제 칼을 합리적인 가격에 판매하다 오스트리아 국방부와 군용 칼과 총검 납품 계약을 맺게 되었다. 그는 국방부를 방문할 때마다 새로운 기회를 찾기 위해 눈과 귀를 열어 두었다.

1980년 2월 어느 날, 대령 두 사람의 대화를 우연히 들은 그는 꿈을 이룰 기회를 놓치지 않았다. 당시 오스트리아 육군은 장교와 조종사, 운전병이 아직도 사용하던 2차 대전의 유물 발터Walther P-38을 교체하려고 했다. 1800년대 중반부터 오스트리아 무기를 제조한 슈타이어Steyr는 군에 신형 권총을 제안했지만 국방부의 엄격한 기준을 통과하지 못했다. 군 지휘부는 더 기다릴 수가 없는 처지였다.

글록이 두 사람의 대화에 끼어들었다.

"지금이라도 다른 회사가 권총 납품 계약을 제안해도 될까요?"

차고에서 경첩, 커튼 봉, 나이프를 만들던 그가 권총을 설계한다고? 두 사람은 웃음을 터트렸다.

50세인 가스통 글록은 차분하고 유머 감각이 별로 없었다. 그는 보통 키의 마른 체형에 탈모가 시작되었고 어깨는 굽고 팔이 길었다. 취미로 수영을 즐기는 그는 근육질 몸매를 옷 안에 숨기고 있었다. 옷은 스웨터를 입고 그 위에 짙은 색 정장 외투를 걸치는 보수적인 차림이었다. 그는 필요할 때만 입을 열었다. 글록은 기술학교에서 기계공학 교육을 받았고, 핸드드릴을 만드는 회사에 신입사원으로 입사해 경력을 쌓았다. 무기 설계는 그가 쌓아온 경험과 차원이 다른 분야였다.

글록은 대령에게 부탁해 신형 권총에 대한 군의 요구 사항을 들었다. 몇 년 후 글록사는 공식적으로 다음과 같이 발표했다. "글록은 권총을 단순하게 만들어야 한다고 말했다. 권총은 자신이 생산했던 나이프처럼 병사의 허리띠에 착용하는 또 하나의 장비에 불과하다는 것이다." 글록은 인터뷰에서 완전히 생소한 분야라 오히려 유리했다고 말했다.

그는 정보를 좀 더 얻기 위해 국방부 장관을 만났다. 글록은 장관에게 군용 권총을 만들어도 되는지를 물었다. 장관은 "왜 안 되겠습니까?"라고 대답하고는 말을 덧붙였다.

"비용은 순전히 당신 부담입니다. 나는 책임지지 않습니다."

"좋습니다."

몇 년 후, 1980년 당시 무기에 대해 얼마나 알고 있었느냐는 질문에, 글록은 거의 몰랐다고 말했다. 그는 1993년 11월에 미국에서 있었던 소송에서 "훈련을 거의 받지 못했습니다. 2차 대전 말에 독일군 훈련소에 겨우 며칠 있었을 뿐입니다."라고 말했다. 글록은 1929년 빈에서 태어나 10대에 독일 국방군에 입대했다. 그는 "그 당시 15살 정도로 매우 어렸는데 군사훈련을 받아야 했습니다. 겨우 2, 3일 받았습니다. 그게 전부입니다."라고 말했다. 그나마도 훈련을 1944년이나 1945년에 받았다고 할 정도로 기억이 부정확했다.

글록은 심지어 훈련을 하루만 받았고 꾀병을 부려 퇴소했다며 독일군 복무 배경을 최소화하려고 애쓴 적도 있었다. 그는 독일 국방군 배경을 인정하고 싶어 하지 않았다. 비슷한 나이의 오스트리아인은 대부분 그런 배경을 숨겼다. 글록은 무기 설계자가 되기에 무기 지식이 매우 부족했다. 그는 "독일군에서 소총, 권총, 수류탄을 봤습니다.

좀 익숙해졌죠. 방아쇠를 당기면 탕 소리가 납니다."라고 말했다.

그는 성인이 되어서도 총을 구입하지 않았다. 1980년 초에 국방부를 운명적으로 방문한 후에 이탈리아의 베레타Beretta 92F⊕, 스위스의 시그사우어Sig Sauer 220⊕⊕, 체코의 CZ75⊕⊕⊕, 독일의 신형 발터 P-38을 구입했다. 모두 유럽 표준인 9mm 탄을 사용했다.

그는 먼저 P-38을 사용해 봤다. P-38은 1차 대전 당시 사용한 루거Luger P-08을 대체하기 위해 1930년대에 개발되었고 1938년 독일군에 채택됐다. 독일 국방군은 이 권총을 2차 대전 내내 사용했다. 연합군은 노획한 발터를 승전 기념품으로 삼아 귀국길에 대량으로 챙겨 갔다. 글록은 P-38과 다른 권총을 도이치-바그람의 작업장으로 가져가 분해 조립하면서 다양한 제조 방식을 기록했다. 글록은 "혁신적인 권총을 개발하면서 오스트리아 특허 사무실에 몇 주 동안 방문하며 집중적으로 연구하기 시작했습니다. 그 당시 구할 수 있는 신형 권총을 모두 구입해 테스트했고 최고 전문가의 조언을 구하려고 노력했습니다."라고 회상했다.

가스통과 헬가 부부는 오스트리아 남부의 호수 휴양지 벨덴에 별

⊕ 파브리카 다르미 피에트로 베레타가 정식 명칭. 베레타 92는 미군 제식 권총으로 사용되었고 브라질, 중화민국, 프랑스에서 라이선스 생산되었다.
⊕⊕ 스위스와 독일이 합작한 총기 전문업체로, P320 모델이 차세대 미군 제식 권총으로 선정되었다.
⊕⊕⊕ 체코 조병창에서 개발한 모델로, 미국의 수입금지에도 불구하고 큰 인기를 끌어 각종 복제품이 난무했다.

장을 가지고 있었다. 그는 1980년 5월의 어느 주말에 총기 전문가 여러 명을 별장으로 초대했다. 그중에는 사격 대회 우승자로 오스트리아군의 무기 구입을 감독한 프리드리히 드샹트Friederich Dechant 대령과 《권총의 소음기Silencers for Hand Firearms》 등의 기술 서적을 집필한 지크프리트 휴브너Siegfried Hubner가 있었다. 휴브너는 독일의 유명한 총기 제조업체인 마우저Mauser와 헤클러운트코흐Heckler & Koch✠에서 연구를 했었다.

글록이 손님들에게 말했다.

"신사 여러분, 이제 알려주시기 바랍니다. 미래의 권총이 어땠으면 좋겠습니까?"

벨덴에서의 토론은 리볼버보다는 자동권총에 집중되었다. 이 토론을 이해하려면 두 권총의 차이를 알아야 한다. 19세기로 거슬러 올라가 보자. 마케팅 천재 새뮤얼 콜트Samuel Colt는 자신의 리볼버 피스메이커Peacemaker✠✠에 '서부를 평정한 총'이라는 신화를 붙였다. 미국인은 리볼버에 상당한 애착을 가졌다. 독일과 오스트리아, 스위스는 독일의 무기 설계자 게오르그 루거Georg Luger의 9mm 자동권총을 좋아

✠독일의 총기 생산업체로 MP5, MP7, G3, HK416 등의 자동소총으로 유명하다. 이하 H&K.
✠✠콜트 싱글액션 아미Colt Single Action Army가 정식 명칭으로 1892년까지 미군이 제식 권총으로 사용했다.

했다. 두 권총의 내부 작동방식은 상당히 다르다. 리볼버 또는 '휠건 Wheel gun'은 실린더에 5~6발을 장전한다. 더블액션Double-action 리볼버는 방아쇠를 당기면 해머(공이치기)가 움직이며 탄약을 발사한다. 자동권총은 스프링이 내장된 직사각형 상자 또는 탄창에 탄약을 장전하고 손잡이 안에 삽입한다. 스프링의 압력이 탄창의 탄약을 약실로 밀어 올린다. 자동권총을 쏠 때마다 약실에서 탄피가 배출되고 새 탄약이 올라온다. 자동권총이 더 정교하기 때문에 모델에 따라 오동작이 잦다. 반면에 장탄 수가 많기 때문에 총격전에 유리하다. 리볼버는 실린더를 프레임 밖으로 밀어내 회전시키고 카트리지를 약실에 삽입하지만, 자동권총은 새 탄창을 끼우기만 하면 된다.

미국과 유럽은 전통적으로 탄약 표기법이 다르다. 미국은 전통적으로 탄약과 총기 모두 .38구경, .45구경 등과 같이 직경을 인치 단위로 부른다. 유럽은 탄약과 총기를 미터법으로 부른다. 9mm 탄약은 .38구경과 직경이 거의 같고 10mm는 .40구경과 거의 같다. 최근에는 지역에 따른 용어 차이가 많이 사라졌다.

벨덴의 모임에서 드샹트 대령은 글록에게 군이 P-38의 9mm 8발보다 더 많이 장전할 수 있는 자동권총을 원한다고 알려 주었다. 무게는 800g을 넘으면 안 되었다. 그리고 방아쇠가 가벼워서 빠르고 정확하게 사격할 수 있어야 하고, 날렵해서 넣고 꺼내기 편해야 했다. 드샹트와 휴브너는 권총 프레임의 폭은 30mm 이하가 좋다고 조언했다. 무엇보다 부품 수가 40개 이하로 업계 표준보다 훨씬 단순해야 했다.

글록은 손님들에게 하부 프레임의 각도Grip-to-frame에 대해 물었다. 그는 나뭇조각 두 개에 못을 박아 투박한 모형을 만들었다. 손님들은 눈을 감았다 떴다 하며 모형을 이리저리 겨눠 보고는 사용자가 심각한 부상을 입어 조준기를 볼 수 없어도 본능적으로 조준할 수 있어야 한다고 의견을 모았다. 그들은 22도를 추천했고 글록은 나중에 각도를 약간 줄였다.

드샹트 대령은 자동권총이 눈과 얼음, 진흙에 노출되어도 견딜 수 있어야 한다고 강하게 말했다. 최소 1만 발을 견딜 수 있는 내구성과 1천 발당 오동작 1발 이하의 안정성도 강조했다. 그날 밤 이상적인 자동권총은 4만 발의 사격을 견뎌야 한다는 목표가 결정됐다.

안전성에 대해서도 많은 의견이 오갔다. P-38과 다른 자동권총에는 격발을 막는 외부 안전장치가 있었다. 일부 병사와 경찰관은 해머를 당긴 채로 안전장치를 채워서 안전장치만 풀면 바로 발사할 수 있는 상태로 권총을 가지고 다녔다. 어처구니없게도 너무나 많은 사용자가 안전장치의 잠금 상태를 잊어버렸기에 심각한 문제가 되곤 했다. 순간의 착각이 오발 사고로 이어졌다.

몇 년 후에 글록은 "개발 초기에 조언을 구한 전문가들은 국내외 사고 통계를 모두 볼 수 있는 사람들이었다. 사람이 심한 스트레스를 받을 때 사고가 발생하는 이유와 사례에 대해 알려 주는 통계였다. 전문가들은 자동권총의 안전장치가 오히려 오동작이나 오발의 원인이 된다고 말했다."라고 회상했다.

글록은 안전장치가 위험을 일으킨다는 역설적인 정보에서 영감을 얻었다. 그는 2주 동안 바지 주머니에 발터 P-38을 가지고 다녀 보았다. 안전장치가 잠겼는지를 기억하지 못할 때가 많았다. 글록사의 연혁에는 "이 정도로 기억하지 못한다면 수동 안전장치 때문에 권총을 신속하게 사용할 수 없었다."라고 적혀 있다. 저녁 모임이 끝나자 글록은 토론을 정리한 종이에 손님의 서명을 받고 날짜를 적었다. 그는 마치 이 모임이 역사의 한 장면이 될 것처럼 행동했다. 글록은 손님들의 조언에 대가를 지불하지 않았다. 대신 드샹트는 육군 소장으로 예편한 후에 글록사에 정규직으로 입사했다.

글록은 전문가의 정보와 조언을 바탕으로 시제품을 만들기 시작했다. 숙련된 기술자를 고용해 오랜 시간 함께 일하며 군의 요구 사항을 실현했다. 저녁 식사를 마치면 지하실에 특별히 마련한 사격장에서 조잡한 초기 버전을 시험 사격하곤 했다. 그는 왼손만 사용해서 혼자 사격했다. 오동작으로 총이 폭발해도 멀쩡한 오른손으로 설계 작업을 계속할 생각이었기 때문이다. 이에 대해 글록의 아내 헬가는 "방해하지 않는 법을 배웠죠."라고 말했다.

글록은 가끔 경찰학교의 수업에 참석하거나 사격훈련을 받았다. 그는 "자동권총의 사용에 대한 모든 것을 알고 싶었습니다. 실전 상황뿐만 아니라 경찰과 군의 평시 사용에 대해서도 말입니다."라고 회상했다.

그동안 글록 부부는 차고에서 중고 금속 프레스를 계속 사용했다. 인부는 두 사람만 고용했고 매일 아침 라디에이터 공장으로 출근하기 전에 조잡한 러시아제 기계를 조정했다. 그날 문의 경첩을 만들면 스탬핑 기계에 황동 코일을 넣고, 총검을 만들 때에는 철 코일을 넣었다. 점심을 먹으러 집에 와서 확인하고 다시 조정을 하곤 했다. 직원이 제품이 든 통을 밴에 실으면 헬가가 다른 공장에 가서 마무리 작업을 했다. 그리고 헬가는 강인한 첫째 브리짓, 내성적인 가스통 주니어, 젖먹이 아기 로베르트를 돌봐야 했다.

글록이 6개월 만에, 심지어 3개월 만에 총을 만들었다고 주장하는 사람들이 있다. 글록은 일 년이 걸렸다고 말했는데, 이제 막 총기를 설계하기 시작한 초보가 시제품을 만들기에는 엄청나게 짧은 시간이었다. 1981년 4월 30일, 그는 오스트리아에 특허를 제출했다. 17번째 발명이어서 글록 17이라는 이름을 붙였다. 공교롭게도 그의 발명품은 탄창에 17발을 장전할 수 있었고, 필요하다면 약실에 한 발을 더 장전할 수 있었다.

다시 일 년간 시험과 개선을 거친 후, 1982년 5월 19일에 샘플 4정을 오스트리아군에 제출했다. 10년 후에 그는 "2년 동안 밤낮을 가리지 않고 일해서 군에 샘플을 늦지 않게 제출했기 때문에 그 날짜를 아직도 기억한다."라고 말했다.

글록 17은 두 가지 면에서 독특했다. 첫 번째, 대부분의 부품이 가

✣ 중합체로서 저렴하고 변하지 않는 물성으로 가볍고 쉽게 형태를 만들 수 있는 장점이 있는 반면, 자연에서 분해가 되지 않아서 환경오염의 주범이 되고 있다. 최근 자연에서 분해가 가능한 폴리머도 생산하고 있다.

녑고 탄력성이 좋은 폴리머Polymer 플라스틱✢이었다. 두 번째, 생산공장도 없이 설계되었다.

철제 총기는 부식될 수밖에 없다는 필연적인 문제가 있었다. 그래서 1980년대부터 단단하고 부식에 강한 폴리머라는 공업용 플라스틱을 사용하기 시작했다. 글록은 사출 몰딩 기계를 구입해 차고에서 군용 단검의 손잡이 등을 생산하면서 폴리머를 공부하기 시작했다. 운좋게도 그는 파산한 카메라 업체의 직원을 고용하면서 첨단 사출 몰딩과 플라스틱 설계 기술도 함께 입수할 수 있었다. 그중 한 명인 라인홀트 히어슈하이터Reinhold Hirschheiter는 글록의 측근이 되어 수십 년 동안 총기 생산에 기여했다.

글록은 폴리머로 권총 프레임을 만들어 원자재와 노동력을 줄이고 전통적인 철제 권총보다 인체공학적인 디자인을 만들어냈다. 아메리칸 레밍턴 나일론American Remington Nylon 66✢✢ 소총과 H&K VP70✢✢✢ 권총처럼 폴리머를 사용한 이전의 총기는 인체공학과 디자인의 한계 때문에 범용화되지 못했다. 슈타이어는 군과 경찰용 플라스틱 총몸 소총인 AUG를 생산했다. 그러나 1970년대 말과 1980년대 초까지 그 기술을 권총에 적용하지 못해서 글록에게 큰 기회를 넘겨주었다.

✢✢ 1959년에 레밍턴 암스가 개머리판 등에 합성 재질을 사용해 만든 소총으로 30년 동안 1백만 정 이상이 생산되었다.
✢✢✢ 1977년에 슈타이어가 다목적 군용으로 개발한 소총이다. 불펍식 돌격소총으로서는 큰 성공을 거두었다.

글록은 완벽하게 자동화된 공장에서 자신의 권총을 생산하는 미래를 그렸다. 슈타이어의 중역이었다가 글록에 마케팅 임원으로 합류한 볼프강 리들Wolfgang Riedl은 "그가 설계한 권총은 전 공정 컴퓨터 수치 제어CNC로 생산하여 비용을 크게 낮췄습니다."라고 말했다.

드샹트의 부관, 잉고 비저Ingo Wieser는 글록과 다른 총기 업체 5곳을 비교했다. 25세의 직업군인이었던 비저는 글록의 탄생을 아주 가까이에서 지켜보았다. 그는 가스통 글록이 직접 말하거나 글록의 추종자들이 수년 동안 반복한 이야기를 반박하지 않으면서도, 글록의 영웅적인 신화에 대한 정치적인 전후 사정과 약간의 회의론을 덧붙여 주었다.

비저는 현재 빈에서 보안 컨설팅 기업을 운영하며 법원에서 법의학 고문으로도 일하고 있다. 그는 현대 권총의 모든 것을 알고 있는 사람이다. 글록이 국방부 복도에서 우연히 정보를 듣기 전인 1979년에 이미 비저는 후보 권총의 테스트를 지휘한 경험이 있었다. 그 당시에는 베레타가 가장 유력한 후보였다. 그렇지만 오랜 역사를 가진 오스트리아 군수업체이며 사회주의 정권의 통제를 받던 슈타이어가 외국 기업이 계약을 따내서는 안 된다며 강하게 반발했다. 국방부 장관은 육군에게 슈타이어를 선정하지 않을 거면 대신 다른 자국 기업을 찾으라고 명령했다. 당시 육군은 외국 제품을 선택하면 애국심이 부족하다고 비난을 받을 수 있었다. 그렇지만 권총을 제조할 수 있는 적당한 오스트리아 기업이 없다는 게 문제였다. 비저는 필자에게 "글록 씨가 바로 그때 등장했습니다."라고 말했다.

가스통 글록은 육군용 단검, 탄띠 같은 장비들을 생산하면서 믿을 만한 계약자로 신망을 얻었고 사회당 당직자와 친분을 쌓았다. 드샹트 대령은 세심하게 조언을 하면서 글록이 군의 요구조건을 맞춘 오스트리아제 권총을 생산할 적임자이자, 슈타이어와의 대립도 해소할 수 있는 묘수라고 판단했다.

드샹트는 유럽의 권총에 대한 전문가인 휴브너를 프로젝트에 초대했다. 글록은 드샹트와 휴브너의 아이디어를 결합하고 수백만 실링을 대출받아 시제품을 만들어 테스트하기만 하면 되었다. 비저는 글록의 역할이 사소하거나 가볍진 않았지만, 천재 발명가보다는 일반 계약자에 가까웠다고 기억했다. 비저는 "드샹트와 휴브너가 없었다면 글록은 여전히 커튼 링이나 만들고 있었을 겁니다."라고 말했다.

♦♦♦

비저는 가스통 글록이 얻은 명성과 부에 대한 질투를 숨기려고 하지 않았다. 1980년대 초반 육군 권총의 시험을 책임진 비저는 글록의 시제품에 대해 개선 사항을 많이 알려 줬지만 아무 보상도 받지 못했다. 혁신적인 무기의 탄생에 기여한 그의 노력을 아무도 알아주지 않았던 것이다. 그는 "글록 씨는 나를 쉽게 잊었습니다."라고 말했다.

비저는 속마음과 상관없이 H&K, 시그사우어, 베레타, 슈타이어, 벨기에의 파브리크 나쇼날Fabrique Nationale⊕과 글록을 공정하고 객관적으로 비교검토했다고 강조했다. 슈타이어 GB 권총만 글록보다 한 발이 많은 18발을 장전했다. H&K P9S와 시그사우어 P-220은 9발을, 베레타 92F는 15발을 장전했다.

플라스틱을 사용한 글록은 661g으로 가장 가벼웠다. 대부분 금속으로 만들어진 H&K는 928g, 슈타이어는 1,100g으로 가장 무거웠다. 글록은 부품이 34개로 가장 단순한 구조였다. 시그사우어는 53개, 베레타는 70개, H&K는 77개로 글록의 2배가 넘었다.

모든 권총이 철제 슬라이드를 사용했다. 글록만 단단한 강철봉으로 슬라이드를 만들어서 용접이나 나사를 사용하지 않았다. 슬라이드는 하부 프레임 위에 위치하는 긴 직사각형 부품이다. 권총을 쏘면 슬라이드가 스프링을 뒤로 누르며 이동하면서 빈 탄피를 배출한다. 총의 반동력이 줄어들면 눌린 스프링이 슬라이드를 원래 위치로 밀어낸다. 슬라이드는 앞으로 가면서 탄창의 탄약을 잡아채서 약실에 장전해 다음 사격을 준비한다. 글록은 슬라이드를 단순하게 만들었기 때문에 제조 과정이 간단했고 그만큼 오동작 가능성이 낮았다.

글록 17은 1만 발의 사전 발사 시험을 거쳤다. 육군은 20발 이상 오동작하면 실격시켰는데 글록은 단 한 번만 오동작했다. 고열, 추위,

---

⊕에르스탈 국립 공장FN Herstal. FN FAL 자동소총과 FN 미니미 기관총으로 유명하다. 이하 FN.

모래와 진흙에 노출한 후에도 사용할 수 있었다. 2m 높이에서 철판 위에 떨어트렸는데도 오발이 일어나거나 파손되지 않았다. 다른 총도 모두 비슷한 시험을 거쳤다.

시험을 마친 육군은 제출된 권총의 순위 비교표를 만들었다. 벨기에의 FN은 비교 대상 자체에서 탈락했고 슈타이어는 오동작과 발열이 너무 심해서 두 번째로 낮은 점수를 받았다. H&K, 시그사우어, 베레타는 비교적 좋은 평가를 받았지만 승자는 글록 17이었다.

1982년 11월 5일, 국방부 장관은 가스통 글록에게 "귀하의 권총은 만점 대비 88.7%의 성능을 기록했습니다."라는 공식 축하 전문을 보냈다. 글록이 고안한 사출 몰딩 제작 덕분에 납품가도 다른 경쟁사에 비해 상당히 낮았다. 1983년, 국방부 장관은 글록 17을 2만 정 주문했다. 야심만만한 글록의 등장으로 총기 산업계는 갑작스러운 지각변동을 겪었다. 글록에게 필요한 것은 공장과 인력이었다. 볼프강 리들은 이렇게 기록했다.

"그에겐 총검을 생산하던 커다란 차고가 전부였다."

♦♦♦

미국의 총기 전문가 패트릭 스위니Patrick Sweeney는《글록 건 다이제스트 북The Gun Digest Book of the Glock》에서 "가스통 글록은 어떻게 그런 권총을 만들 수 있었을까?"라고 질문했다. 이건 다른 권총 애호가들도 수십 년 동안 갑론을박한 질문이다. 스위니는 글록의 대답과 일치하는 그럴듯한 답변을 내놓았다. "그는 처음 만들어 봤기 때문에 제대로 해냈다. 기존의 제조업체들은 NIH(Not Invented Here) 증후군⊕ 때문에 새로운 디자인을 수용하지 못했다. 그들에겐 기존 권총을 변형하면 되는데 굳이 새로운 것을 만들어야 하느냐는 고집이 있었다."

글록은 백지에서 시작했다. 그는 고객인 군 전문가의 말을 경청했다. 그는 고객이 요청하는 대로 수정해서 독창적인 것을 만들어 냈다. 그것도 적시에 해냈다.

몇 년도 지나지 않아서 오스트리아 국방부보다 훨씬 크고 돈이 넘치는 시장이 '미래의 권총'을 찾았다. 1986년의 마이애미 총격 사건으로 새로운 시장이 더 빨리 열렸다. 미국 경찰은 신형 권총을 원했고 글록은 리볼버보다 강력한 대안이었다. 미 전역의 지역 경찰과 보안관은 큰 시장이다. 그리고 미국 민간에서 총기를 구입하는 인구는 정부 기관의 권총을 선호하는 경향이 있다. 글록에게는 금광맥이 터진 셈이었다. 글록 17은 미국 소비자들의 전통적인 유행을 따라 매출을 크게 올릴 기회를 잡았다. S&W 등의 기존 강자는 글록을 무시하고 비웃기까지 했지만 나중에는 이 오스트리아 신생 업체를 모방한 모조품을 마구 출시했다. 지금도 미국 총기 업체는 글록을 따라잡지 못하고 있다.

⊕ 자체 개발한 것이 아닌 기술이나 제품을 배격하는 배타적인 조직문화.

3장
못생겼는데도 모두가 원하는 호신용 권총

미국에서 총기는 단순한 법 집행 수단이나 상업 용품이 아니다. 미국
이라는 나라가 총기의 역사 그 자체다. 헌법⊕이 제정될 무렵에는 총
기 소지가 일상생활이었고 미국인의 정체성이었다. 매사추세츠 농부
의 총격⊕⊕으로 세계의 역사가 바뀌었고 민병대가 강력한 영국군을
격파했기 때문이다. 〈미국 수정헌법 제2조The Second Amendment〉⊕⊕⊕는
시민 무장의 원칙을 담았다. 19세기 서부 속담에 "신이 인간을 창조했

⊕ 1787년 필라델피아 제헌의회가 기원이며 1789년에 13개 주가 비준했다.
⊕⊕ 1775년 4월 19일에 벌어진 렉싱턴 콩코드 전투. 매사추세츠 민병대를 해산하려는 영국
군과 벌인 전투로 미국 독립전쟁의 서전이었다. 영국군의 공격 정보를 입수한 민병대가 반
격해 오히려 영국 정규군을 보스턴으로 몰아넣었다.
⊕⊕⊕ 1791년에 제정되었고 무기를 휴대할 권리를 인정했다. "잘 통제된 민병대는 자유주
의의 안전에 필수적이기에 무기를 보유, 휴대하는 시민의 권리를 침해할 수 없다."

지만 새뮤얼 콜트가 인간을 평등하게 만들었다."라는 말이 있을 정도로 총기의 역사와 전통이 깊다.

세대를 가리지 않고 많은 미국인이 총기를 자유와 개인주의, 자립의 상징으로 생각해왔다. 수필가이자 시인, 퓰리처 수상 비평가인 헨리 앨런Henry Allen은 "미국만큼 그렇게 많은 총기에 역사, 감정, 신뢰, 선악을 느끼는 국가가 없다."라고 했다. 앨런은 베트남전에 해병으로 참전했고 사격을 취미로 즐기고 있다. 이어서 그는 이렇게 말했다. "스넙노즈Snub-nose .38 리볼버는 대공황⊕ 시절 통속소설에 등장하는 탐정 같은 집요한 이미지가 있다. 콜트 싱글액션 아미 리볼버는 카우보이의 상징이었다. 파커 더블배럴Parker Double-barreled 산탄총⊕⊕은 할아버지가 메추라기를 찾아 덤불을 뒤지던 총이었다. .22는 보이스카우트 캠프의 사격장에서 들려오는 소음, 그리고 호퍼 9번 청소 용매제의 냄새로 기억되는 유년 시절의 추억으로 이어진다. 목재 총몸이 달린 M1에서는 2차 대전을 승전으로 이끈 보통 사람의 결단력이 엿보인다."

미국인의 삶에서 총기는 무질서, 범죄, 폭력과 같은 부정적인 면을 드러내기도 한다. 대공황기의 갱과 1960년대의 도시 폭동은 총기 판

⊕ 1929년부터 1939년에 걸친 미국 최악의 경제 위기. '검은 화요일'이라고 불리는 월스트리트의 주가 대폭락으로 시작되었다.
⊕⊕ 1867년부터 무려 80년 동안 24만 2천 정이 생산되어 '미국의 역사와 함께 한 산탄총'이라 불리며, 수집품으로 인기가 높다.

매와 소유를 제한하는 법률의 제정으로 이어졌다. 1970년대에는 저렴하고 조잡한 총기인 '토요일 밤 특별판Saturday Night Specials'❖❖❖이 거리에 넘쳐났고 범죄율 증가의 원인이 되었다. 그래서 클린트 이스트우드가 〈더티해리〉❖❖❖❖에서 S&W .44 매그넘을 휘두르게 되었다.

1980년대에 등장한 글록은 미국 총기의 모든 유산을 물려받았다. 법 집행과 안전의 수단인 동시에 위협과 위험, 공포의 도구였다. 경찰이 선택한 권총이자 미치광이 살인자가 선호하는 무기였다. 검은 플라스틱과 금속으로 이루어진 구조는 모더니즘과 효율성의 측면에서 상업용 권총 중에 독보적이었다. 미국인은 권총에 대한 관심이 굉장히 많은데, 글록은 미국 출시 10년도 안 되어 미국 권총을 대표하게 되었다.

❖❖❖

사냥꾼은 사슴 사냥에 반자동소총을, 오리 사냥에 더블배럴 산탄총을 사용한다. 동물보호주의자를 제외하면 이것에 대해 목소리를 높이는 사람은 많지 않다. 미국의 이라크, 아프가니스탄 참전에 대해서는 논란이 많지만, 파병된 미군이 강력한 자동화기를 소지하는 데 반대

❖❖❖ '토요일 밤 특별판'은 미국과 캐나다에서 생산된 저렴하고 조잡한 권총으로 '자살 전용'이라는 별명이 있다.
❖❖❖❖ 1971년에 개봉한 영화로 클린트 이스트우드가 서부영화에서 현대 액션물 영웅으로 변신한 대표작이다. 상관의 명령을 거부하고 악랄한 범인을 추적해 사적으로 처벌하는 전형적인 수사물이다.

하는 사람은 없다. 일상에서 우리가 설렘과 두려움을 동시에 느끼는 총기는 권총이다.

대부분의 범죄자는 은닉 휴대하고 처리하기 쉬워서 권총을 사용한다. 전미총기협회National Rifle Association✛의 대의는 총기의 확산이 아니다. 그들은 사람들이 무장한 범죄자에게서 스스로를 보호할 수 있도록 한다면서 더 많은 사람이 합법적으로 권총을 소유할 수 있게 하고 있다. 경찰도 가볍고 사용하기 쉽다는 이유로 권총을 소지한다.

미국 총기 시장의 여러 업체 중에 글록은 단연 독보적이다. 총기 규제 진영은 이 오스트리아 권총을 비난하며 금지하려 했지만, 오히려 총기 구매자에게 글록의 가치를 알리는 셈이 되고 말았다. 현재 글록은 어느 권총보다도 많이 미국 경찰의 허리춤에 달려 있게 되었다. 텔레비전 뉴스와 인터넷에도 온통 글록이 등장한다. 2003년, 미국 병사가 사담 후세인을 지하 은신처에서 끌어낼 때, 비참한 몰골의 이라크 독재자는 글록을 가지고 있었다. 2009년, 뉴욕 자이언츠의 미식축구 스타 플랙시코 버레스는 맨해튼의 나이트클럽으로 외출하기 전, 허리춤에 글록을 끼워 넣다가 그만 자신의 다리를 쏘았다. 가장 심각한 사이코패스 몇몇은 글록이 장탄 수가 많고 발사 속도가 빠르다며 글록을 선호했다. 2007년, 버지니아공대에서 32명을 죽인 조승희도 글

✛1871년 퇴역군인이 설립한 보수주의 단체로 처음의 취지에서 완전히 변질되었다. 550만 명의 회원과 연회비 수천억 원을 자랑하는 세계 1위의 정치 압력단체다. 이하 NRA.

록을 사용했다. 2008년, 스티븐 카즈미어차크Steven Kazmierczak가 노던 일리노이대학에서 21명을 쏘아 5명을 죽였을 때도 그랬다. 2011년 1월, 애리조나의 투손에서 개브리엘 기퍼즈Gabrielle Giffords 의원을 암살하려고 한 자레드 로프너Jared Loughner도 33연발 탄창의 글록을 사용했다. 6명이 죽고 13명이 다쳤는데, 기퍼즈는 9mm 탄자가 뇌를 완전히 관통했는데도 죽지 않았다. 나중에 밝혀졌지만 그녀도 글록을 소지하고 있었다.

각계각층의 문화를 선도하는 사람들의 관심이 이 오스트리아 권총에 몰려들었다. 1990년대 이전만 해도 힙합 가사와 비디오에 총기 브랜드가 등장하지는 않았다. 닥터 드레와 스눕독은 1992년의 히트곡 〈Bitches Ain't Shit〉에서 여성과 배신에 대한 가사를 주고받았다. 스눕독은 "춤추며 길을 따라 내려갔지. 내 여친의 집을 봤어. 드레, 글록을 줘."라고 랩을 했다. 노래에서 연인은 다른 남자의 품에 있었고 스눕독은 글록으로 복수했다.

영화에 글록이 등장한 건 1990년이었다. 브루스 윌리스의 액션 스릴러 〈다이하드 2〉◈◈에서 악당의 무기로 등장했다. 수많은 작품이 그 뒤를 이었다. 악당이 거친 말을 뱉으며 손바닥을 아래로 향한 채 크고 둔탁한 권총 그립을 비스듬히 쥔 장면에 등장하는 대부분의 권총

◈◈ 형사 액션물로 엄청난 수익을 올린 〈다이하드〉의 속편으로, 단 한 명의 형사 존 맥클레인이 압도적인 범죄 집단을 물리치는 내용이다.

은 글록이었다. 글록은 그야말로 악의 최종 무기 같았다.

글록을 언급하는 것은 문화 의식의 신호가 되었다. 페이스북의 탄생을 다룬 2010년 영화 〈소셜 네트워크〉에서는 하버드 샌님이 공개적으로 창피를 준 동료에게 이렇게 퍼부어 댄다.

"글록 39를 사서 너를 죽일 거야."

"총을 사서 너를 죽일 거야."가 아니라 정확히 글록을 지명했다.

아마 가장 온화한 퀘이커교도조차도 글록을 알 것이다. 총기 팬 앞에서 글록이라는 단어를 말하면 눈을 번쩍 뜰 것이다. 글록은 권총계의 구글이다. 현대의 권총을 처음으로 정의한 브랜드라 할 수 있다. 우아함을 찾아볼 수 없는 박스형 몸체와 검은색 마무리는 권총의 표준이 되었다. 연방정부가 공항에 붙인 무기 소지 금지표지의 실루엣도 당연히 글록이다.

미국의 긴 총기 역사에서 20세기 말은 글록의 독무대였다. 범죄물 작가 엘모어 레너드는 1988년작 《프리키 디키Freaky Deaky》에서 글록에 중요한 역할을 맡겼다. 정직당한 형사 크리스 만코프스키는 주시 마우스라는 불량배와 맞선다.

"크리스는 캐딜락 앞으로 걸어 나왔다. 그는 한 손에 쥔 글록을 들어 올리고 옆으로 비켜섰다. 멜 깁슨처럼 두 손으로 쥐지 않았다. 주시는 그를 응시하며 크리스의 옆에 있는 시트 윗부분을 노리고 연거푸 총을 쏘았다."

몇 년 후, 데이비드 포스터 월리스는 대표작 《인피니트 제스트Infinite Jest》[+]에서 정신 나간 청소년 테니스 스타를 묘사했다. 그는 습관적으로 글록을 가지고 다니면서 경기에 지면 자살하겠다고 주위 사람들을 협박한다.

"경기를 관람하는 사람은 글록이 못생겼는데도 모두 호신용으로 가지고 싶어 한다."

미국처럼 총기에 집착하는 나라에서 글록이 어떻게 총의 대명사가 될 수 있었을까? 빈 외곽에서, 미국 문화에 무지한 데다 영어도 거의 못하는 무명의 엔지니어가 만들어낸 권총이 어떻게 불과 몇 년 만에 미국의 상징이 되었을까? 그것에 대한 대답은 한 회사의 역사나 심지어 산업 전체가 최근에 이룬 발전 이상의 것들을 보여 준다. 글록의 발전은 법 집행, 자급자족, 안전에 대한 미국의 태도 변화를 조명한다. 그것은 9mm 총탄이 처음으로 발사될 준비가 되었을 때 슬라이드가 내는, 둔탁하게 찰칵하는 소리의 이상하고도 무서운 매력이 설명해 줄 것이다.

[+] 1996년에 출판된 장편소설. 〈타임〉은 20세기 100대 영작 소설에 선정했다.

4장
플라스틱 결정체

이동 총기 판매상 칼 발터Karl Walter는 독일의 총기 잡지 〈도이치바펜 저널Deutsche Waffen Journal〉에서 처음으로 글록 17을 보았다. 미국으로 이주한 오스트리아인인 발터는 유럽산 특수총기를 다른 업자보다 먼저 미국 경찰서와 총기 수집가에게 판매해 성공을 거뒀다. 그는 유럽의 상황 변화를 예의 주시했고 무명 기업이 오스트리아 국방부의 큰 계약을 따내자 바로 관심을 가졌다. '가스통 글록은 전통의 강자들을 어떻게 이길 수 있었을까?'에 호기심을 느낀 발터에게 드디어 호기심을 풀 기회가 찾아왔다.

1970년대와 80년대 초반, 발터는 이동식 무기고로 개조한 차를 타고 미국 전역을 누볐다. 그는 펠트 안감을 대고 자물쇠로 잠근 진열장

에 우지Uzi✠, AK-47, 슈타이어 AUG 불법소총 등을 진열했다. 발터
는 일반 총기는 판매하지 않았고 경찰서와 완전자동화기 소유 허가
를 받은 소매업자에게 중화기를 판매했다. 그는 뉴잉글랜드에서 중부
대서양 주를 거쳐 마이애미로 내려갔다가 댈러스로 건너갔다. 총기
바이어들에게 그는 동네를 방문하는 이동식 아이스크림 가게인 셈이
었다.

미주류담배총기단속국BATF의 사복 요원은 발터에게 의심의 눈초
리를 보냈다. 그래서 연방의 허가가 없는 사람에게 연발 우지를 판매
하는지 그를 함정 수사하기 시작했다.

그는 미끼를 물지 않았지만, 1972년에 뉴욕 트로이의 지역 경찰에
게 한 번 체포된 적은 있었다. 트로이 당국이 오스트리아-독일 악센
트가 강한 젊은이가 불법 무기를 운반하고 있다고 기소했기 때문이
다. 이에 발터는 합법적인 영업 활동이라고 설명해 총기 운송 혐의를
벗었다. 그는 모든 혐의를 벗었음에도 최대한 빨리 뉴욕 밖으로 나가
라는 경고를 받았다.

발터는 1960년대 중반 고등학교 교환학생으로 처음 미국에 왔을
때 성공의 가능성을 느꼈다고 했다. 그러나 2차 대전 당시 독일군 의
무 장교 출신으로 엄격한 외과 의사였던 그의 아버지는 그가 귀국하

✠이스라엘이 1950년에 개발한 기관단총으로 분당 최대 600발을 발사할 수 있어서 정규군
과 테러리스트가 많이 사용했다.

자 베네딕트 수도사가 운영하는 가톨릭 고등학교로 전학시켜 버렸다. 어린 발터는 적응하지 못해 결국 공립학교로 옮겼고 평범한 학생으로 졸업했다. 그는 결국 공학 학위를 취득하고서야 미국 취업 비자를 받아, 24살이던 1969년에 미국으로 돌아올 수 있었다. 그는 디트로이트의 자동차 회사에 신입 엔지니어로 취직했다.

이 시절, 동료 몇 명이 취미로 사격을 하자 발터도 총기에 관심을 가지게 되었다. 그는 "총은 신비롭다. 젊은이라면 누구나 총기에 끌린다. 총은 오락이고 모험이자 권력이다."라고 말했다. 당시 미국 시민권이 없어 자신의 총기를 합법적으로 소유할 수 없었던 그는 사격장에서 친구의 총기를 빌려서 즐기다가, 법률의 허점을 이용해 워싱턴으로 50달러를 송금하고 총기를 사고팔 수 있는 연방 총기 면허를 받게 된다. 그는 곧 총기 판매 부업으로 원래 직업보다 더 많은 돈을 벌기 시작했다. 이렇게 그는 총기 전문업자로 전업하게 되었다.

발터는 자신의 출신 덕분에 오스트리아 총기 제조업체 슈타이어와 쉽게 접촉할 수 있었다. 슈타이어의 소총은 미국 경찰서에서 인기가 많았다. 그는 벨기에와 다른 유럽 업체와도 판매 계약을 맺었다. 슈타이어의 SSG 저격소총과 AUG 자동소총이 성공을 거뒀음에도 불구하고, 그는 오스트리아 국방부가 발터 P-38의 대체 사업에서 탈락시킨 GB 권총만큼은 많이 판매하지 못했다. 발터는 "슈타이어의 GB 권총은 경쟁사의 권총에 비해 너무 복잡했고 사용하기 불편했다."라고 말했다.

그는 법 집행기관의 권총에서 큰 이익을 얻을 기회를 찾았다. 발터는 "경찰서의 리볼버를 자동권총으로 교체하는 시장은 정말로 거대한 시장이었다."라고 회고했다. 2차 대전 이후 유럽에서는 9mm 자동권총이 표준이었다. 그는 "미국과 같은 선진국이 여전히 리볼버에 집착하는 것을 보고 경악했다. 전 세계가 자동권총을 사용했다. 심지어 소련까지."라고 말했다. 이 아이디어를 실현하려면 슈타이어 GB-80 보다 좋은 권총이 필요했다.

1984년 봄, 발터는 미국의 유명한 총기 작가 피터 코칼리스Peter G. Kokalis와 함께 독일과 오스트리아로 출장을 갔다. 총기 전문가인 두 사람은 현재는 웹사이트로 바뀐 총기 잡지와 긴밀하게 협력했고 이는 모두에게 큰 도움이 되었다. 당시 〈솔저오브포춘Soldier of Fortune〉의 전문 편집자였던 코칼리스는 발터의 고객들이 생산한 제품에 대한 기사를 작성할 수 있었다. 덕분에 발터는 총기 중개인으로 명성을 얻었고, 〈솔저오브포춘〉은 총기와 탄약 제조업체에 광고를 팔았다.

두 사람은 빈의 총포상을 둘러보다가 글록 17을 만났다. 발터가 미국에 판매하려던 바로 그런 권총이었다.

"우와, 못생겼네."

그는 반사적으로 말했다. 사각형 플라스틱 글록은 전통적인 미국 리볼버의 강철 몸체와 윤기 나는 나무 손잡이가 없었다. 무광 검정으로 된 마무리는 너무 평범했다. 발터는 "그런데도 오스트리아군이 구입한 이유가 너무 궁금했다. 눈에 보이는 겉모양이 전부가 아닐 거라고 생각했다."라고 말했다.

그는 코칼리스에게 빈 중심가에서 15km 떨어진 도이치-바그람에 있는 글록의 집에 가보자고 제안했다. 발터의 오스트리아식 독일어 덕분에 전화로 바로 약속을 잡을 수 있었다. 가스통 글록은 미국인 방문객을 어색하게 맞이했다. 그는 영어를 거의 하지 못했고, 발터는 그의 사업가답지 않은 모습에 놀랐다. 글록은 미소를 띠긴 했지만 독일어로 대화할 때조차 친근감이 전혀 없었다. 헬가가 커피를 가져왔다.

발터는 미국에서 슈타이어를 판매한 일을 이야기하며, 글록도 판매할 수 있을 것 같다고 설명했다. 글록은 미국에 대해 생각해 본 적이 별로 없어서 확답을 주지 않았다. 발터는 대화를 이어가려고 노력하면서 글록의 작동 구조에 대해 물었다. 글록이 갑자기 관심을 보였다. 그는 글록 17이 몇 가지 독립적인 부품 그룹으로 분해되는 것을 보여주었다. 숙련된 기술 없이도 분해 교체하기 쉬웠다. 사용자가 혼동할 잠금장치나 해제 레버도 없었다. 글록 17은 떨어트리거나 흔들어도 발사되지 않았다. 글록의 세이프액션Safe Action 시스템은 방아쇠와 함께 방아쇠 안전장치를 눌러야 총탄이 발사되었다.

발터와 코칼리스는 이런 기능을 처음 보았고, 글록 17의 적은 부품 수에 감탄했다. 발터는 20분 만에 미국 경찰서가 리볼버를 혁신적인 오스트리아 권총으로 교체하도록 설득하는 건 '식은 죽 먹기'라고 판단했다.

발터는 글록에게 "이 권총은 팔릴 겁니다. 아니, 팔려야 합니다."라고 말했다. 그는 미국의 법 집행기관 시장과 소매업자에게 못생긴 글록 17이 왜 좋은지를 설명할 유능한 마케터가 필요하다고 설득했다. 가스통 글록은 발터에게 동의했다. 그러나 미국과 미국인의 총기 취향에 대해 아는 것이 없었다. 집 근처 부지의 1층짜리 공장도 아직 새로 짓는 중이었다. 일자리와 세수를 늘린다고 도이치-바그람 당국을 설득해 거의 공짜로 받아낸 땅이었다. 그는 40명 정도를 고용했는데 대부분 터키 이민자였다. 그에겐 오스트리아 국방부와의 계약 이후의 계획이 없었다.

엄청난 기회가 몰려들었다. 노르웨이와 스웨덴군이 관심을 보였다. 북대서양조약기구NATO도 회원국의 부무장으로 글록 17을 검토하고 있었다. 시리아, 요르단, 필리핀의 대통령 경호단의 문의가 있었고 오스트리아, 독일, 캐나다의 대태러진압부대도 문의했다. 그렇지만 글록은 특히 재무와 마케팅에서 어떻게 해야 할지 다음 단계를 전혀 정하지 못하고 있었다.

발터는 코칼리스와 〈솔저오브포춘〉이 미국에 글록 17 기사를 내서 총기 사용자 사이에 입소문이 퍼지게 하자고 제안했다. 가스통 글록이 생산시설을 늘릴 때가 되면, 미국이 글록을 원하기 시작할 것이라고 말이다. 글록은 동의했다. 그 계획은 완벽하게 맞아 떨어졌다. 화기애애한 분위기 속에서 그는 손님들에게 지하 사격장에서 시험 사격을 해보라고 권했다. 코칼리스는 미심쩍은 마음이었다. 9mm 권총을 쏘려고 8천 km를 날아온 것이 아니었다. 그는 글록의 U자형 조준간을 정렬하고 방아쇠를 당겼다.

$$\bullet\bullet\bullet$$

"플라스틱 결정체". 1984년 〈솔저오브포춘〉 10월 호 제목이었다. 이 제목은 글록의 마케팅 슬로건을 암시했다. 글록은 '글록 그 완벽함Glock Perfection'에서 'G'를 산세리프체로 크게 키워 제품에 각인했다. 코칼리스는 글록 권총이 소화기 기술의 신기원을 열었다고 썼다.

기사는 "우리 대중문화에서 플라스틱은 가치 없는 싸구려라는 의미로 읽힌다. 그렇지만 글록은 오히려 플라스틱 설계 덕분에 특별하다. 프레임뿐만 아니라 방아쇠와 탄창도 플라스틱 재질이다. 글록의 사격 성능은 백문이 불여일견이다. 글록 17을 사격하면 고맙다는 말이 나올 정도다."라고 평가했다. 코칼리스는 해박한 지식과 대단한 열정으로 글록의 설계가 군계일학이라고 주장했다. 글록은 플라스틱이어서 더 가볍고, 더 섬세하고 부드럽게 사격할 수 있었다. 그는 "플라스틱 프레임의 탄력이 사격 반동을 상당히 흡수한다."라고 그 원인을 분석했다.

코칼리스는 가스통 글록이 권총의 작동방식만 기존 방식을 따랐다고 주장했다. 글록은 19세기 말~20세기 초의 위대한 총기 설계가인 존 모지스 브라우닝John Moses Browning의 기본 작동방식을 채택했다. 브라우닝은 1855년 유타 오그던에서 모르몬 개척민이자 총기 제작자의 아들로 태어나 전설적인 윈체스터winchester 샷건과 소총을 개발했다. 그는 콜트 .45구경 M1911 자동권총도 개발했다. 미군은 이 총을 2차 대전 이후 수십 년 동안 사용했다. 브라우닝은 9mm 자동 권총을 개발하다가 1926년 벨기에에서 세상을 떠났다.

가스통 글록은 브라우닝의 반동 이용식 시스템을 응용했다. 총열의 약실부와 슬라이드의 탄피 배출구는 서로 맞물려 있어서, 격발을 하면 화약 폭발로 인한 가스 압력 때문에 총탄은 앞으로 나가고 총열과 슬라이드는 약실 폐쇄를 유지한 채 뒤로 후퇴한다. 총탄이 총열을 빠져나가서 약실 내 압력이 안전한 상태로 낮아질 때쯤, 총열은 슬라이드와의 결합이 풀리면서 아래로 내려가고, 슬라이드는 반동력이 사라질 때까지 후퇴한다. 스프링이 슬라이드를 앞으로 밀면서 탄창 위의 총탄을 다시 약실에 장전한다.✚

코칼리스는 방아쇠울 안의 작은 방아쇠 안전장치를 먼저 눌러야 바깥쪽의 더 넓은 방아쇠가 당겨지는 방식에 감탄했다. 이런 방식이라면 권총집에 쓸리는 마찰로 발생하는 오발 사고를 막을 수 있었다. 그는 "수동 안전장치도 없고 해머도 없다."라고 설명했다.

방아쇠는 두 단계로 작동한다. 첫 단계에서는 1kg의 매우 가벼운 압력으로 0.6cm만 당기면 된다. 이 초기 단계에서 3가지 일이 일어난

✚ 글록의 작동법은 유튜브에서 "How A Glock Works"나 〈건들건들〉의 "HISTORY OF GLOCK" 4편, 5편을 검색하면 쉽게 이해할 수 있다.

다. 공이Firing pin가 당겨지고(코킹), 공이가 앞으로 나가지 못하게 막는 별도의 내부 안전장치가 풀리고, 앞에서 설명한 작은 방아쇠 안전장치가 풀린다. 두 번째 단계에서 2.3kg의 압력으로 방아쇠를 당기면 당겨진 공이가 풀린다. 공이는 탄약 뒤 정중앙의 뇌관을 때려 장약을 터트린다. 빠르게 폭발하는 가스의 압력을 받은 총탄은 11.4cm 총열을 통과해 목표물로 날아간다.

코칼리스는 "글록은 직관적으로 조준할 수 있고, 탄창이 큰데도 일반인의 손으로 그립을 잡기 좋다."라고 썼다. 전문가들은 총의 그립과 총열의 각도, 그리고 사용자의 손 위로 올라온 총열의 높이를 매우 중요하게 생각한다. 글록의 팬들은 자연스러운 조준 각도에 찬사를 보낸다. 글록을 조준할 때의 느낌이 맨손으로 검지를 앞으로 뻗고 엄지를 올려 상상의 권총을 만드는 느낌과 비슷하기 때문이다. 글록은 다른 총보다 총열이 낮아서 손에 가깝기 때문에 조준성이 좋다. 그립 각도, 낮은 총구와 폴리머 프레임의 탄력으로 반동을 줄여 정확도가 높고 사용하기 쉽다. 철제 슬라이드와 플라스틱 프레임을 사용해서 다른 철제 권총보다 마찰과 진동이 적다. 글록의 모서리는 부드러워서 손이 쓸리지 않아 편하게 소지할 수 있다.

코칼리스는 "깔끔하고 일관성 있는 방아쇠 시스템으로 명중률이 상당히 높다. 초보자도 세이프액션 방아쇠 메커니즘을 쉽게 익힌다. 다른 권총 업체는 도이치-바그람이라는 작은 마을에 두려움을 느껴야 한다."라고 썼다.

5장
하이재커의 전용 무기

1985년 5월, 빈에서 미 국무장관 조지 슐츠George Shultz[⊕]와 소련 외무부 장관 안드레이 그로미코Andrei Gromyko^{⊕⊕}가 6시간 넘게 회담을 가졌지만 핵무기 통제와 냉전 완화에 합의하지 못했다. 슐츠는 현장에 보좌관과 경호원을 동반했다. 외교단은 화려한 정치적 논평만 늘어 놓으며 귀국했지만, 미 비밀경호국US Secret Service은 오스트리아가 제공한 훨씬 가치 있는 선물을 가지고 돌아왔다. 선물은 바로 폴리머로

⊕조지 슐츠는 교수 출신으로 닉슨 행정부에서 노동부 장관, 예산국장, 재무부 장관을 거친 후에 레이건 행정부에서 국무장관을 역임한 관료통이다.
⊕⊕안드레이 그레미코는 28년간이나 외무부 장관을 지냈고 1989년에 사망할 때까지 소련의 최고위층에 있었다. 그의 회고록은 1990년에 영문판으로 번역 출간되었다.

만든 검은색 글록 3정이었다. 이때 미국은 공식적으로는 처음으로 글록을 접하게 되었다. 오스트리아제 글록은 미국 관리들을 매료시켰지만 동시에 문젯거리가 되기도 했다.

비밀경호국은 1정을 검사용으로 남겨두고 2정은 미 국방부에 전달했다. 펜타곤은 이미 글록 17을 잘 알고 있었다. NATO가 가스통 글록을 정식 총기 제작자로 인정했고 미 국방부의 조달 부서도 1984년 미군의 신형 부무장 비교 시험에 그를 초대했다. 글록은 미국 사양에 맞춘 35정을 기한 내에 제작할 수 없다며 거절하면서도, 비교 시험에서 선정된 총기 생산권을 경쟁업체에게도 주겠다는 펜타곤의 주장에 항의했었다. 글록은 자신의 권총을 직접 생산하고 납품해서 수익을 독점할 생각이었다. 이때 이탈리아의 제조업체 베레타는 오스트리아군 입찰에서 탈락한 모델을 제출해 펜타곤의 선택을 받았다.

펜타곤의 다른 부서도 글록에 관심을 가지고 있었다. 국무부 대테러팀장 노엘 코흐Noel Koch는 서독 안보팀을 통해 오스트리아 권총에 대해 알게 되었다. 코흐는 샘플 권총 1정을 받았고 귀국한 후에도 공개하지 않았다. 전 세계의 군과 안보 부서가 그렇듯이 미국 정부의 기관도 서로에게 협력하지 않는 경우가 있었다. 펜타곤의 조달 부서가 가스통 글록에게 우호적인 제안을 한 것과 달리 코흐는 테러리스트가 글록을 사용할지도 모른다며 우려하고 있었다. 그는 공항의 보안 부서들이 대부분 플라스틱으로 만들어진 이 총기를 걸러낼 수 있을지가 걱정되었다고 말했다.

코흐만 그런 걱정을 한 것이 아니었다. 이스라엘 정보 부서도 비슷한 우려를 했는데, 공교롭게도 슐츠가 빈을 방문하기 얼마 전에 시리아 대통령 하페즈 알 아사드Hafez Al-Assad⊕가 대통령 경호팀용으로 글록 17을 주문했다. 가스통 글록은 아사드를 위해 아랍어로 금박 장식을 한 특별 버전을 준비했다. 아사드의 모든 움직임을 관측하던 이스라엘은 워싱턴에 이 사실을 알렸다. 레이건 행정부는 아사드를 소련의 동맹이자 이스라엘의 적이며 국제 테러 조직의 배후로 간주하고 있었다. 시리아 대통령의 글록에 대한 관심은 노엘 코흐의 염려를 더욱 깊어지게 만들었다.

이스라엘이 미 정보부에 또 하나의 테러 후원자인 리비아 독재자 무아마르 알 가다피Muammar al-Gaddafi⊕⊕의 사절이 도이치-바그람의 글록 공장을 방문했다고 알리면서 코흐의 걱정은 현실이 되었다. 그러나 이스라엘의 유럽 첩보원이 미행한 리비아 사절단은 글록 권총을 검토하기만 했고 글록에게서 곧바로 구입하지는 않았다.

칼 발터와 볼프강 리들에 따르면 이스라엘은 이 상황을 제대로 알고 있었다. 두 사람은 각자 가진 인터뷰에서 아사드가 글록의 초기 고객이었고, 가다피 또는 그의 측근이 글록에 상당한 관심을 가졌다

⊕아사드는 철저한 반유대주의자이면서도 미국을 비롯한 서방에 우호적인 태도를 보였다. 1970년부터 심장마비로 죽은 2000년까지 시리아의 독재자로 군림했다.
⊕⊕가다피는 1969년 육군 중위 신분으로 군부 쿠데타를 일으켜 집권한 후에 2011년 아랍 민주화 시위의 여파로 반군에게 처형당했다. 테러리스트를 지원하고 온갖 기행을 벌여 공포와 비웃음의 대상이 되었다.

고 인정했다. 그러나 두 사람은 리비아에 글록을 판매하지는 않았다고 주장했다.

그렇지만 당시 상황을 보면 코흐의 염려는 당연했다. 예측이 불가능한 가다피는 미국에 위협적인 존재로 남았다. 1985년 12월, 그는 로마와 빈 공항에서 여행객에게 살인적인 대규모 공격을 감행한 팔레스타인 테러리스트⊕를 지원했다고 한다. 베트남에서 육군 비밀 부대와 함께 정보 요원으로 활동하는 등 노련한 국가 안보 요원이었던 코흐는 글록 17의 플라스틱 구조가 공항의 보안 검색을 통과할 수 있는지 직접 조사하기로 했다.

1985년 말, 코흐는 서독에서 받은 글록을 분해해 부품 뭉치를 행낭에 넣었다. 메인 스프링은 금속 프레임으로 된 안경에 감싸서 위장했다. 그는 프레임과 슬라이드에서 탄창을 분리했고 탄약은 작은 플라스틱 파우치에 담았다. 그리고 행낭을 워싱턴 국립공항의 엑스레이 기계에 밀어 넣었다. 놀랍게도 아무도 눈치채지 못했다.

이 실험의 충격은 대단했다. 코흐는 글록의 미국 반입을 막기로 결정했다. 그는 "지금까지의 문젯거리만으로도 충분했다."라고 말했다.

◂◂◂

가스통 글록, 칼 발터, 볼프강 리들은 펜타곤의 염려를 알지 못하고

⊕ 12월 27일의 테러로 40여 명이 죽거나 다쳤고, 미국은 이듬해에 리비아를 보복 공습했다.

미국 시장을 개척하려고 노력하고 있었다. 발터는 글록에게 애틀랜타 부근에 지사를 설립하라고 권유했다. 조지아주는 총기 소유가 자유로웠고 대형 국제공항이 있어서 운송에 유리했다. 세 사람은 스머나 Smyrna의 조용한 교외에 자리 잡았다.

리들은 유럽 시장은 권총만 팔기에는 규모가 작은 데다가 군과 법집행기관의 주문은 원래 정치의 영향을 많이 받아 안정적이지 못하다고 느꼈다. 수천만 명의 총기 마니아가 있는 미국의 상업 시장은 금광이었다. 그는 "미국 상업 시장의 2~3%만 가져가도 다른 50개 국가의 상업 시장보다 크다고 생각했죠."라고 말했다.

오스트리아군 중장의 아들로 인맥이 넓은 리들은 몇 년 전에 장인을 통해 가스통 글록을 알게 되었다. 장인도 고급장교였다. 장인은 "재미있는 사람이 있네. 야전 나이프를 한 번도 설계한 적이 없는데도 수백 년 경력의 다른 회사를 제치고 최고의 샘플을 제출했다네."라고 말했다. 이 재미있는 사람이 국방부를 다시 찾아와 신형 권총을 판매했다. 리들의 장인은 사위에게 가스통 글록을 소개했고, 리들은 일주일 후에 글록 입사를 제안받았다.

당시 엔지니어였던 리들은 슈타이어의 중역으로 안정적인 지위를 누리고 있었다. 슈타이어는 무기뿐만 아니라 전차와 트럭, 오토바이도 생산하는 거대 기업이었다. 정부 투자기업인 슈타이어는 비대한 조직이어서 승진하기 어려운 구조였다. 리들은 "잠재력 있는 중소기업에서 일하고 싶었는데 글록에게서 잠재력을 보았습니다."라고 설명했다.

가스통 글록은 자신이 설계한 총에 상당한 자부심이 있었지만 경영과 회계에 대해 아는 것이 없었고, 약점을 보이고 싶지 않았다. 글록은 직원들이 업무 중에 대화를 나누면 시간이 남아돈다고 생각해 지적하는 등의 불필요한 행동을 했다. 또 글록은 빈의 은행가들을 상대하기를 꺼렸기 때문에 회의에 참석하면 리들에게 대화를 전담하게 했다. 리들은 "사장이 침묵을 지키는 이상한 광경이었습니다. 외부인은 글록 씨를 거만하거나 내성적이라고 생각했죠. 그는 회사의 모든 것을 결정했지만 대외활동은 서툴렀습니다."라고 말했다.

1985년 11월, 글록은 조지아에 글록사를 설립하는 법적 문서에 서명했다. 그는 오스트리아에서 애틀랜타의 새 회사 계좌로 송금했고 발터는 스머나에 작은 창고 겸 사무실을 차렸다. 리들은 애틀랜타로 날아가 발터와 가격정책을 협의했다. 두 사람은 발터의 지하실에서 일했고 발터의 아내 팸이 샌드위치와 커피를 대접했다.

두 사람은 글록 17의 도매가격은 360달러로, 권장 소매가격은 560달러로 책정했다. 미국과 유럽의 경쟁 제품보다 싼 가격이었지만 상당한 수익이 보장되었다. 리들에 따르면, 글록의 수익은 65% 이상이라는 놀라운 수준이었다. 권총 1정을 판매할 때마다 240달러의 수익이 발생했다. S&W와 베레타의 수익은 5~20%로 알려져 있다. 글록의 단순한 설계와 자동화 제조 방식 덕분에 더 큰 수익이 보장되었다.

처음에 가스통 글록은 판매량을 늘리기 위해 낮은 가격을 주장했지만 발터가 강하게 반대했다. 그는 글록에게 "싼 가격에 팔면 싸구려

총이라는 이미지가 남습니다. 품질이 좋으면 더 많은 돈을 벌 수 있을 겁니다."라고 설명했다. 글록은 발터의 미국 시장 경험을 존중했다. 가스통 글록이 큰 부자가 된 결정적인 순간이었다.

리들은 초기 영업 계획의 초안을 마련했다. 그 계획에 따르면 첫해에 8천 5백 정만 판매하면 손익분기점을 맞출 수 있었다. S&W와 베레타는 각각 매년 수십만 정을 판매했다. 글록은 오스트리아군에게 나이프, 총검, 기관총 탄띠, 플라스틱 파편 수류탄과 같은 제품을 납품했기 때문에 총기 사업에 새로 진입하는 데 부담이 적었다.

그해 12월, 리들과 발터는 덴버로 가서 전국스포츠용품도매협회 전시회에 참가했다. 아직 미국에 공식적으로 알려지지 않았는데도 이미 글록에 대한 소문이 무성했다. 두 사람은 발터와 친분이 있는 도매업자의 전시 공간 일부를 빌려 몇 정의 권총만 내놓았다.

반응은 기대 이상이었다. 전시회 첫날에 2만 4백 정의 주문을 받아서 리들이 세운 첫해의 판매 목표를 가볍게 뛰어넘었다. 이렇게 많은 양을 생산해서 미국으로 수송하려면 몇 개월이 걸렸다. 발터는 "충분한 양을 출하할 수 없었습니다."라고 말했다. 중소기업에게는 행복한 고민이었다.

◢◢◢

두 사람은 영업 담당자들을 홀리데이인 바에 초대해 술을 대접하며 덴버에서의 성공적인 데뷔를 축하했다. 그들은 전시회에 입고 간 것과 같은 네이비블루 정장 차림이었는데, 미국인 영업 담당자는 정반대로 카우보이 모자와 청바지, 서부 부츠 차림으로 나타났다. 리들은 "좀 당황스러웠습니다."라고 회상했다.

이튿날 아침, 두 사람은 서부식 옷가게로 달려가 개척자 복장을 갖췄다. 그들은 제대로 준비했다고 자신하며 전시회 이튿날 저녁에 영업 담당자들을 홀리데이인으로 초대했다. 이번에는 영화 〈역마차Stage-coach〉의 존 웨인처럼 입었다. 그렇지만 이번에는 미국 영업 담당자가 업무용 정장 차림으로 참석했다.

전날 저녁은 홀리데이인이 '서부의 밤' 행사를 주최했기 때문에 모든 사람이 카우보이 복장이었다. 리들은 "미국에 대해 많은 공부가 필요했습니다."라고 말했다.

몇 주 후에, 글록 팀은 미국식 사업에 대해 귀중한 교훈을 얻었다. 〈워싱턴포스트〉의 잭 앤더슨Jack Anderson이 가다피가 글록을 구입해 테러리스트에게 보급하고 있다는 기사를 썼고, 발터가 아는 FBI 요원이 댈러스의 소매업자 전시회에서 영업사원에게 의견을 물었다.

발터는 이 일을 웃어넘길 가십거리로만 생각했다. 며칠 후에 스머나의 허름한 사무실로 복귀했을 때, 그는 FBI 요원의 질문이 그냥 대화 수준이 아니라는 것을 알게 되었다. 발터는 "걷잡을 수 없는 난장판이 벌어졌습니다."라고 말했다.

탐사보도 경력이 화려한 잭 앤더슨이 스캔들을 촉발했다. 그의 기사는 정확한 사실 여부와 상관없이 또 다른 신문사와 저널리스트를 불러들였고 사실과 주장이 붙어 연합 기사의 모양새가 되었다. 결국 1986년 1월 15일, 앤더슨은 "가다피, 오스트리아 플라스틱 권총 구매"라는 헤드라인을 달기에 이르렀다. 그의 조수이자 취재 기자인 데일 반 아타Dale Van Atta와 함께 작성한 기사는 "가다피가 플라스틱 권총을 100정 이상 구입했는데 이 권총은 공항 보안 검색대를 통과할 수 있다."라고 보도했다. 익명의 미국 고위 관료는 앤더슨과 반 아타에게 "미쳤다. 가다피 같은 미치광이가 그런 권총을 손에 넣을 수 있게 하다니! 그놈 손에 권총이 들어가면 중동 전역의 테러리스트에게 나눠줄 텐데."라고 말했다. 익명의 관료는 펜타곤 대테러책임자인 노엘 코흐였다.

기사는 "문제의 권총은 글록 17이다. 가스통 글록이 빈 외곽 도이치-바그람 마을에서 개발한 9mm 권총이다. 정확하고 안정적이며 대부분 경질 플라스틱으로 되어 있다. 총열, 슬라이드와 스프링 한 개만 철제다. 분해하면 너무나도 쉽게 보안 검색대를 통과할 수 있다."라고 이어갔다. 코흐의 신분을 숨긴 채 코흐가 워싱턴 국제공항에서 한 실험도 인용했다.

"펜타곤의 안보 전문가 한 명이 비행기에 탑승하며 아무 문제 없이 글록 17을 반입하는 데 성공했다."

앤더슨의 기사는 글록의 세계를 뒤흔들었다. 총기 판매에 조금이라도 관련 있는 사람은 모두 글록 17에 대해 곧바로 파고들기 시작했다. 무분별한 총기 소유를 반대하는 정치가와 시민운동가뿐만 아니라 총기 소유를 찬성하는 사람들까지 리비아의 미친 독재자가 왜 플라스틱 권총에 매력을 느꼈는지에 대해 저마다 의견을 내놓았다. 스머나의 글록 지사 전화벨은 잠시도 쉬지 않았다. 발터는 "우리는 감당할 수 없었습니다. 언론, 총기 반대 단체, 악의적인 사람, 법 집행기관 모두 전화해댔습니다."라고 말했다.

당시 NRA의 정치 활동 변호사였던 리처드 펠드먼Richard Feldman은 "놀랍게도 모든 사람이 앤더슨의 기사에서 글록을 처음 알게 되었습니다. 글록? 그게 뭐지? 한번 확인해 봐야겠다고 생각했어요."라고 회상했다.

언론과 정치가 함께 움직이며 논란은 더욱 증폭되었다. 2월 9일, 〈뉴욕타임스〉는 "하이재커의 전용 무기?"라는 사설을 실으면서 앤더슨의 기사를 종합했다. 뉴욕주 하원의원 마리오 비아지Mario Biaggi는 비금속 총기 금지법을 제출한다고 발표했다. 2월 26일, 그는 보좌관 중 한 명이 글록을 분해해서 의회에 반입하는 데 성공했고, 기사가 주장하는 위험이 사실이라고 발표했다.

"글록을 분해하면 플라스틱 재질의 프레임과 탄창은 금속탐지기를 통과할 수 있었고 총열은 엑스레이 화면에 다른 이미지로 보였다."

이튿날, 〈USA투데이〉는 플라스틱 권총에 사설 전체를 할애했다. 편집장은 글록 같은 총기는 금지되어야 한다고 주장했다. "하이재커의 전용 무기! 금속탐지기 무사통과. 플라스틱 권총!"이라는 포스터로 글록을 판매하는 총포상을 그린 만화도 크게 실었다. 만화에서 영업사원은 가다피에게 아첨하며 글록이 얼마나 필요하냐고 묻는다. 가다피는 악마 같은 미소를 짓고 손을 문지르며 "5천 정 주시오!"라고 대답한다.

2주 후, 잭 앤더슨은 비아지의 보좌관이 글록을 의회에 반입한 이야기를 인용하며 두 번째 연합 기사를 보도했다. 워싱턴의 로비 단체인 '권총금지를한전국연합'의 대외 협력 이사인 조시 슈거만Josh Sugarmann은 〈로스앤젤레스타임스〉의 의견란에 앤더슨의 기사를 인용해 "기술의 발전 때문에 강력한 신형 권총을 가지다 – 하이재커의 전용 무기"라는 글을 썼다. 훗날 자신의 총기 반대 단체를 조직한 슈거만은 당시 글록의 모든 것을 파헤쳤다고 회상했다. 미국 총기 매체의 초기 리뷰가 그의 눈에 들어왔다. 그는 "글록은 그들을 총기 산업과 무관한 것처럼 생각하게 만들었다."라고 회상했다. 글록의 중요한 영업 포인트였다. 이런 식이었다.

"지금까지는 퀸셋 움막⊕과 벽돌 공장에서 총을 만들어 왔습니다. 글록은 여러분에게 새로운 총을 선사하기 위해 미래에서 왔습니다."

글록에 대한 관심이 높아지면서 의회 청문회 일정이 5월로 결정되었지만 구체적인 사실 몇 가지는 아직 미지수였다. 앤더슨의 기사를 촉발한 국립공항 실험은 글록을 포함한 권총 2정으로 진행되었다. 펜타곤의 노엘 코흐는 H&K 자동권총을 분해하지도 않고 보안 검색대

⊕ 반원통형 철판 조립식 가건물.

를 통과했다. 그는 독일제 H&K 9mm 모델을 가죽 서류 가방 바닥에 테이프로 붙였다. H&K는 모두 철제 부품이어서 글록보다 무거웠고 분해하지 않았기 때문에 검색대에서 걸렸어야 했다. 그러나 2정 모두 아무 문제가 없이 통과되었다. 국립공항의 탐지 기계가 효과적이지 못한 데다 보안 요원이 부주의했던 것이 문제라는 점이 밝혀졌다. 하이재커가 플라스틱 권총을 더 선호할 이유가 없었다.

게다가 1985년 말에 이미 미주류담배총기단속국과 연방항공국 FAA이 글록 17을 자세하게 조사했고 특별한 위협이 아니라고 판단했다는 사실이 이상하게 누락되었다. 연방항공국의 민간항공보안이사 빌리 빈센트Billie H. Vincent는 1986년 3월 21일자 문서에서 "이러한 시험의 결과, 공항의 엑스레이 검색 시스템에 글록을 넣으면 자동권총 모양을 바로 식별할 수 있다고 판단했다."라고 밝혔다. 두 연방 기관의 설명에도 불구하고, 주요 언론은 자극적인 앤더슨의 기사를 부풀리고 반복했다. 1986년 4월 14일, 〈타임〉은 "구하기 쉬우면서 탐지하기 어려운 퍼티Putty 폭발물✛과 함께, 글록처럼 은폐하기 쉬운 권총 덕분에 하이재커는 앞서가는 반면에 정부는 점점 대응하기 어려워지고 있다."라고 보도했다.

✛C-4 군용 플라스틱 폭탄으로 기폭장치가 반드시 필요해서 안정성이 매우 높다.

NRA는 글록을 옹호하며 자체 잡지와 주요 신문의 의견란에 우호적인 기사를 게재했다. NRA의 변호사 펠드먼은 푸에르토리코의 산후안에서 열린 미국시장회의에 참석해 글록 17도 쉽게 식별할 수 있다는 것을 보여 주는 엑스레이 이미지를 배포했다. 시장회의는 별 반응 없이 플라스틱 권총의 제조 및 수입의 금지를 요청하는 의결안을 통과시켰다.

비아지 의원의 고향인 뉴욕에서는 경찰서가 글록을 지목해 테러리스트의 무기로 유명하다며 금지했다. 메릴랜드, 사우스캐롤라이나, 하와이를 포함한 여러 주가 그 뒤를 따라 글록을 금지하는 법과 명령을 시행했다. 펠드먼은 "자동권총 하나를 상대로 정말 큰 힘이 모이고 있었습니다. 총기 규제 논란에서 총기 반대 진영이 승기를 잡는 것처럼 보였죠. 항공기 납치가 큰 걱정거리였는데, 마침 여기에 이른바 테러리스트가 선호한다는, 언론과 몇몇 정치인들이 그렇다고 말하는 자동권총이 있었습니다. 글록은 피어나기도 전에 죽을 판이었죠."라고 회상했다.

🔫🔫🔫

미 하원의 범죄소위원회가 이 소란에 끼어들었다. 뉴저지의 민주당 의원 윌리엄 휴즈William Hughes가 의장을 맡은 이 위원회는 1986년 5월에 처음으로 청문회를 열었다. 위원회는 이듬해에도 몇 차례 청문회를 열어 비아지의 비금속 총기 금지법과 플라스틱 권총을 금지하는 다른 법안을 검토했다.

글록이 연관되기 전부터 의회는 총기 규제를 두고 대립하고 있었다. NRA와 후원 세력은 1986년에 총기소유주보호법Firearm Owners Protection Act✛을 통과시켜 커다란 승리를 거뒀다. 이 법으로 BATF의 총기 규제가 완화되었다. 그해 5월, 로널드 레이건 대통령이 법령에 서명했고, 같은 달에 하원에서 플라스틱 자동권총에 대한 청문회가 열렸다. 총기 규제 진영은 글록 논란을 이용해 총기 규제를 둘러싼 찬반 논쟁의 전세를 뒤집으려고 했다.

총기 규제 진영의 리더인 휴즈는 총기소유주보호법의 일부 조항을 수정하는 데 성공해 NRA의 기세를 꺾었다. 휴즈의 수정안은 민간인의 신형 자동화기 소유와 판매를 금지했다. 구형 기관총의 소유와 이전은 합법이었지만 특별 허가를 받게 했다. 이 뉴저지의 하원의원이 글록에 대한 조사를 이끄는 게 당연해 보였다. 휴즈는 '하이재커의 전용 무기'라는 과장된 공포에 동조하지 않아 신뢰를 얻었다. 그는 침착한 논조로 "소위원회, 그리고 의회가 테러 문제를 해결할 수는 없지만, 우리는 테러 행위에서 우리를 보호할 조치를 취할 수 있고, 또 그렇게 해야만 합니다. 새로운 위협이 다가오고 있습니다. 엑스레이와 금속탐지기가 탐지할 수 없는 재질로 만든 총기의 위협입니다."라고 서두를

✛1968년의 총기 규제법을 대폭 수정해, 필요 조치를 취하면 무기 소지를 금지하는 주를 통과할 수 있게 했다.

꺼냈다.

소위원회에 화제의 증인이 등장했다. 바로 가스통 글록이었다. 휴즈는 앞으로 나와 글록 17에 대한 논란을 두 부분으로 나누어 언급하면서 글록의 등장으로 인해 들뜬 분위기를 가라앉혔다. 그는 먼저 "글록 17 권총의 개발자인 가스통 글록 씨가 오스트리아에서 직접 날아와 이 유명한 총에 대해 증언해 줘서 기쁩니다."라고 말하며 글록 17과 개발자의 이름을 자연스럽게 연결시켰다. 그리고 "추적 탐지하기 훨씬 어려운 비금속 총기가 곧 개발될 것"이라며 글록 자동권총이 촉발한 위협의 정도를 순화시켰다. 그 당시 다양한 업체와 개발자가 완전 플라스틱 총기를 설계하고 있었기 때문에 이것은 상당히 합리적인 주장이었다. 그렇지만 출시된 것은 아직 없었다.

휴즈와 달리, 다른 하원의원들은 완전 플라스틱 권총의 이론적 가능성과 글록 17의 실체를 구분할 정도로 치밀하지 않았다. 소위원회에 증인으로 참석한 비아지는 정치적 입지를 확장할 기회를 노렸다. 그는 의원 활동 20년째였는데 아직도 의원 활동보다는 이전의 뉴욕 경찰 경력으로 더 유명했다. 비아지는 "플라스틱 권총은 테러리스트 기술의 최신판"이라고 낙인찍었다. 그는 플라스틱 권총을 사용하는 테러리스트를 거론하지 않았지만, 글록 17이 대부분 플라스틱이기 때문에 걱정거리라며 "글록 17은 기존의 어떤 무기보다 탐지하기 어렵다고 단언합니다."라고 말했다.

그 뒤에 증언한 연방 안보 관리들은 중립을 지키며 글록이나 당시 유통되던 다른 총기를 탐지하지 못한다는 주장에 동의하지는 않았다. BATF의 총기 기술 책임자인 에드워드 오언 주니어는 "글록 17 자동 권총이 상당히 많은 플라스틱을 사용하고 있지만, 전체 무게에서 강철이 차지하는 비율은 오히려 다른 금속제 권총보다 높습니다."라고 말했다. 오언과 FAA의 빌리 빈센트는 인력 문제를 지적했다. 그들은 저임금을 받는 미숙한 인력이 지루하고 반복적인 보안 작업을 하고 있다고 증언했다.

칼 발터와 가스통 글록은 어색한 모습으로 증언을 시작했다. 글록은 발터가 통역할 수 있도록 띄엄띄엄 말했다. 그렇지만 상황은 예상과 달리 이상하게 흘러갔다. 글록의 프레젠테이션과 발터의 통역이 끝날 때까지 앤더슨과 반 아타가 주장한 리비아 커넥션을 아무도 언급하지 않았다. 조언을 잘 받은 경영진이라면 이 문제를 내버려 뒀을 것이다. 발터는 그 문제를 기피할 수도 있었는데 일부러 불을 질렀다.

"글록은 단 한 번도… 직간접적으로… 리비아는 물론이고 리비아 요원, 대표 또는 기관과 협상하거나 거래하지 않았습니다."

그의 주장은 기술적으로는 사실이었다. 발터에 따르면 도이치-바그람을 방문한 리비아인은 거래를 구체적으로 언급하지 않았다고 한다. 리비아인이 슈니첼⊕이나 먹자고 빈 근교까지 가지는 않았을 테지만, 발터는 앤더슨의 기사를 일방적으로 거칠게 반박했다. 신기하게도

⊕돈가스와 비슷한 오스트리아 전통 음식. 소스 대신에 레몬 조각을 얹어 먹는다.

휴즈와 소위원회의 다른 의원들은 가다피가 대리인을 글록 본사에 보냈는지를 캐묻지 않았다.

발터는 탐지 문제에 대해서는 좀 더 합리적인 방식으로 설명했다. 분해한 글록 17을 펜과 연필 같은 물건들과 함께 서류 가방에 넣고 촬영한 엑스레이 이미지를 보여 주었다. 청문회 녹취록에 따르면, 조금만 주의를 기울여도 자동권총의 부품 뭉치를 찾을 수 있었다. 발터는 처음부터 이런 문제를 해명해 왔다고 강력하게 주장했다.

"오스트리아 안보 당국은 1982년 빈 국제공항 실험에서 자동권총을 확실하게 찾아냈습니다."

가스통 글록은 증언대에서 발터의 통역 도움을 받아 질문에 답변했는데, 그 과정이 매끄럽지는 않았다. 휴즈가 글록의 분해 방법을 캐물었고, 글록은 마치 영업사원이나 필리버스터[⊕⊕]처럼 일방적인 주장을 했는데 그나마도 일관성이 없었다. 그는 "평시에도 훈련을 해야 하기 때문에 모든 총기는 쉽게 분해해서 청소할 수 있어야 합니다."라고 말했다.

휴즈나 다른 의원들은 글록을 심하게 몰아붙이지 않았다. 글록은 자동권총의 설계와 상대적으로 적은 부품에 대해 장황하게 설명했다. 그는 "중요한 것은 이런 설계 덕분에 파손되는 부품이 적고, 그렇기 때문에 권총을 더 오래 사용할 수 있다는 겁니다."라고 말했다. 도움

⊕⊕ 의회의 의사 진행을 막을 목적으로 장시간 발언하며 토론과 표결을 지연시키는 의원.

이 되는 답변은 아니었지만 청문회 시간을 소비하는 데 일조했고 글록은 큰 어려움을 피할 수 있었다.

✐✐✐

청문회 출석은 글록 경영진의 워싱턴 주요 기관 순회에서 한 정거장에 불과했다. 글록 경영진은 비용이 많이 드는 로비스트나 법률 전문가의 도움을 받지 않고, BATF, FAA, FBI, 비밀경호국✛, 의회경찰, NRA를 방문해 앤더슨의 기사에 대해 해명했다. 발터와 리늘, 글록은 펜타곤에서도 몇 차례 회의를 가졌다. 심지어 글록을 응징하겠다는 노엘 코흐까지 찾아갔다. 그들은 코흐의 사무실에서 만났는데 글록이 또 장황하게 강의를 시작하면서 분위기가 급속히 악화되었다. 글록이 "당신은 내 회사를 망치려 하고 있습니다."라고 하자 코흐는 "귀사에 반감이 없습니다. 단지 귀사의 총기가 내 조국에 못 들어오게 하려는 것입니다."라고 대답했다.

코흐는 나중에 "서로를 좋아하지 않았습니다. 그는 시큰둥하고 독선적인 개자식이었죠. 그가 자신의 제품을 제대로 대표하지 못했다는 것만큼은 분명했습니다."라고 회상했다.

글록은 권총을 아사드파에게 판매하고 도이치-바그람 공장에서

✛미국 국토안보부 기관이며, 원래 재무부 비밀경호국으로 위조지폐를 단속하다가 대통령 암살 사건 후에 경호 조직으로 바뀌었다.

리비아 요원을 접대하면서도 미국의 고위 안보 관료를 면전에서 질책하는 뻔뻔한 행동을 했는데, 이런 위험한 시도가 의외의 성과를 거뒀다. 국방부 관리들은 앤더슨의 기사와 코흐의 강력한 주장에도 불구하고 미국의 안보 기관들은 글록 17을 반대하지 않는다고 말했다. 글록은 호의에 감사하며 공개 성명으로 발표해 달라고 부탁했다. 국방부는 공개 성명을 거절하는 대신 역제안을 했다. 그들은 글록이 다양한 엘리트 군부대의 무기 전문가를 만날 수 있도록 주선해 주었다. 이들은 소화기를 자체적으로 선택할 수 있는 부대들이었다.

◢◢◢

하원의 범죄소위원회는 1년 동안 청문회를 3번 더 진행했고, 글록은 그때마다 헤드라인에 등장했다. 1988년 5월, 탐지 불가능한 플라스틱 총기의 제조, 수입, 판매를 금지하는 법안이 통과되었지만 이전의 요란스러운 갑론을박을 생각하면 알맹이가 빠진 것처럼 보였다. 글록 17은 충분히 탐지할 수 있었기 때문에 금지 대상에서도 제외됐다. 당시에는 어떤 총기 업체도 완전 플라스틱으로 만든, 탐지 불가능한 총을 출시하지 않았기 때문에 실효성이 없는 법이었다. 더욱 냉정하게 말하면 의회에서의 소동은 시간과 에너지를 낭비한 꼴이었다.

그렇지만 글록에 쏟아진 대중의 과도한 관심은 회사와 제품에 엄청난 영향을 미쳤다. 1986년 1월에 앤더슨의 기사가 나온 뒤 불과 몇 달 안에 글록의 특이한 디자인과 재질에 대한 질문이 쏟아졌고 그것들이 중요한 장점으로 부각되었다.

수천 명의 총기 구매자가 소문을 직접 확인하고 싶어 하면서 민간 수요가 급증했다. 칼 발터는 1986년 한 해에만 법 집행기관의 무료 샘플 요청을 1천 건 이상 받았다고 집계했다. 동네의 작은 경찰서에서 요청한 것도 있었고 대형 주립 교도소와 국제공항 보안 경찰의 요청도 있었다. 미 의회경찰은 글록 1정을 구해서 조지아 글린코에 있는 연방사법연수원에 보냈다. 곧 발터는 세관, 국경순찰대, 연방보안관, 교도국, 마약단속국DEA의 대표를 세미나에 초대했다. 참석자는 모두 글록 17을 직접 검사하고 시험 사격하고 싶어 했다. 샘플을 수령한 10명 중 9명이 샘플 권총을 가지고 싶다며 결국 수표를 보내왔다.

펜타곤의 노엘 코흐는 글록 금지 시도를 포기했고 개인 수집용으로 글록 1정을 구입했다. 그는 "실제로 아주 잘 나간다. 탄창을 꽉 채우고도 균형이 잘 잡혀서 조준하기 쉽다."라며 자신이 시작한 소란과는 정반대의 반응을 보이기 시작했다. 워싱턴에서 벌어진 소란은 오히려 글록을 미국 전역에 홍보하는 해프닝으로 끝나고 말았다.

✐✐✐

매주 도이치-바그람에서 보낸 물건이 애틀랜타 공항에 도착했다. 1986년 1월, 발터가 스머나의 공장에 경비 시스템을 설치하기도 전에 첫 번째 800정이 도착했다. 그는 사모예드 품종인 충성스러운 개 타소를 데리고 공장에서 잤다. 발터는 아내인 팸을 고용해 총기를 재포장하고, 일련번호를 기록하고, UPS⊕로 도매업자에게 발송했다. 사업이 확장되면서 그는 직원을 더 고용했다. 이름이 알려지면 무조건 좋고, 총기 규제 진영의 반감이 오히려 최고의 홍보 수단이라는 총기 산업의 불문율이 글록의 성공에도 그대로 들어맞았다.

초기에 글록을 주문한 미국 도매업자 마티 아른스타인은 플라스틱 자동권총 논란을 보고 리들에게 축하를 전했다. 그는 "5백만 달러짜리 홍보를 공짜로 했군요."라고 말했다.

⊕ United Parcel Service. 미국 조지아주에 본사를 둔 국제적인 물류 운송업체다.

6장
슈퍼건

FBI는 마이애미 사건의 피해 원인을 화력 부족으로 단정했고, 미국의 주요 법 집행기관은 S&W 리볼버를 조용히 교체하기 시작했다. 절정기인 동시에 관료주의의 온상이었던 FBI는 1986년 4월의 참사에 큰 충격을 받았고, 상황을 통제할 수 없었다는 것에 당황했다. 신형 권총 선택에만 몇 년이 걸릴 판이었다.

다른 기관은 FBI의 결정을 기다릴 필요가 없었다. 캔자스 콜비의 순찰대원은 1986년 봄에 글록에 대한 기사를 읽고, 이 이상한 이름의 권총 2정을 주문했다. 전임 경관 12명이 근무하는 콜비 경찰서는 미국 경찰서로는 극초기에 글록을 손에 넣었다. 발터는 경찰용은 360달러의 도매가에서 할인을 더 많이 해주었다. 콜비는 1정에 300달러를 지불했다. 콜비 경찰서장 랜들 존스는 "글록은 기존 권총과 달랐지만 성능이 정말 마음에 들었습니다."라고 말했다. 그의 경찰서는 전부 글록으로 교체했고 지금까지도 사용하고 있다.

메릴랜드의 대형 카운티 하워드 경찰서의 총기 교관 커티스 스파노스는 1986년 중반부터 글록 17을 소지하기 시작했다. 그해 12월, 그와 동료 경관은 2명의 무장한 강도 용의자와 마주쳤다. 스파노스는 〈워싱턴포스트〉에 "9mm 권총을 가지고 있지 않았다면 경관 시체 2구가 남았을 겁니다."라고 말했다. 그는 30분 동안 추격과 총격전을 벌이면서 용의자가 여러 번 재장전하는 동안 17연발 글록으로 신속하게 응사할 수 있었다.

"모두 16발을 쐈는데 리볼버로는 불가능했을 겁니다."

마이애미 경찰서는 총격전이 벌어지고 몇 개월 후에 대도시 경찰서로는 처음으로 경찰관 전원의 총기를 모두 글록으로 교체할 것을 문의했다. 6개월의 시험 프로그램을 거쳤고, 드디어 긍정적인 결과가 나왔다. 마이애미 경찰국장 플러머는 글록 17이 안정적이고 정확하며 아주 좋다고 평가했다. 베레타는 마이애미 계약 건에 응찰할 기회도 제대로 갖지 못했다고 항의했지만 별 소용이 없었다. 마이애미 경찰서는 글록 1천 100정을 주문했다.

댈러스, 샌프란시스코, 토론토가 바로 그 뒤에 섰다. 미네소타 세인트폴의 부서장 존 노드는 1987년 초에 용의자가 계속 사격하는데도 경관은 리볼버를 재장전해야 하는 일이 두 번이나 벌어지자 그대로 있을 수 없었다. 그 사건과 마이애미 경찰서의 글록 구입이 맞물리자 세인트폴과 인근의 미니애폴리스도 리볼버에서 글록으로 교체를 단행했다. 미니애폴리스 경찰국장 토니 부자는 "당시 글록으로 교체하는 게 대세였습니다."라고 말했다.

1987년, 마이애미 총격 사건의 여파가 북쪽으로 확산되었다. 존 러더퍼드는 "마약과의 전쟁이 잭슨빌까지 번지고 있었습니다."라고 회상했다. 경찰에 비상이 걸렸고 러더퍼드는 그가 책임지는 잭슨빌과 그 주변의 듀발 카운티를 대상으로 총기 훈련을 진행했다. 플로리다 북동부의 모든 경관과 교도관이 그의 사격장을 방문했다. 러더퍼드의 상관은 자동권총으로 교체할 수 있는지 검토하고, 그럴 수 있다면 그중의 하나를 선택하라고 지시했다. 당시 35살이었던 러더퍼드는 플로리다주립대를 졸업한 해군 출신으로 관내에서 떠오르는 인재였다. 그는 이번이 자신의 가치를 증명할 좋은 기회라고 생각했다.

러더퍼드는 어릴 때부터 사냥을 해서 총을 좋아했다. 그는 〈수정헌법 제2조〉 복사본을 액자에 넣어 사무실에 걸어 두었고 두 아이에게도 사격을 가르쳤다. 항상 권총을 소지했는데 비번일 때는 물론이고 예배 중에도 휴대해서 아내를 화나게 만들었다. 그는 미치광이가 신도들을 공격할 경우를 대비해서 항상 방어할 준비를 갖춰야 한다고 생각했다.

1987년 당시 그는 리볼버만 사용했기 때문에 자동권총에 대해 알지 못했다. 그래서 전문적인 검토를 위해 외부 전문가를 고용해도 좋다는 허가를 받았다. 그는 시력이 예리한 맹금류인 페레그린 매의 이름을 딴 자문 업체 페레그린을 운영하던 유명한 총기 교관 에마누엘 카펠손Emanuel Kapelsohn을 고용했다.

전 세계의 총기 업체에서 12개의 최신 모델을 보내왔다. 러더퍼드와 경험이 많은 동료 경관이 후보를 검토하기 시작했다. 러더퍼드는 "총을 가지고 와서 자세하게 살펴보았습니다."라고 회상했다.

"오, 베레타 92F. 예쁘지 않아? 시그사우어! 시그를 사랑하지 않는 사람은 없지."

검은 상자를 열자 글록이 튀어나왔다.

"이건 도대체 뭐야?"

글록으로 책상을 두들겼는데 플라스틱이었다. 세상에나! 해머도 없었다.

그는 "이렇게 조잡한 총은 필요 없어!"라고 말하며 소파에 던졌다. 심지어 다른 총들 사이에 넣지도 않았다. 이때 카펠손은 소파에 따로 놓인 글록을 보았다. 그는 "그래도 한번 살펴보는 것이 좋겠습니다."라고 말했다.

그의 말은 무게가 있었다. 뉴저지 출신인 카펠손은 전국적으로 명성이 있었고 NRA와도 깊은 관련이 있었지만, 그의 이력은 총기 훈련 사업에서 이례적이었다. 그는 예일에서 영문학 학사 학위를, 하버드에서 법학 학위를 받았고 뉴욕의 기업에서 기업 고객의 민사소송 업무를 맡았다. 한편 그는 항상 총을 좋아해 왔고 유명한 사격 교관이 되고 싶었다. 결국 그는 꿈을 따라 전업했다. FBI에게서 총기 교관 허가를 받고 카운티에서 가장 유명한 권총 권위자에게 교육을 받았다. 그의 스승 중에는 애리조나에서 사격 학교를 운영하던 전설적인 교관 제프 쿠퍼도 있었다. 카펠손은 1988년에 〈경찰의 방어용 권총 사용 및 전투 전술〉이라는 논문을 발표하면서 미국 최고의 교관 5명에 이름을 올렸다. 그는 오발 사고를 다투는 소송에서 피고나 원고의 요청을 받아 증언하는 유료 전문가로 주로 활동했다.

글록을 진지하게 검토해야 한다는 그의 제안은 적중했다. 며칠 후에 러더퍼드는 "누가 글록을 가질 것인지 싸웠습니다."라고 말했다.

"리볼버 사격과 너무 똑같아서 모두 좋아했습니다. 꺼내서 방아쇠를 당기고 집어넣으면 그만이죠. 그게 글록의 멋진 점입니다."

리볼버는 보통 외부 안전장치가 없다. 카펠손이 러더퍼드에게 설명했듯이 누군가에게 자동권총을 사용하는 훈련을 시키려면 사격 전에 안전장치를 푸는 훈련부터 시켜야 한다. 그러나 많은 경관이 안전장치 상태를 기억하지 못해 문제가 되었다. 베레타와 같은 일반 자동권총은 사격 후에 해머가 다시 내려갈 준비를 한 상태로 잠긴다. 그래서 권총집에 넣기 전에 반드시 사용자가 수동으로 총의 해머를 풀어 주어야 한다. 그런데 해머를 풀어 주고 안전장치를 잠그는 과정에서 실수가 잦았다.

글록 17은 그런 문제가 전혀 없었다. 외부 안전장치도 없고 해머를 풀어 줄 필요도 없었다. 러더퍼드는 교육 시간을 다음처럼 회상했다.

"글록의 안전장치는 리볼버의 안전장치와 똑같습니다. 방아쇠 압력과 간격이 전부죠. 방아쇠 조작만 배우면 안전장치도 함께 배운 것입니다."

러더퍼드와 동료는 S&W .38구경에 추억 어린 애정이 있었다. 일부는 미제 .45구경 모델 645 자동권총의 디자인을 좋아해 사격해 보고 싶어 했다. 러더퍼드는 "S&W 645를 가지고 사격장에 나갔는데 안전장치를 잠근 상태였습니다. 2주 교육을 받고 모두들 해머와 안전장치를 푸는 것을 알고 있었는데도 여전히 안전장치를 채운 상태로 사격하려고 했죠."라고 말했다.

글록의 또 다른 장점은 가볍고 일정한 방아쇠 압력이었다. 잭슨빌에서 사용하는 S&W .38구경은 리볼버 표준인 5.4~6.4kg의 압력으로 당겨야 했다. 방아쇠가 무거워도 정기적으로 훈련을 받는다면 정확하게 사격할 수 있지만 그렇게 부지런한 경관은 거의 없었다. 러더퍼드는 "대개 모든 경찰관을 미친 듯이 훈련하고 늘 사격하는 총기 마니아로 오해합니다."라고 말했다. 그러나 실제로는 많은 경관이 사격 훈련을 진지하게 받아들이지 않는다. 범죄율이 높은 도시에서도 대부분의 경관이 총격전에 휘말리는 경우가 거의 없는 편이다. 심지어 단 한 번도 겪지 않고 은퇴하는 경우도 있다. 그러므로 일반 경관의 사격 솜씨는 엉망인 경우가 많다. 글록이라면 엉망인 사격자도 중간은 가고 어느 정도 능숙한 사격자는 타깃 정중앙 부근에 탄착점을 모을 수 있었다. 글록은 2.3kg 정도의 압력이면 충분하기 때문에 무리하게 당길 필요가 없어서 조준점이 벗어나지 않기 때문이다.

S&W 645를 비롯한 대부분의 자동권총은 방아쇠 압력이 일정하지 않아서 정확도가 떨어졌다. 글록 이외의 자동권총은 대부분 초탄을 쏠 때 방아쇠를 당기는 힘으로 해머도 당겨야 하기 때문에 방아쇠 압력이 리볼버만큼 무거웠다. 초탄 발사 후에는 반동력과 슬라이드의 후방 이농으로 해머가 자동으로 당겨지고 방아쇠가 부드러워진다. 경험이 적은 사격자는 방아쇠 동작의 차이 때문에 첫 번째 사격은 낮게 발사하고 두 번째부터는 높게 발사하는 경향이 있다. 훈련과 연습으로 이런 문제점을 극복할 수 있지만 충분히 훈련하는 경관은 거의 없는 편이다. 글록도 훈련이 필요하지만 방아쇠 작동이 부드럽고 일관성 있는 데다가 반동도 적어서 교체 대상으로 알맞았다.

러더퍼드가 글록으로 기울고 있다는 말이 퍼지자 일부 상관은 글록이 위험할 수 있다고 경고했다. 상관 한 명은 "존, 보안관과 부관에 대해 잘 알겠지. 그들은 S&W 645 같은 것을 정말로 좋아하네."라고 말했다. S&W는 잭슨빌 보안관에게도 친숙한 미국 경찰의 국민 브랜드였다. 그렇지만 러더퍼드는 완강했다. 그는 이미 몇 개월 동안 보고서를 준비했다.

"최고를 제치고 다른 총으로 바꾸라는 말입니까?"

그가 되물었다. 보안관을 대상으로 2시간 동안 프레젠테이션을 하면서 그는 글록의 정확성과 안전장치의 장점을 강조했다. 부품이 겨우 34개밖에 안 돼서 유지 보수하기도 굉장히 쉽다고 설명했다. S&W 645는 100개가 넘었다. 그는 "글록 50정을 분해해서 부품을 뒤섞고 다시 50정을 조립해도 모두 사격할 수 있습니다."라고 말했다. 그는 S&W가 브랜드가 사랑받은 만큼 품질을 유지하지 못했다고 상관에게 보고했다. 신형 S&W 리볼버를 40정 수령하면 3~4정이 이미 고장 난 상태였다. 이건 상관이 몰랐던 일이었다. 러더퍼드는 "빌어먹을 총이 격발도 안 되었습니다."라며 그 당시 S&W에 약간 화가 날 정도였다고 말했다. 이 이야기는 미국 자동차 산업의 이야기와 비슷했다. 도요타가 제너럴모터스의 시장을 빼앗은 것과 마찬가지였다. 결국 엔지니어링과 품질관리가 더 뛰어난 외국 경쟁 업체가 미국 총기 업체를 밀어냈다. 드디어 "글록을 구매한다."라는 결론이 나왔다.

스머나의 글록 지사는 잭슨빌에서 경관용 900정 주문서를 받았다. 이후 6개월 동안, 카운티의 경찰기관 100개 이상이 러더퍼드의 90페이지짜리 글록 보고서를 요청했고 러더퍼드는 경감으로 승진했다.

그렇다고 자동권총으로의 전환이 매끄럽게 진행된 것은 아니다. 잭슨빌의 글록 17 주문 직후, 보안관 1명이 픽업트럭을 훔치려던 10대 용의자를 체포하다가 실수로 사살하는 사고가 벌어졌다. 조사에서 보안관이 용의자에게 수갑을 채울 때 권총을 뽑아서 방아쇠에 손가락을 걸고 있었다는 것이 밝혀졌다. 글록은 방아쇠 압력이 낮기 때문에 권총집에 보관했어야 했지만 그렇게 하지 않았던 것이다. 러더퍼드는

"끔찍한 사고였지만 훈련이 문제였지 총 문제는 아니었습니다."라고 말했다.

그는 마찬가지로 글록의 탄약이 걸리는 고장에 대해서도 비난하지 않았다. 러더퍼드는 글록에 문의해서 경찰이 사용하는 총탄이 글록의 탄창에 잘 맞지 않는다는 결론을 내렸다. 이 걸림 문제는 글록이 추천하는 윈체스터 탄으로 바꾸면서 해결되었다. 러더퍼드는 "올바른 탄약을 사용하면 걸리지 않습니다."라고 말했다. 글록을 광범위하게 사용하면 오발과 탄약 걸림이라는 심각한 문제가 다시 일어날 수 있었다. 그러나 러더퍼드의 믿음은 절대로 흔들리지 않았다. 22년 후, 그가 감독하는 잭슨빌 보안관 사무실의 경관 1천 7백 명은 여전히 글록 자동권총을 사용하고 있다.

❧❧❧

에마누엘 카펠손은 막연한 기대로 글록을 추천하지 않았다. 1986년 중반, 발터는 가장 존경받는 사격 교관과 계약해서 글록에 대한 소문을 퍼뜨리기 시작했다. 고객의 욕구를 제대로 파악해 훈련과 마케팅을 결합했고 이런 영업 방식은 글록의 장기가 되었다. 카펠손은 발터가 고용한 전문가 중 한 명이었다.

일부 도시에서는 지역 기관이 글록 교관의 비용을 지불했다. 잭슨빌에서도 보안관 사무실이 카펠손을 고용했다. 다른 도시에서는 경찰서가 구입 의사를 밝히면 글록사가 구매 계약의 일부로 카펠손이나 다른 교관을 파견했다. 새 고객에게는 좋은 선물이 되었다. 엄격하게 말하면 잭슨빌과 카펠손의 계약은 이익 충돌에 해당했다. 의회에서 플라스틱 자동권총 논란이 일어났을 때에도 카펠손은 워싱턴에서 글록을 변호하며 열변을 토했다. 그렇지만 그는 "속셈이 있어서 그런 것이 아닙니다. 글록이 워낙 뛰어났습니다."라고 말했다.

잭슨빌 보안관 사무실이 글록을 주문한 후에, 글록 지사는 카펠손을 플로리다 북부로 파견해 회사 비용으로 총기 전환을 위한 사격 훈련을 진행했다. 카펠손은 "그 당시 칼 발터는 이동 중에 훈련 프로그램을 만들 정도로 천재적이었습니다."라고 말했다.

"S&W를 사용한다면 매사추세츠 스프링필드에 있는 S&W 학교에 가야 했습니다. 반면에 글록을 구입하면 발터가 현장으로 교관을 보냈죠."

인근 지역의 경찰서 교관들이 호기심으로 훈련 세션에 참석하기도 하고, 글록이 특정 지역의 연방, 주, 시의 교관들을 초대하는 공개 훈련을 개최하기도 했다. 카펠손은 "전국의 교관이 글록을 손에 쥐게 되었습니다. 그것이 글록을 판매하는 최고의 방법이었습니다."라고 설명했다.

고객들이 글록을 처음 만난 순간을 인상 깊게 기억하도록 하는 것이 발터의 재능이었다. 대규모 계약을 체결할 경우, 그는 스머나에서 글록 상자와 공짜 탄약을 포르셰 로드스터에 잔뜩 싣고 고객을 방문했다. 그는 글록에 정식으로 입사하면서 RV를 스포츠카로 바꿨다. 그리고 모든 비용을 지불해 경찰 고객과 도매 유통업자를 애틀랜타의 글록 공장으로 초대하곤 했다. 경찰들은 시내의 레스토랑에서 스테이크와 고가의 술, 수입한 시가를 대접받았다.

가끔 가스통 글록이 모습을 보였다. 한 사법 경관은 "그는 유럽인 그 자체였고 담배를 엄청나게 피웠습니다."라고 회상했다.

"그는 자신의 권총을 잘 알았죠. 어떤 질문을 받더라도 모두 답변했습니다."

글록은 완전자동 버전인 글록 18을 자랑했다. 글록 18의 방아쇠를 당기면 기관총처럼 총탄이 연발로 발사된다. 손잡이 밖으로 튀어나오는 탄창에 33발을 장전할 수 있으며 몇 초 만에 모두 발사된다. 글록 18을 처음 다루면 엄청난 반동 때문에 총열이 위로 솟구친다. 그 때문에 당황한 경관이 실수로 글록사의 천장을 벌집으로 만드는 일이 자주 일어났다. 글록 18은 경찰의 기동타격대와 군 특수부대용으로 개발되어 민간인에게는 판매하지 않았다. 글록은 마케팅 차원에서 스머나 방문객에게 글록 18을 보여 주었다.

발터는 예산이 부족한 경찰서에 다양한 금융 지원과 중고 보상 판매 서비스를 제공했다. 그는 1988년, 조지아 매리에타의 경찰서장 찰스 시먼스에게 대금을 지불하지 않아도 100명의 경관을 무장시키겠다고 약속했다. 매리에타 경찰서는 구형 권총 126정과 글록 1만 7천 100정을 맞교환했다. 〈애틀란타저널컨스티튜션〉이 이 거래를 보도했는데 "글록은 기존의 리볼버보다 경관을 훈련시키기 쉽고 정확성이 높아서 교체하기 쉬울 것"이라고 설명했다.

이런 기사 덕분에 글록은 홍보 비용을 들이지 않고도 더 많은 고객에게 이름을 알렸다. 글록은 생산량이 늘어나면 1정당 제조 비용을 100달러 미만으로 낮출 수 있었기 때문에 중고 보상 판매 계약을 맺어도 이익이 남았다. 글록은 경찰의 구형 권총을 도매업자에게 판매했고, 도매업자는 권총을 손본 후에 총포상이나 주말의 총기 전시회에서 판매했다. 수리한 경찰 총기는 전국의 중고 총기 시장에서 인기를 끌었고 보상 판매는 글록의 주요 영업 정책이 되었다.

회사가 유명해지고 수입이 증가하자 발터는 글록을 구입한 기관에서 정규직을 채용하기 시작했다. 회전문 고용으로 입사한 직원은 가장 강력한 영업사원이 되었다. 4천 5백 명이 있는 뉴욕 경찰NYPD은 1988년에 자동권총으로 교체하기 시작했다. 북동부에서 총기 교관과 총기 사용 매뉴얼 저자로 유명한 베테랑 경사 프랭크 디누초Frank DiNuzzo가 검토 과정을 책임졌다. 디누초는 처음에는 S&W를 선호했는데 결국 잭슨빌의 러더퍼드와 비슷한 이유로 글록을 추천했다. 글록 지사는 NYPD가 내놓은 구형 권총 4천 5백 50정을 매사추세츠의 도매업자에게 팔아서 124만 6천 달러의 매출을 올렸다. NYPD는 4만 달러만 추가로 지불하고 신형 글록 4천 3백 10정을 받았다. 디누초는 1990년에 은퇴한 후에 글록 지사의 첫 번째 내부 교관으로 입사했다. DEA, 디트로이트 경찰서, 네이비실 은퇴자들도 글록의 입사 권유를 받았다.

뉴욕시는 경찰 3천 5백 명을 고용하고 있다. 미국에서 가장 많고, FBI의 두 배다. NYPD는 다른 경찰서의 모범이며 영화와 텔레비전에도 가장 많이 등장했다. 동시에 뉴욕시는 총기를 엄격하게 규제하는 도시다. 북부의 알바니 경찰은 글록을 채택했지만, NYPD 서장은 잭 앤더슨이 일으킨 테러 공포 기사 때문에 1986년 초에 글록을 뉴욕시에서 퇴출시켰다.

발터는 글록 지사에 몸담기 전에 NYPD에 슈타이어 저격총을 판 경험이 있었고, 이런 금지 조치에 전혀 개의치 않았다. 1986년 5월, NYPD의 교관 파견대는 발터를 초대해 로드맨스넥에 있는 경찰서 사격장에서 비공식 프레젠테이션을 진행했다. 그는 겨우 몇 정의 샘플만 가지고 갔는데 놀랍게도 총기 교관 20명이 참석했다. 더욱 놀라운 것은 그들 중 일부가 이미 개인적으로 글록 17을 가지고 있다며 로커에서 글록을 꺼내 왔다는 사실이다.

발터는 이 일을 더없이 반가운 징후로 받아들였다. 뉴욕시 내부의 고위 총기 교관 일부가 뉴욕시 경계 안에서의 소지 금지명령을 위반하고 자비로 구입할 정도로 글록에 대한 관심은 높아져 있었다. 그해 여름, 금지명령이 유효한데도 NYPD 경찰기동대가 글록 70정을 조용히 주문하면서 상황은 다음 단계로 발전했다. 이에 발터는 뉴욕에서 글록을 더 많이 사용하도록 계속 박차를 가했다.

1986년 6월, 뉴욕 퀸즈의 파로커웨이에서 벌어진 총격전에서 6연발 리볼버의 한계가 분명히 드러났다. 신참 NYPD 경관 스콧 가델 Scott Gadell과 동료는 무장한 범죄자를 추격하다가 총격을 받았다. 가델은 현관 뒤에 숨으며 응사를 했고 .38구경 S&W의 탄창이 비었다. 장전하는 동안 범인이 앞으로 다가와 가델의 왼쪽 귀 바로 위에 치명적인 사격을 가했다. 범인은 9mm 자동권총으로 9발을 쏘았다. 동료 경관은 나중에 "모든 경관이 스콧의 소식을 들었죠. 그는 최선을 다했는데도 뒤처진 장비 때문에 죽고 말았습니다."라고 말했다.

그 사건 이후인 1988년 9월, 〈연합통신Associated Press〉은 뉴욕 경찰국장 벤저민 워드Benjamin Ward가 상의 안에 글록 17을 가지고 있었다는, 뉴욕 전체를 뒤흔든 특종을 보도했다. 〈뉴욕포스트〉는 이 이야기를 1면에 대문자 헤드라인으로 실었다.

경찰 수장 슈퍼건 금지명령 위반TOP COP WARDS OFF BAN ON SUPER GUN

〈뉴욕포스트〉는 "경찰국장 벤저민 워드는 뉴욕시에서는 금지된 논란의 플라스틱 슈퍼 권총 소지 허가를 받았다."라고 보도했다.

"7월 6일자로 갱신된 워드의 총기 소지 허가 사본에 의하면 워드는 최신식 9mm 글록 권총을 소지할 수 있다."

궁지에 몰린 NYPD는 〈뉴욕포스트〉에 "워드는 통제하에 진행되는 시험 중 일부로 글록을 소지했다."라고 해명했다. 경찰서의 대응이 시원찮자 신문은 '슈퍼건'에 대해 다른 사람에게 설명을 요청했다. 슬론 케터링의 정형외과 암 전문의 데이비드 몰러 박사는 그중 하나였다. 그는 캘리포니아에서 글록을 구입했지만 금지명령 때문에 뉴욕에 가져오지 못했다. 몰러는 〈뉴욕포스트〉에 "글록은 구입할 수 있는 최고의 실전 권총 중 하나다."라고 말했다.

"슈퍼건이라니, 상상할 수 있겠어요?"

칼 발터는 20년 후에도 영문을 몰랐다. 머리를 흔들며 웃었다.

"5천만 달러, 아니 1억 달러를 써도 그런 반응을 만들어 낼 수 없을 겁니다."

워드 해프닝이 벌어지고 하루 만에 글록 금지령이 해제되었다. 경찰 부국장은 연구 조사를 마쳤고 글록은 탐지 불가능한 무기가 아니며 현재 보안 현장에서 사용하는 기술로 탐지할 수 있다고 설명했다.

발터는 "그 순간부터 모든 일이 저절로 풀렸습니다."라고 말했다. 곧바로 NYPD 마약단속경관, 조직범죄수사관과 다른 특수 부서 수백 명이 글록을 소지하기 시작했다. 현재 글록은 뉴욕이 허가한 세 가지 권총 브랜드 중 하나이며, 2만 명의 경관이 글록을 사용하고 있다.

✦✦✦

미국 공공기관에 권총을 판매해 금광을 캐려던 총기 설계자는 가스통 글록 이전에도 있었다. 발터는 "새뮤얼 콜트가 최초였습니다."라고 설명했다. 가스통 글록이 19세기 중반의 리볼버 천재에게서 영감을 얻었다는 확실한 증거는 없다. 그렇지만 글록-발터 팀이 140년 후에 선택한 전략은 콜트 전략의 판박이였다. 콜트 전략이 미국 총기 사업에서 오랫동안 효과가 있었던 테마였기 때문에 그럴 만도 했다.

1814년, 코네티컷 하트퍼드Hartford에서 태어난 콜트는 아버지의 섬유 공장에서 지루한 작업을 하며 성장해 기계를 잘 알았다. 15살이 되자 견습 선원으로 출항했다. 전기에 따르면 증기선의 바퀴처럼 돌아가는 원통을 보고 리볼버에 대한 아이디어를 얻었다고 한다. 선장의 타륜을 고정하는 작업을 하면서 영감이 떠올랐다는 주장도 있고 닻을 올리는 캡스턴⊕을 보고 생각해냈다는 주장도 있다. 역사가 척 윌스에 따르면 어린 콜트는 인도에서 영국군의 초기 부싯돌점화식Flint-lock⊕⊕ 리볼버를 봤다고 한다. 그는 미국에 돌아와 목형을 깎아냈다.

콜트는 경험이 많은 총기 제작자 2명을 고용해 조언을 듣고 시험 모델을 제작했다. 그는 글록처럼 전문가의 도움을 받았다. 리볼버는 수십 년 동안 사용되었는데, 콜트는 격발 구조에 실린더를 연결해 실린더를 수동으로 회전시켜야 하는 번거로움을 없앴다. 해머를 뒤로 당기면 실린더가 회전하며 총탄을 장전한 약실과 총열을 일치시켰다. 방아쇠만 당기면 연속으로 사격할 수 있게 한 것이다.

콜트의 총은 강력하고, 안정적이며, 내구성이 좋은 총으로 알려졌

⊕무거운 닻을 인력으로 들어 올리기 힘들기 때문에 선수에 닻을 감는 실린더인 캡스턴을 설치하고 구멍에 막대를 끼워 돌렸다.
⊕⊕수석총이라고도 부르며 불을 붙이는 화승총 이후에 사용되었다. 부싯돌로 불꽃을 튕겨 점화시켰다. 1600년대 초부터 1800년대 초까지 200년간 사용되었다.

다. 글록의 경우와 매우 닮았다. 콜트는 몇 년 동안 고생하다가 영향력 있는 법률가와 군 장교의 인증을 연달아 받는 데 성공했다. 칼 발터가 글록을 선택한 경우와 비슷했다. 텍사스 순찰경비대의 새뮤얼 워커Samuel Walker 대위가 콜트의 초기 후원자였다. 1844년, 신문은 워커와 기마순찰대 15명이 콜트로 무장하고 80명가량의 코만치 인디언을 격퇴했다고 보도했다. 콜트는 워커를 일러스트 전단지에 등장시켜 "텍사스의 모든 시민이 당신의 총을 간절히 원한다."라고 홍보했다. 2년 후, 군 장교가 된 워커는 콜트와 협력해 .41구경 모델을 개발했다. 미 정부는 '워커 콜트'⊕를 1천 정 주문해 멕시코-미국전쟁에 투입했고 콜트는 본격적으로 사업을 진행할 힘을 얻었다. 콜트는 당대 최첨단의 공장을 하트퍼드에 세웠는데 이곳은 교환가능 부품 생산⊕⊕과 같은 대량생산 기술을 이용한 첫 번째 총기 공장이었다.

　미국에서는 1857년의 경제공황으로 폭동이 발생했고, 경찰은 그 이후에 권총을 소지할 수 있게 되었다. 콜트는 새로운 기회를 놓치지 않고 신형 모델 폴리스 리볼버New Model Police Revolver를 출시했다. 이 총은 그가 1862년에 세상을 떠나기 전에 공장에서 생산한 마지막 신제품 중 하나가 되었다. 폴리스 리볼버는 3.5인치 총열과 6발 장전으로 저렴하고 가볍고 숨기기 쉬웠다. 전기 작가인 윌리엄 호슬리는 "콜

⊕1847 콜트워커라고 부르기도 한다. 1천 100정만 생산했기 때문에 현재는 수집품으로 엄청난 가치가 있다. 2008년에 1정이 무려 20억 이상에 경매되기도 했다.
⊕⊕동일한 자재, 치수, 규정으로 교환가능한 부품을 대량생산하는 방식이다.

트는 매우 활동적인 기회주의자였다."라고 기록했다.

대중 광고의 개척자인 콜트는 고급 브로슈어 기술을 사용해 자신의 제품을 개척과 기술 성취의 상징으로 만들었다. 그는 텍사스 공화국◈◈◈의 전 대통령 샘 휴스턴Sam Houston 장군과 같은 유명인의 보증을 받아내 신뢰성을 높였다. 콜트는 낮은 수익을 참아가며 공공계약을 노렸다. 그는 "정부의 후원이 바로 광고이기 때문에 다른 것은 필요가 없다."라고 말한 적이 있었다. 그는 수천 달러어치의 담배를 사고 술과 오락에 막대한 수표를 발행하면서 영향력 있는 군 장교와 정치인을 아낌없이 접대했다.

경쟁사가 전통에 의존한 반면, 콜트는 '신형'이라는 기억하기 쉬운 한마디에 주력했는데 이 점은 글록과 달랐다. 1854년, 그는 "머스킷 Musket ◈◈◈◈은 오래된 총이고 이미 구형이 되었지만 이 권총은 신형이다."라고 말했다. 그는 모양만 약간 바꾸고 애국심을 자극하는 이름을 붙여 고객의 관심을 모았다. 6연발 .36구경 네이비가 대성공을 거뒀는데 미 해군용으로 만들어서가 아니라 실린더에 해전 장면이 각인되어 붙은 이름이었다. 물론 네이비라는 이름은 충분히 효과가 있었다. 콜트는 더 작고 숨기기 쉬운 포켓 네이비 리볼버도 생산했고 다른

◈◈◈ 멕시코 북동부 일부가 독립해 1836년에서 1845년 사이에 존재했다가 미국의 28번째 주로 편입되었다. 1836년 2월 23일~3월 6일, 미국 개척민과 멕시코군 사이에 벌어진 알라모 전투는 미국 개척 정신의 상징이 되었다.
◈◈◈◈ 구식 화승총인 아퀴버스를 대체한 전장식 장총이다. 정확한 기준은 아니지만 편의상 강선이 없는 장총이라고 생각하면 된다.

모델도 소형 버전을 만들어 냈다. 콜트가 사망하고 11년이 지난 후에, 하트퍼드 공장은 .44구경 콜트 아미 모델Colt Army Model을 출시해 군용으로 판매했고 민수용으로 여러 개의 변형을 만들었다. 지금도 복제품이 생산되는 이 전설적인 싱글액션 리볼버는 피스메이커라는 이름으로도 잘 알려져 있다.

가스통 글록은 여러 면에서 20세기의 콜트라고 할 수 있다. 일부 미국 권총 역사가와 리볼버 충성파에게는 모욕적인 주장이 될 수 있겠지만, 오스트리아의 조용한 엔지니어와 야심 찬 세일즈맨 두 사람이 미국의 총기 산업을 재편하고 콜트와 동등한 위치를 차지한 것은 부인할 수 없는 사실이다.

7장
할리우드 진출

릭 워시번Rick Washburn은 맨해튼 중심가 소호 구역에서 소품 전문 회사를 운영하며 총, 칼, 폭탄, 정글도, 닌자 수리검 등 액션영화나 텔레비전 쇼에 필요한 모든 무기를 공급했다. 그의 회사 웨폰스 스페셜리스츠는 오페라와 발레공연용 검, 단검, 창, 방패를 보관하고 있었다. 워시번은 그런 거리를 다니는 쇼핑객이 볼 수 없는 지하실에 3중 잠금 장치를 채우고 수집품을 보관했다.

아칸소 출신인 워시번은 1970년대에 배우가 되려고 뉴욕에 왔고, 1984년 〈코튼클럽The Cotton Club〉에 암살자로, 1988년 〈미시시피 버닝Mississippi Burning〉에 FBI 요원으로, 1991년 〈빌리 배스게이트Billy Bathgate〉에 단역으로 출연했다. 그는 시골 출신이었기 때문에 총에 대해 잘 알고 있었고, 리볼버와 자동권총을 구분하지 못하는 감독에게 조언했다. 그의 훈수는 화를 부르기도 했지만 환영하는 감독이 더 많았고, 총기 자문을 하다 보니 연기보다는 장비 임대 사업으로 더 많은 돈을 벌 수 있겠다고 생각하기에 이르렀다. 워시번은 배우의 총기 연기가 실제처럼 보이도록 훈련시켰다. 그는 마틴 스코세이지나 아널드 슈워제네거를 비롯한 많은 사람들과 일했다.

1986년, 발터는 워시번에게 글록의 가치를 설득하기 시작했다. 워시번은 웃으며 발터가 "다른 총보다 부품 수가 절반인 것을 압니까? 다른 총이 막힐 때에도 글록은 막히지 않아요. 헬리콥터에서 떨어트렸다가 다시 집어 들어도 쏠 수 있다면 믿겠습니까?"라며 장광설을 퍼부었다고 회상했다. 워시번도 처음에는 다른 사람들처럼 그의 말을 과장으로 받아들였다. 실제로 그는 .45구경 콜트 1911을 가장 아꼈고 글록을 촌스럽다고 생각했다.

"아칸소에서 '트럭건'이라는 것을 가지고 있었습니다. 트럭 뒤에 던져두었다가 토끼나 다람쥐를 보면 사냥하는 오래된 총이었죠. 언제나 트럭 뒤에 있고 함부로 다뤄서 상처가 많았어요. 사격하는 데는 문제가 없지만 모양이 엉망이었어요. 벽에 걸어 두거나 친구에게 보여 줄 총이 아니었죠. 글록은 마치 트럭건 같았어요. 저도 다른 사람들처럼 글록을 한때 지나가는 유행 정도로 생각했어요. 유럽이야 어떻든 미국은 다르다고."

콜트의 광팬인 동료는 플라스틱으로 만들어진 글록을 '일회용 권총'이라고 비웃기도 했다. 발터가 고집을 부리자 워시번은 결국 글록 17을 가지고 맨해튼 웨스트사이드의 실내 사격장으로 갔다. 민간인이 뉴욕에서 합법적으로 사격할 수 있는 몇 군데 중의 하나였다. 워시번은 "거기서 빵빵빵! 빠르게 올라오는 타깃에 사격했습니다. 글록은 다루기 쉽고 사격하기 편하고 막히지 않았죠. 일정 간격으로 타깃을 명중시켰어요. 갑자기 도구로, 호신용으로, 군대 부무장으로 글록이 최고라는 생각이 들었습니다."라고 회상했다.

그러나 워시번은 더 많은 글록이 판매될 때까지 글록을 영화에 사용하는 걸 망설였다. 그는 무기를 소지할 수 있게 하는 〈수정헌법 제2조〉를 지지했기 때문에, 뉴욕이 글록을 특정해서 금지한 것에 "일반인을 믿을 수 없다는 전형적인 엘리트주의였어요."라며 분노했다.

1988년, 그는 반격할 기회를 얻었다. 친구 한 명이 뉴욕 시민들이 NYPD의 권총 허가증을 발급받기 위해 행정절차를 밟을 때 도와주는 회사를 운영하고 있었다. 워시번의 친구는 경관에게는 무슨 권총을 허가하는지가 궁금해서 주 정보 공개 절차를 통해 기록을 요청했다.

뉴욕시는 뉴욕 경찰이 소지하기 위해 허가받은 무기의 이름과 종류를 모두 제공했다. 경찰국장 벤저민 워드도 명단에 있었는데 놀랍게도 그는 글록 17 소지 허가를 받았다. 워시번과 친구는 워드의 비밀 무기를 만천하에 공개하기로 했다. 워시번은 〈연합통신〉에 전화했고 '슈퍼건'이라는 단어가 탄생하는 계기가 되었다.

NYPD 경관이 글록을 소지하기 시작하자 워시번은 이제 글록을 대중매체에 등장시킬 차례가 되었다고 생각했다. 그는 〈이퀄라이저The Equalizer〉라는 CBS 텔레비전 프로그램에 무기 소품을 제공하고 있었다. 이 프로그램에서는 가상의 전직 CIA 요원이 양아치, 마약상, 강간범 등에게서 일반인을 구해주면서 종종 무력을 사용했다. 자경단 활동을 하는 주인공은 "문제가 있나요? 억울한 일이 있나요? 이퀄라이저에게 전화하세요."라는 암호식 신문광고를 통해 도움이 필요한 사람을 찾았다. 비밀스럽고 부드러운 역할에 맞게 이퀄라이저는 작은 발터 PPK 스테인리스 자동권총을 소지했다가, 황금시간대에 편성된 시리즈 후반부터는 워시번의 추천으로 글록을 소지하기 시작했다. 그는 "뉴욕 경찰이 사용하기 시작하면서 우리도 경찰, 특히 형사 역할을 하는 배우에게 글록을 쥐어 주기 시작했습니다."라고 말했다.

워시번은 이 오스트리아 업체를 도와주고 싶었다. 그는 새롭게 떠오르는 총기 업체와 호의적인 관계를 맺어 합리적인 조건으로 권총을 공급하게 하는 것이 자신에게 재정적으로 이익이 된다는 것을 깨달았다. 워시번은 가스통 글록의 개발품이 엄청난 관심을 모으고 있다고 느꼈다. 그는 "사람들은 악명을 듣고도 일부러 글록을 구입하고, 글록을 사용하고, 글록에 돈을 지불합니다. 미국에서는 총기를 가장 반대하는 사람들이 거꾸로 그 총기의 최우수 영업사원인 경우가 많죠."라고 논평했다.

할리우드 소품에서는 자동차 다음으로 총기가 중요하다. 대부분의 대중문화에서는 모험심과 남성주의의 상징으로 바퀴와 화력을 등장시켜 미국 특유의 성격을 표현한다. 발터는 전문적인 매체 분석가는 아니었지만 "사람들이 텔레비전과 영화관에서 보는 제품을 구입한다."라는 것을 인지하고 있었다.

콜트 리볼버는 카우보이 영화와 TV 드라마에 자주 등장해 1950년대와 60년대의 미국 총기 소유주들에게 큰 인기를 끌었다. 우아한 발터 PPK는 〈007〉 시리즈의 주인공 제임스 본드의 상징이 되었다. S&W는 1971년, 클린트 이스트우드가 형사 해럴드 "더티해리" 캘러핸으로서 S&W 모델 29 .44 매그넘을 소지하고 영화에 등장하자 엄청난 마케팅 폭발 효과를 얻었다. S&W의 기업 연혁 기록가 출신인 로이 징크스는 그 영화가 ".44 매그넘과 다른 제품의 판매를 끌어올렸습니다."라고 말했다. 캘러핸은 거대한 리볼버를 용의자에게 조준하며 영화 역사상 가장 거친 말을 내뱉었다.

"네놈이 무슨 생각인지 다 안다. 6발 다 쐈나? 5발이던가? 사실 너무 흥분해서 나도 모르겠어. 그렇지만 이건 .44 매그넘이거든. 세계에서 가장 강력한 권총이지. 네놈 머리를 아예 날려버릴 거야. 이제 한 가지만 더 생각해봐. 내 운이 좋은가? 글쎄, 그런가? 이 양아치야."

발터는 글록에게도 〈더티해리〉의 역사를 만들어 주고 싶었다.

제품 간접광고PPL는 제조업체가 비용을 지불하고 자신의 음료수,

의류, 자동차 브랜드를 대본에 넣는 마케팅 기법으로, 1980년대에 처음으로 도입됐다. 그렇지만 총기 산업계는 절대로 비용을 지불할 필요가 없었다. 작가와 감독이 더 급한 입장이어서 돈을 받지 않아도 이야기에 총기를 등장시켰다. 그렇지만 총기 업체에 따라 제품의 등장이 쉬울 수도 있고 어려울 수도 있었다. 글록사는 영화나 TV 프로그램의 제작 과정에 영향을 줄 수 있는 사람들에게 정성을 기울였다. 발터는 워시번에게 거의 헐값으로 글록을 제공했고, 워시번이 다급하게 주문하면 다른 고객의 주문보다 먼저 처리해줬다.

반대로 콜트와 S&W는 워시번에게 정가를 청구했고 제품 배송이 너무 지연될 때도 있었다. 독일 H&K, 스위스 시그사우어, 이탈리아 베레타의 미국인 마케팅 직원은 훨씬 비협조적이어서 자신의 총기를 영화에 등장시키는 것에 아예 무관심한 것처럼 보였다. 대부분의 총기 업체는 제품이 어떻게 사용되는지를 미리 알고 싶어했다. 경찰과 선한 역할이 사용할 경우에만 승인하고 범죄자가 사용하면 거부했다. 발터는 글록이 법의 편이기를 바랐지만 강요하지는 않았다. 무엇보다 〈더티해리〉의 거친 이미지는 엄청난 수의 .44 매그넘을 팔아 치웠다. 워시번은 "사람들은 누가 총을 사용하는지에 영향을 받지 않아요. 그저 나오기만 하면 됩니다."라고 말했다.

1980년대 말, 액션영화 전문으로 로스앤젤레스 지역에서 떠오르는 무기 전문가였던 마이클 파팩Michael Papac은 멜 깁슨, 대니 글로버와는 〈리썰 웨폰Lethal Weapon〉⊕에서, 그리고 아널드 슈워제네거와는 〈프레데터Predator)✠✠에서 함께 영화 제작을 했다. 파팩은 "플라스틱 총인 글록에 대한 말이 들리기 시작했어요. 엑스레이에서 볼 수 없다는 소문이 있었죠. 사람들은 무슨 뜻인지도 모르면서 말을 퍼트려요."라고 회상했다. 그는 브루스 윌리스의 히트작 〈다이하드〉 속편의 무기 소품을 지원하게 되었다. 1990년 7월 4일에 개봉된 〈다이하드 2 : 다이하더〉에서 윌리스는 산전수전을 다 겪고 임기응변에 능한 로스앤젤레스 경찰 경위인 존 맥클레인으로 출연했다. 2편은 중남미에서 마약 수송을 하던 용병대가 미국 공항을 장악하자, 맥클레인이 이 상황을 해결하는 줄거리였다.

이 영화에서 용병 테러리스트가 글록을 사용하면서 글록은 처음으로 영화에 데뷔하게 되었다. 파팩은 "내가 가진 첫 번째 글록이었는데 할리우드에서도 처음이었습니다."라고 말했다. 영화에서 맥클레인은 베레타 92FS를 사용했는데 악당이 사용하는 신형 권총을 보고 놀라는 장면이 나온다. 그는 공항 경찰 경감에게 "저놈들 내게 글록 7을 쐈어요! 뭔지 모르죠? 독일에서 만든 세라믹 권총이라고요. 엑스레이 기계에 걸리지도 않고 당신 한 달 월급을 줘도 못 산다고요!"라고 거칠게 말했다.

✠흑백, 신구, 사고뭉치와 교장 선생님처럼 대비되는 캐릭터의 형사들이 벌이는 전형적인 수사물로 1987년에 개봉되었다. 제작비 1천 5백만 달러로 전 세계에서 1억 2천만 달러를 벌어들여 〈다이하드〉 시리즈에 맞먹는 시리즈로 이어졌다.
✠✠외계인 전사 프레데터가 지구에 와서 사냥을 하는 SF 액션영화로, 프레데터는 에일리언과 함께 가장 인기 있는 외계인 캐릭터가 되었다.

글록은 더티해리급 순간을 가졌다. 글록에 대해 맥클레인이 지껄인 대사는 모두 엉터리였지만 아무런 상관이 없었다. 글록 7이라는 모델도 없었고, 독일이 아니라 오스트리아에서 생산되었으며, 공항의 엑스레이 기계에 탐지되었고, 경감의 한 달치 월급보다 훨씬 저렴했다. 파팩은 "사실을 바로잡을 수도 있겠죠. 하지만 그렇다고 감독이 대본을 고치진 않을 거예요. 내 말도 안 들었거든요."라고 말했다.

엉터리 과장과 브루스 윌리스의 독백 덕분에 글록은 미국 총기 마니아의 인기 제품이 되었다. 전 NRA 직원 리처드 펠드먼은 이렇게 말했다.

"자동차, 제2차 세계대전, 뉴욕에 대해 잘 아는 사람들은 오류투성이 영화나 텔레비전을 보고 오류를 지적하는 걸 정말로 좋아합니다. 총기 마니아는 그 정도가 가장 심하죠. 그들은 영화 속 엉터리 장면을 보고도 가고 또 갑니다. 그런 장면을 보면서 자신을 똑똑하고 특별하다고 느끼죠. 우리는 총을 잘 아는데 할리우드의 멍청한 자유주의자는 아무것도 모른다고 뿌듯해해요. 오류투성이 〈다이하드 2〉 덕분에 모든 사람이 글록에 대해 이야기하게 되었습니다. 잭 앤더슨, 의회에 이어 브루스 윌리스가 모두에게 글록을 알렸어요. 그리고 '세라믹 권총', '플라스틱 권총', '하이재커의 전용 무기' 등 언론이 뭐라고 부르든 상관없이 글록 소유자는 글록을 변호하려고 합니다. 최고로 기가막히는 홍보 효과죠!"

할리우드는 글록에 빠져들었다. 점차 1990년대의 수많은 영화들이 글록을 등장시켰고, 극작가는 아주 정확한 사실까지는 아니어도 글록에 대해 공부하고 오류를 다듬으려고 노력했다. 1998년도 작품 〈U.S. 마셜〉에서 연방 부보안관 샘 제러드 역할을 맡은 토미 리 존스는 국무부 보안 요원인 로버트 다우니 주니어의 스테인리스 토러스 PT945⊕를 보고 잔소리를 했다. 존스는 경멸하는 표정을 지으며 토러스를 높이 치켜들고는 "글록으로 바꾸고 그 니켈 입힌 계집애 권총을 버려."라고 말했다.

오스트리아 출신인 아널드 슈워제네거는 조국의 유명한 수출품에 자부심을 느끼고 아예 글록을 지목하여 자신의 영화에 등장시킬 것을 요구했다고 한다. 가스통 글록은 그에게 감사의 뜻으로 글록 2정을 선물했고, 그와 악수하는 사진을 액자로 만들어 자랑했다. 그렇지만 슈워제네거는 글록을 공개적으로 홍보하지는 않았다. 워시번은 슈워제네거를 "상당수 할리우드 사람들이 그렇듯이 총기를 숨겨두고 즐기는 사람"이라고 부른다. 그렇지만 슈워제네거는 1999년 영화 〈엔드 오브 데이즈End of Days〉에서 나름대로 글록에 보상을 했다. 슈워제네거가 악마와 전투를 벌이는 초자연적 스릴러 영화에서 그는 종교에 대한 헌신을 말하는 신부에게 짜증을 내며 "당신의 신념과 내 글록 9mm 중에 선택하라면 나는 글록을 선택하겠습니다."라고 말했다.

⊕ 브라질 토러스 인터내셔널Forjas Taurus의 자동권총. 〈건 크리틱Gun Critic〉의 평가에 의하면 글록 17에 비해 정확도 85 : 70 등으로 낮은 평가를 받고 있다.

글록은 순식간에 경찰과 악당 모두의 무기로 자리 잡으면서 대중문화 영역에서도 독보적인 입지에 올랐다. 경찰의 글록 선호는 사실이었다. 콜비, 캔자스, 뉴욕 등의 경관이 총기를 글록으로 교체했다. 1990년, NBC 황금시간대에 방영된 경찰과 검찰 드라마 〈로앤오더Law & Order〉는 장편 글록 광고라고 불릴 정도였다. 이 드라마는 뉴욕에서 촬영되었고 릭 워시번이 무기 소품을 제공했는데, 몇 년 동안 방영되면서 탐정과 경찰이 단체로 S&W 리볼버를 글록 자동권총으로 바꿔 들게 하는 데 일조했다.

글록과 범죄 세계의 연결은 사실보다는 환상에 가까웠다. 글록은 위협적인 프로필이 있었다. 서부 시대의 콜트 피스메이커처럼 영웅의 권총으로는 보이지 않는다. 미국 대중은 처음에는 글록을 하이재커의 무기라고 알았다. 〈다이하드 2〉는 미치광이 용병의 무기로 표현했다. 그래서인지 힙합 스타들이 글록을 선택하기 시작했다.

당시 래퍼의 인기 상승에 편승해 브랜드 의상, 술과 보석이 중심가와 전국의 백인 교외 주거지역에 퍼져 나가고 있었다. 소비재 기업은 콘서트를 후원하고, 음악 잡지에 광고를 내고, 힙합 음악가를 대변인으로 활용했다. 《바빌론 체제에 입장하기 : 새뮤얼 콜트부터 50센트까지의 총기 문화 해설Enter the Babylon System : Unpacking Gun Culture from Samuel Colt to 50 Cent》로 랩의 역사를 정리한 로드리고 바스쿠난과 크리스천 피어스는 "사실상 거의 모든 산업이 힙합을 통해 상업적 영향력을 미치려고 애쓰고 있지만, 총기 제조업체는 그런 수고를 할 필요가 없었다. 총은 힙합이 자란 동네의 인생, 죽음과 현실의 일부다. 랩 음악에 총기 이름이 들어갈 수밖에 없다."라고 말했다.

갱스터 래퍼⊕는 가사에 총과 사격 솜씨에 대한 이야기를 넣었다. 남성성을 의미하는 총을 거리의 양아치 경쟁자 패거리와 경찰의 위협에 대응해 휘둘렀다. 일부 래퍼는 AK-47, Beretta 9, Mac 10, Mikhail Kalashnikuv, Smif-n-Wessun, Young Uzi처럼 좋아하는 총기 브랜드와 연결된 예명을 사용했다. 그렇지만 글록이 가장 인기가 좋았다. '팝Pop', '드롭Drop', '캅Cop', '콕Cock'으로 이어지는 라임은 작사가의 꿈이 되었다. 래퍼 Glock 9과 Glokk는 글록 버전에서 예명을 따왔다. Three 6 Mafia의 〈Mask and da Glock〉, Cypress Hill의 〈Hand on the Glock〉, TRU의 〈Ain't No Glock〉 등은 노래 제목에 글록을 넣었다. 랩 레퍼토리에도 글록이 많이 등장하는데, 1990년대 초의 가장 유명한 래퍼 중 한 명인 투팍 샤커Tupac Shakur가 1991년 솔로 데뷔 음반 〈2Pacalypse Now〉의 수록곡 〈Soulja's Story〉의 가사에 글록을 넣었기 때문이다. 투팍은 "경찰을 죽이겠어. 글록을 챙겼지. 내 구역의 흑인을 위한 총을."이라고 랩을 했다.

투팍은 데뷔 음반에서 큰 성공을 거뒀다. 그의 앨범은 1992년에 그의 노래를 들었다고 주장하는 10대가 텍사스주 경찰을 살해하는

⊕ 랩 장르의 하나로 과격하고 공격적인 가사를 즐기는 래퍼.

사건이 일어나면서 전국적인 논란을 일으켰다. 댄 퀘일 부통령은 투팍의 앨범을 비난하며 상점에서 회수하라고 요구했다. 많은 돈을 벌던 투팍의 스튜디오 인터스코프는 이 요구를 거절했다. 투팍의 어머니는 아들의 노래를 옹호하며 빈곤한 흑인이 벌이는 불가피한 폭력을 반영한 것이라고 주장했다. 그녀는 전 흑표당Black Panther⊕ 당원이었는데, 페루 혁명가의 이름을 아들에게 붙였다. 비평가들은 투팍이 범죄를 찬미한다고 비난했다. 1996년, 투팍은 25살의 나이에 라스베이거스에서 차량에 탄 총격범이 쏜 총탄을 4발 맞고 숨지고 말았다. 어두운 랩 가사는 현실이 되었다. 투팍을 죽인 권총은 바로 .40구경 글록이었다.

글록을 실제로 사용한 래퍼는 투팍이 처음이었다. 대부분의 래퍼는 글록을 라임에 맞추는 정도로만 알았다. 오클랜드에서 활동하는 래퍼 파리는 "글록에 대해 말하는 사람들 대부분, 일련번호나 장탄수를 알지 못해요. 한 번도 사격해보지 않았고 튀어나오는 탄피에 맞아서 데인 적도 없죠. 거리에서 으쓱대며 다니는 놈치고 전과 있는 놈이 없어요."라고 말했다.

래퍼는 도시의 범죄를 노래하지만 실제로는 글록과 거의 상관이 없다. 릭 워시번은 무일푼의 도심 흑인의 삶을 그린 1992년 영화 〈주스Juice〉를 예로 들었다. 투팍이 총기를 사용해 존경과 신뢰를 구하

⊕ 흑인의 강인함을 알리겠다는 과격한 극좌파. 1982년에 해산했다.

는 젊은 주교를 연기했다. 워시번은 그 영화에 등장하는 거리 패거리의 총기 소품을 요청받고 뉴욕 경찰을 방문해 젊은 흑인이 범죄 현장에서 무슨 총을 사용하는지를 물었다. 워시번은 "래퍼의 노래를 들으면 글록이라고 생각하겠지만 사실이 아닙니다. 최소한 흑인 거주지역의 은행털이와 마약 갱은 글록이 아니라 60년대와 70년대 그대로의 싸구려 리볼버와 미국산 자동권총을 사용하죠."라고 말했다. 할리우드에서 필수 소품이 된 글록은 운율을 맞추기 쉽고 거친 발음이 나서 랩의 단골이 되었을 뿐이다. 글록은 대중문화의 대세가 되었지만 1990년대 초의 거리에서는 아직 대세가 아니었다.

✎✎✎

투팍 샤커의 세계와 정반대에 있던 발터는 다른 프로모션 방법으로 글록의 수요를 늘리고 있었다. 글록 지사는 급성장하며 수당을 받는 지역 영업 담당자와 정직원을 늘리고 있었다. 발터는 총기 잡지에 신기 위해 인델러블이라는 애틀랜타 광고회사를 통해 간단하면서도 강력한 디스플레이 광고를 만들었다. 〈샷건뉴스 Shotgun News〉에 실린 초기의 1면 광고는 "미래의 권총으로 조준하세요. 바로 글록 17 세이프 액션 9mm 자동권총입니다. 역대 최강의 성능과 안정성. 혁명적인 콘셉트와 설계. 독보적인 사격 편의성과 내구성."이라는 문자 광고였다.

　미국 총기 업체는 디트로이트의 자동차 회사처럼 다양한 모델을 출시하고 있었지만, 가스통 글록은 자신과의 경쟁이라고 생각하며 그런 관행을 따르지 않았다. 완전자동 글록 18은 SWAT 부대에만 판매했다. 9mm 15연발 글록 19는 형사가 은닉 휴대하기에 좋았고, 손이 작은 여성 경찰관이 편하게 조작할 수 있다는 장점이 있었다. 그러나 두 모델 모두 글록 17이 원형인 파생 제품이었다.

1988년, 글록은 스머나의 하이랜드 파크웨이에 지역 본사를 확장하고 훈련 프로그램을 진행할 사격장과 강의실을 갖췄다. 확장한 시설은 경찰과 연방 요원이 몰려든 나머지 클럽하우스 같은 사교 장소가 되었다. 수감자를 데리고 애틀랜타를 통과하는 연방보안관은 글록 지사에 들러 대화를 나누거나 사격장에서 몇 발을 쏘고 가곤 했다. DEA, 세관, 국경순찰대는 조지아의 사법연수원을 오가는 중에 들렀다. 런던 메트로폴리탄 경찰과 오스트레일리아, 캐나다, 베네수엘라, 콜롬비아의 법 집행기관 요원도 방문했다. 글록을 유통하는 지역 도매업자와 회사를 대신해 소매 총포상을 방문하는 독립 영업직원은 스머나에서 4일간 글록의 사용과 유지보수에 대한 교육을 받았다.

월요일 오전부터 강의가 시작되었고, 목요일 저녁에는 경찰, 영업사원, 글록 직원들이 자유로운 모임을 가졌다. 애틀랜타에는 이국적인 춤과 공연으로 유명한 골드클럽Gold Club이 있었는데, 발터는 이곳에서 고객에게 후한 저녁 식사를 대접했다. 목요일마다 골드클럽에서 '글록의 밤'을 가지는 것이 정례화되었다. 1층 폴댄스 무대 위 2층에 있는 스트립 공간의 글록 전용 VIP 룸에 25~30명이 참석했다. 손님은 2층 발코니에서 아래의 공연을 보거나 VIP 라운지에서 랩 댄스를 은밀하게 즐길 수 있었다. 시끄러운 전자음악이 쿵쿵 울렸고 섬광이 번쩍였다. NBA와 NFL 프로선수가 천천히 지나가는 모습이 보였다. 어두운 구석에서는 코카인을 사용했다. 성매매는 공식적으로 허용되지 않았지만 닫힌 문 뒤에서 뭘 하는지는 알 방법이 없었다.

글록은 여성, 술, 유명인사 소개로 사업을 풀어 갔다. 전직 경관은 "도시를 오가는 많은 남성에게는 아마 인생 전체를 통틀어서 최고의 순간이었어요. 스머나에 가서 도시 최고의 스트립 클럽에 누워 샴페인을 마시고 나면, 글록과 S&W 사이를 고민할 때 그 순간이 떠오를 수밖에 없죠."라고 말했다.

발터는 마약이나 성매매 비용을 지불하지 않았고 불법행위가 있었더라도 알지 못했다고 강조했다. 어쨌든 골드클럽에는 범죄자 체포가 생업인 경찰이 늘 북적거렸다.

1989년 늦여름, 발터는 또 다른 마케팅 브레인스토밍 회의를 가졌다. 50명 이상의 지역 독립 영업 담당자와 관리자를 소집했다. 목요일 저녁이 다가오자 그는 골드클럽에 특별한 준비를 하라고 지시했다. 그는 300명의 여성 중에 가장 빼어난 지원자를 선별해서 SHOT 쇼에서 제품을 홍보할 계획이었다.

SHOT(Shooting, Hunting, Outdoor Trade) 쇼는 미국 총기와 탄약 산업의 주요 컨퍼런스로 매년 라스베이거스에서 개최된다. 1990년 1월, 글록은 10mm 탄을 사용하는 글록 20 신형을 공개할 계획이었다. 발터는 SHOT 쇼에 골드클럽의 화려한 분위기를 끌어들이기로 했다. 총기 컨퍼런스에서 총기나 탄약 업체가 일부러 자극적인 복장의 젊은 여성으로 부스를 돋보이게 하는 일은 자주 있었다. 발터는 전문 스트리퍼를 고용해서 참관객을 끌어모으기로 했다.

그날 밤 자정까지 오디션이 이어졌다. 글록 심사단은 20대 초의 샤론 딜런Sharon Dillon을 선택했다. 금발에 큰 가슴, 장신의 젊은 여성이었다. 발터가 라스베이거스에서 글록을 홍보할 수 있겠냐고 묻자 그녀는 동의했다. 골드클럽의 경영진에게도 허락을 구했는데, 그들도 최대의 기업 고객을 기분 나쁘게 만들 이유가 없었다. 발터는 그녀에게 4일 동안 글록의 표준 교육을 받아야 한다고 말했다. 그는 "쇼에 바보를 출연시키고 싶지 않았습니다."라고 그 이유를 말했다.

발터의 제안에 따라 스트리퍼는 국방부 직원, 연방 요원, 경찰관과 함께 글록 표준 교육 프로그램에 참석했다. 강의실과 사격장에 그녀가 나타나자 엄청난 반응이 나왔다. 발터는 "남자들이 와서 도대체 누구인지 물어 댔죠."라고 회상했다. 그는 연방 요원과 경찰특공대에게 스트리퍼를 교육하고 있다고 말하고 싶지 않아서 아무런 대답도 하지 않았다.

발터는 "그들은 모두 그녀가 CIA와 관련 있다고 생각했습니다. 그녀는 명사수였고 모든 필기시험에서 유일하게 100% 통과해서 다들 놀랐습니다. 그녀는 바보가 아니었어요."라고 회상했다.

10mm 신형 글록 20에 기대와 관심을 집중시키기 위해 발터와 딜런은 사진을 찍어서, 라스베이거스 공항에서 중심가인 스트립까지 이

어지는 고속도로에 거대한 광고판을 세웠다. 딜런은 매력적인 여성으로 표현되었다. 딜런은 눈부신 미소와 눈을 뗄 수 없는 미모로 쇼 참석자들의 눈길을 끌었고, 광고는 이런 슬로건으로 연결되었다.

"10점 만점의 인기 절정. SHOT 쇼에서 글록의 신형 10mm를 만나보세요(부스 1200호)."

글록 부스로 이어지는 통행로는 참관객의 줄로 가득 찼다. 소매업자와 도매업자는 짝 달라붙은 블라우스를 입은 딜런을 한 번이라도 보려고 몰려들었다. 골드클럽의 스타는 방문객과 함께 사진을 찍고 폴라로이드 사진에 사인을 해주었다. 그녀 덕분에 글록은 SHOT 쇼에서 히트를 쳤다. 롱아일랜드의 총기 판매업자이자 총기 잡지에 글을 기고하는 딘 스페어Dean Speir는 "가족이 운영하는 총포상에서 온 남성은 어머니가 귀를 잡아당겨 끌고 갔죠. 섹스와 총기라… 남자라면 환장할 수밖에. 글록의 영업 담당자는 첫날에만 주문을 1천 건은 받았을 거예요."라고 기억을 떠올렸다.

일부 유통업자는 정도를 넘어섰다. 100만 달러짜리 주문을 할 테니까 그녀와 잘 수 있게 해 달라고 말하는 사람도 있었다. 글록은 비윤리적인 제안을 모두 거절했다. 그렇지만 라스베이거스이기 때문에 그녀의 개인적인 결정을 막을 수는 없었다.

SHOT 쇼의 대미를 장식하는 시상식에서 딜런은 무대에 올라가 최우수 모델을 수상했다. 〈슈팅인더스트리Shooting Industry〉는 "글록의 샤론 딜런을 보면 딜러들이 왜 그렇게 껄떡Glocked대는지를 알 수 있다. 딜런을 고용한 것은 신의 한 수였다."라고 보도했다.

쇼가 진행되면서 골드클럽은 글록 마케팅의 핵심이자 브랜드의 상징이 되었다. 글록은 섹시한 자동권총의 대명사로 자리 잡았다. 골드클럽의 여성 직원은 검은색 글록 티셔츠를 입었는데 심지어 클럽 바깥에서도 티셔츠를 입어야 했다. 마케팅 출장을 위해 기업 전용기를 사용하기 시작하자 골드클럽의 스트리퍼도 전용기를 함께 이용했다. SHOT 쇼나 국제경찰청장회의 같은 중요한 행사가 열리면 샤론 딜런은 글록 팀과 함께 등장했다. 이벤트와 함께 진행되는 글록 파티는 경쟁사의 지루한 칵테일 모임을 압도했다. 트레이드 쇼의 저녁에는 발터가 딜런을 동반하고 저녁 식사 자리에 나타났다. 그는 "갑자기 시그암스 Sigarms 사장이 들러 인사를 하고 S&W 사장은 아예 눌러앉았습니다. … 테이블에 합석한 사람은 누구나 그녀 옆에 앉으려고 했지요. 이런 대화에서 값을 매길 수 없는 귀중한 정보를 건질 수 있었습니다. 나는 그들의 사고방식을 알게 되었죠. 사고방식을 파악하면 회사의 경영방식도 예상할 수 있는 법이죠."라고 말했다. 이제 글록이 세상의 주인공이었다.

8장
카인의 표식

나는 처음으로 장전된 총을 들고 사격했을 때의 느낌을 절대로 잊지 못할 것이다. 팔뼈를 따라 올라오는 공포, 기사 작위를 받는 듯한 느낌, 절대적인 힘을 가진 듯한 자신감. 내가 발명하지도, 설계하지도, 제작하지 않아도 상관이 없다. 손에 쥐고 있는 것만으로 충분하다. 작동법을 알 필요도 없다. 자신감이 넘친다. 손가락을 아주 조금만 당겨도 10m 밖의 종이에 구멍이 생긴다. 놀라지 않을 수가 없다. 반동과 튕김을 사랑할 수밖에 없다. 무서웠다. 전율을 느꼈다. 총을 쏘면 총이 살아 움직인다. 이전에는 전혀 몰랐다.

— E. L. 닥터로Doctorow의 소설

《빌리 배스게이트》 중에서

일반 시민에게 권총 1정을 팔면 그냥 권총 1정으로 끝난다. 그러나 콜트가 100년 전에 그랬던 것처럼 경찰에게 권총 1정을 팔면 마을 전체에 권총을 판 것이나 마찬가지다. 발터는 이 사실을 잘 알았다.

플로리다 잭슨빌 서쪽의 작은 도시에서 회계 서비스 회사를 운영하는 존 데이비스John Davis가 이런 진리의 살아있는 예였다. 데이비스는 1986년에 마이애미로 가서 호신술 강의를 들을 때만 해도 글록에 대해 잘 몰랐다. 그는 마이애미 경찰서의 수석 총기 교관인 폴 팔랑크 경사가 진행한 며칠간의 강의를 몇 년 후에 회상하며 당시에 무척 놀랐었다고 말했다. 미국에서는 흔한 민간인 코스였는데 이론과 사격장 실습을 병행했다. 경관이 총기에 대해 민간인에게 일방적으로 강의하는 과정이었다.

그 당시 마이애미 경찰서는 S&W 리볼버의 대안으로 글록을 검토하고 있었는데 팔랑크가 그 작업을 도와주고 있었다. 그는 FBI의 마이애미 총격 사건의 참사를 떠올리며 리볼버가 경찰과 민간인 모두에게 부족하다고 생각했다. 데이비스는 강의를 통해 경관의 화력이 부족했다는 교훈을 들었다. 팔랑크는 더 복잡한 현실을 보여 주는 구체적인 통계를 제시하진 않았는데, 아마 통계를 알지도 못했을 것이다.

1980년대에 강력범죄율이 증가하고 있었지만, 뉴욕 등의 연구 조사 자료를 보면 일반 경찰은 2~3차례만 총격전을 벌였다. 다시 말해, 일반적인 폭력 사태에서는 6연발 리볼버의 화력만으로도 충분했다. 그리고 매년 순직하는 경관의 수는 계속 줄어들고 있었다. 1973년, 순직자는 268명으로 최고치를 기록했다. 10년 후 이 숫자는 191명으로, 1993년에는 157명으로 줄어들었다.

마이애미 총격 사건의 진짜 원인은 FBI의 허술한 준비였다. 현장 요원은 소지하고 있던 군용소총을 사용하지 않았고 대부분 방탄조끼를 착용하지 않았다. FBI와 팔랑크 같은 전문가는 이런 가슴 아픈 사실을 외면하는 대신에 리볼버에 책임을 돌리고 용감한 연방 요원에게는 잘못이 없다고 강조했다.

데이비스와 같은 민간인은 당연히 그의 이야기를 그대로 받아들였다. 팔랑크의 강의를 들은 데이비스는 집으로 돌아가서 글록 자동권총을 여러 정 주문했다.

종교사를 전공한 목사인 데이비스는 플로리다 북쪽의 주요 상업 구역에 1층짜리 사무실 건물을 가지고 있다. 매일 흰색 셔츠를 입고 넥타이를 매고 정장을 갖춰 입고는 벨트의 권총집에 권총을 찬다. 플로리다의 습도를 생각하면 총기 소지는 상당히 불편하다. 그는 글록의 철제 슬라이드가 테니퍼Tenifer⊕ 마감 덕분에 녹에 강하고 땀과 소금물에 의한 부식에도 강하다고 설명했다. 글록의 플라스틱 프레임은 땀에 아무런 영향을 받지 않는다. 데이비스의 아내와 성인인 아들도 함

⊕ 강재 표면에 질소와 탄소를 침투시켜 내마멸성을 강화하는 처리.

께 사업을 하는데, 두 사람도 권총을 소지하며 대체로 글록을 사용하고 있었다.

통계를 보면, 데이비스 가족은 전형적인 미국 총기 소유주다. 백인, 개신교, 보수적인 정치 성향, 중산층이다. 데이비스는 공화당 위원과 교회의 성가대원으로 활동하며 오후에는 지역 총포상에서 가끔 친구를 만난다. 데이비스는 플로리다주립대 재학 시절부터 체중을 조절해서 60대 초반인데도 180cm에 77kg의 단단한 체형을 유지하고 있었다. 짧게 깎은 회색 머리를 선호하고 플로리다 북부의 강한 사투리를 구사하며 말을 많이 하지 않았다.

아내인 메리는 머리숱이 적고 목소리 톤이 높으며 남편과 비슷한 나이다. 두 사람은 미시시피 잭슨의 개신교 신학대학에서 만났다. 데이비스는 대학교를 졸업하고 병원이나 교도소의 목사가 되기 위해 신학교에 등록했다. 메리는 잭슨에 있는 작은 신학대학의 영문학부를 졸업했다. 그녀는 "인생의 갈피를 못 잡고 있었어요. 결혼을 해서 기독교 가족을 만들기로 했죠."라고 말했다. 알고 지내던 목사가 신학교에 등록해서 남편감을 찾아보라고 권했다. 그녀는 그대로 따랐고 남편을 찾았다. 두 사람은 결혼 후에 플로리다로 이사했고 데이비스는 고통받는 아이들을 위한 센터의 목사가 되었다. 그는 나중에 경력을 바꿔 자신의 사업을 시작했다.

데이비스 가족은 국제방어용권총협회IDPA가 후원하는 월간 토너먼트에 꾸준히 출전하고 있다. 데이비스는 토너먼트에 나가려는 필자에게 22년 된 글록 17을 빌려준 적이 있었다. 그는 성인이라면 시민의 의무를 다하기 위해 총기를 소지해야 한다고 믿는다. 그는 SF 소설 작가 로버트 하인라인의 유명한 NRA 격언을 인용해 "무장 사회가 예의 바른 사회"라고 말했다.

◢◢◢

《총기 문화의 미국》이라는 수필을 쓴 역사가 리처드 호프스태터는 미국인의 독특한 총기 사랑은 18세기 영국 휘그당[⊕]의 반군주의Anti-militarism의 영향 때문이라고 설명했다. 휘그 정치가는 시민사회에서 최악은 정규군이며, 정규군이 미국 혁명가를 분노하게 만들어 결국에는 전쟁이 벌어지게 되었다고 생각했다. 토머스 제퍼슨Thomas Jefferson^{⊕⊕}은 건실한 중산층 자작농들을 존중해 버지니아 헌법 초안에 "모든 자유민은 총기를 자유롭게 사용할 수 있다."라는 문구를 넣었다.

호프스태터는 "총은 농사와 국경 때문에 필수품이 되기 시작했고, 스포츠와 미국인들의 상상력에 있어 중요한 요소가 되었다. 수백만 명의 미국 소년은 사격을 배우고 장난감 총을 졸업해 자신만의 진짜 총을 선물로 받으면서 인생의 전환점을 지난다. 총은 성인 남성이 되었다는 공식적인 인증 의식이다."라고 정리했다.

⊕ 1678년에 창당한 영국의 중도파 정당으로 1859년에 자유당으로 바뀌었다.
⊕⊕ 미국 건국의 아버지 중 한 명으로 독립선언서의 기초를 작성했고 3대 대통령을 지냈다.

존 데이비스는 16살이 되던 크리스마스에 조부모가 수십 년 동안 지녀 온 .45구경 권총을 받았다.

"특별한 의미가 있었습니다. 그래서 오랫동안 호신용 권총으로 가지고 있었지요."

그는 낡은 제재소에서 톱밥 더미 앞에 표적을 세우고 사격을 연습했다. 데이비스는 그 시절의 즐거움에 대해 말했다. 그는 당시 다양한 모델에 여러 브랜드의 탄약을 '먹이며' 어느 조합을 가장 잘 '소화하는지' 시험하곤 했다. 그의 표현에 따르면 총기는 생명체였다.

✐✐✐

데이비스는 "총을 가져서 정말로, 정말로 기뻤습니다."라고 몇 번이나 말했다. 예를 들어 결혼하기 전에, 그는 밤늦게 여자친구와 펜서콜라✛의 외진 해변에 있었다. 남자 3명이 위협적으로 다가왔다.

"그들은 모래언덕을 엄폐물 삼아 다가왔습니다. 다행히 작은 총을 가지고 있었죠. 총을 꺼내자마자 그놈들은 유령처럼 사라져 버렸습니다. 절대로 조준하지는 않았고요."

자칭 정통 장로교 신도인 데이비스는 "호신용 총기는 사람의 욕구가 아니라 … 신이 모든 것을 치밀하게 배치하는 대신에 물러나서 저절로 흘러가게 만들어 놓았기 때문에 필요합니다. 신은 성서에 사람

✛플로리다주 북서쪽 끝의 항구도시.

이 어떻게 살아야 하는지를 알려주었지요. 성서에는 우리가 행동하고 삶에 적용할 원칙들이 담겨 있습니다."라고 말했다. 그는 "살인하지 말라."라는 여섯 번째 계명⧾⧾을 예로 들었다. 자유주의자는 신의 계명을 너무 광범위하게 해석해서 살인 자체의 금지로 받아들인다고 그는 주장했다. 많은 보수주의자는 이 계명을 악의적인 살인만 금지한 것으로 이해하고 있다. 데이비스는 이 쟁점을 조금 다르게 보고 있다. 그는 "살해하지 않더라도, 마음대로 사람의 목숨을 빼앗지 않더라도, 우리는 사람의 목숨을 지켜야 합니다. 자기방어를 해야 합니다."라고 말했다.

✒✒✒

메리 데이비스는 총기 덕분에 더 안전하다고 말한다. 남편처럼 플로리다주의 은닉 휴대 허가를 받았고 외출할 때는 보통 9mm 글록을 소지한다.

그녀가 방어를 위해 한 번이라도 총기를 사용한 적이 있었을까? 그녀는 없었다고 말했다. 그렇지만 총기 덕분에 안심한다고 말했다. 언젠가 남편과 함께 휴스턴의 사업 회의에 참석했을 때, 그녀와 다른 아내들이 가득 탄 관광버스가 위험한 도심 지역에 잘못 들어갔다. 운전사는 길을 못 찾았고 날은 점점 어두워졌다. 그녀는 "총을 가지고 있

⧾⧾유대교와 기독교가 중시하는 모세율법 십계명의 하나.

어서 다행이었어요. 그런 동네에서는 무슨 일이 벌어질 수도 있죠."라고 말했다.

그녀의 남편은 "우리는 마음의 평온을 누릴 권리가 있습니다. 처음 방문한 도시에서 길을 잘못 들어서면 바로 문제가 생길 수 있지요."라고 말했다. 메리는 "절대로 다른 사람을 쏘고 싶지 않지만, 희생자가 될 생각도 없어요."라고 덧붙였다.

그녀는 총기 소지에는 무거운 책임이 따른다는 이야기를 들려주었다. 몇 년 전, 그녀는 텍사스의 가족 결혼식에 참석하기로 했다. 친척의 차를 타고 갔다가 비행기로 돌아오기로 했고 글록을 가지고 갔다. 비행기 탑승 전에 수하물에 넣어야 했는데 가방 검색이 싫어서 남자 친척에게 장전된 권총을 맡아 달라고 부탁했다.

메리는 머리를 숙이며 "절대로 그러면 안 됐어요."라고 고백했다. 총을 맡아 준 친척은 집으로 가는 길에 아들과 함께 모텔에서 하루를 묵었다. 그는 방에 들어가서 글록을 가방에서 꺼냈는데 장전되어 있는 것을 보고는 당연히 탄창을 빼려고 했다.

총기 안전에 엄격한 데이비스가 말했다.

"그는 총을 잘 몰랐습니다."

친척은 탄창 배출 버튼을 눌러 탄창을 밖으로 빼내다가 치명적인 실수를 저질렀다. 그는 탄창이 빠져나오기 전에 약실을 보기 위해 슬라이드를 뒤로 당겼다. 약실 안에 탄약이 보이지 않자 슬라이드를 원위치로 돌렸다. 이런 식으로 작동하면 슬라이드가 원위치되면서 스프링의 반발력으로 탄창의 탄약 1발이 장전되고 만다. 이 때문에 반드시 먼저 탄창을 제거한 후에 슬라이드를 뒤로 당겨서 약실이 비었는지를 확인해야 했다. 왜 그랬는지 모르겠지만 친척은 총이 비어 있다고 생각해 모텔 침대 방향으로 조준하고 방아쇠를 당겼다. 데이비스가 말했다.

"글록은 당연한 작동을 했죠. 빵!"

탄자는 침대 프레임을 맞고 튀었고 파편이 아들의 다리를 맞춰 뼈를 부쉈다. 심각한 부상이어서 장기 입원해야 했다. 사고였기 때문에 경찰의 기소를 받지 않았고 아들은 몇 개월 후에 퇴원했다. 메리는 나중에 글록을 돌려받았다. 아무도 그녀를 비난하지 않았지만 "나를 절대로 용서할 수 없어요. 그 아이도 친척도 잊지 않겠죠."라고 말했다.

데이비스는 "당신 책임이 아니야."라고 강하게 말했다. 어색한 침묵이 흐르고 그는 한숨을 쉬며 아내의 어깨를 감쌌다.

"표식을 받았지. 카인Cain⊕의 표식을 받은 것이지. 결과가 있을 뿐이야."

그는 누가 표식을 받았는지 구체적으로 말하지 않았다. 그렇다고 메리는 총기를 포기하려 하지 않았다.⊕⊕

⊕ 〈창세기〉에 나오는 아담과 하와의 맏아들이자 인류 최초의 살인자로 알려진 인물. 그는 자기의 제물이 아니라 아우 아벨의 제물이 야훼에게 받아들여지자 이를 시기해 동생을 돌로 쳐서 살해했다. 이 일로 카인은 추방되면서 야훼에게서 '카인의 표식'을 받았다. 이는 살인자라는 낙인이 아니라 다른 사람들이 카인을 해치지 못하도록 야훼가 보호하겠다는 의미의 표식이다.

그날 밤 우리 3명은 데이비스의 집에서 블루베리 파이를 먹고 〈수정헌법 제2조〉 권리에 대한 강의에 참석했다. 우리는 플로리다의 사격장에 갔는데, 그녀는 사선에서는 절대로 주저하지 않는 것처럼 보였다. 메리는 자동차 사고를 겪으면 운전에 더 조심하듯이, 글록 사고 때문에 더 신중해졌다고 주장했다.

✛✛ 필자 주 : 나중에 그녀는 이 이야기를 공개하는 것에 상당히 불안해했다. 아직도 친척이 정신적 고통을 겪고 있기 때문이다. 그들의 실명 대신에 데이비스라고 부르고 플로리다의 고향을 공개하지 않기로 하고 허락을 받았다. 나머지 이야기는 사실 그대로이며 그들은 이 책에서 유일하게 가명으로 등장한다.

9장

그 빌어먹을 것을 베껴

1990년이 되자, S&W 본사는 글록의 급부상에 대해 우려를 넘어 경고 수준의 궁지에 몰렸다고 느꼈고 대응 방법을 심각하게 고민하기 시작했다.

S&W는 리볼버로 역사적인 명성을 구축해 두었다. 1850년대 초, 호러스 스미스Horace Smith와 대니얼 웨슨Daniel Wesson이 힘을 합쳐 금속 탄약을 발사할 수 있는 연발 소총을 만들었다. 스미스는 매사추세츠 스프링필드의 연방조병창Federal Armory 직원이었고, 웨슨은 뉴잉글랜드의 유명한 총기 제작자인 형의 견습 직원이었다. 스프링필드의 연방조병창은 독립전쟁 때 세워진 후, 200년 이상 매사추세츠와 코네티컷의 총기 산업을 주도하며 전성기를 견인했다. 새뮤얼 콜트가 건 밸

리_{Gun Valley}✥로 알려진 지역에서 가장 화려한 인물이었다면 스미스와 웨슨도 그에 못지않은 최대의 경쟁자였다.

콜트가 그랬던 것처럼, 두 사람도 수많은 고생을 거쳐 성공을 이룩했다. 그들은 남북전쟁 때 북군에게 무기를 공급해서 안정적인 수입을 올렸다. S&W의 총은 콜트처럼 유명한 서부 개척자의 전설이 되었다. 제시 제임스_{Jesse James}✥✥, "와일드빌" 히콕_{Wild Bill Hickok}✥✥✥, 그리고 젊은 갱이 S&W를 소지했다. 1930년대, 미국 전역의 경찰서가 순찰 경관들에게 S&W .38구경을 지급하면서 S&W는 세계 최대의 권총 생산업체로 성장했다. 대표적인 제품으로는 강력한 성능의 .357 매그넘과 .44 매그넘 리볼버, 최초의 미제 9mm 자동권총이 있었다.

2차 대전 후에 스프링필드에 세워진 공장은 폭격을 견딜 수 있도록 설계된 아름다운 요새였다. 1990년에는 2천 명의 직원을 고용했고 매사추세츠 서부 경제의 중심이었다. S&W는 절대로 일어나지 않을 소련 침공에는 대비했지만, 브라질, 스위스, 이탈리아 그리고 특히 오스트리아의 상업 침공에는 대비하지 못했다.

외국 총기 업체들이 1980년대에 미국 시장을 공략하기 시작하자 미국 산업이 추락했다. 경기 침체가 농업, 석유 생산, 총기 관련 산업

✥ 코네티컷강 주변의 공업지대로 건국 초기부터 미국 총기의 절대량을 생산해왔다. 이제는 남부 지역 등으로 많이 분산됐지만 여전히 많은 양을 생산하고 있다.

✥✥ 서부 미주리주에서 온갖 범죄를 저지른 대표적인 무법자.

✥✥✥ 군인, 도박꾼, 배우, 총잡이로 유명한 총격전 전설을 남겼지만, 과장이거나 조작인 경우가 많았다.

지역을 강타하면서 총기 판매액도 줄어들었다. 총기 회사가 받은 법원 명령이 거의 없는데도 제품 책임 소송의 보험 부담이 늘어났고 총기 업체의 부담도 훨씬 커졌다. 제이시페니 등의 대형 소매업체는 소송 위험, 낮은 수익, 총기 규제 운동가의 비판을 이유로 총기 판매를 중단했다. S&W와 콜트는 공장의 노후화, 인건비 상승, 법 집행기관이나 군대 등 고객의 관심을 끌 신형 모델의 개발 실패, 규제 준수 등등의 내부 문제에 발목을 잡혔다. 콜트는 펜타곤과 대규모 계약을 맺지 못했고, S&W은 소유권이 계속 바뀌면서 리볼버의 품질이 크게 나빠졌다.

한때 S&W의 협력 회사였던 브라질 총기 업체 토러스 인터내셔널은 S&W의 위기를 노려 가격경쟁력이 있는 자사의 권총을 미국에 유통했다. 미군이 무거운 대구경 콜트 .45를 교체할 9mm 자동권총을 입찰에 부치자 1984년에 베레타가 미국 시장에 뛰어들었다. NATO의 유럽 동맹국은 소구경으로 더 많은 총탄을 장전할 수 있는 9mm를 선호했다. 실전에서는 더 많은 총탄을 발사하는 것이 적에게 치명상을 입히는 것보다 중요했기 때문에, 펜타곤도 유럽 동맹국의 결정을 따르기로 했다. 육군은 계약 후 6~9개월 내에 첫 번째 물량을 납품하라고 요구했다. 그러나 콜트와 S&W 모두 촉박한 일정을 맞출 수 없었다. 이탈리아의 베레타와 스위스의 시그사우어는 이 일정이 가능하다고 대답했다. 그들이 기세 좋게 입찰한 후, 이탈리아가 핵미사일을 배치할 의사를 보이자 레이건 행정부는 그 보상으로 베레타에게 5년간 30만 정의 권총 계약을 주었다. 시그사우어는 육군 계약을 따내지 못했지만, 미국의 고급 자동권총 시장을 개척해 700~800달러 가격의 권총을 판매할 수 있었고, 나중에 미군의 소형권총 계약을 따내기에 이르렀다.

그렇지만 미국의 총기 업체에게는 베레타, 시그사우어, 토러스보다 글록이 훨씬 위협적이었다. 글록은 S&W의 심장부인 경찰을 바로 공략했기 때문이다.

가스통 글록은 1984년에 펜타곤이 주관한 신형 권총 경쟁 입찰을 제대로 준비하지 못했지만 육군이 9mm 자동권총으로 교체하면서 간접적으로 이익을 얻게 되었다. 미국이 이전에는 무시했던 구경이 주류로 떠올랐고 자동권총이 리볼버보다 우위에 서게 되었다. 경찰서장들은 9mm가 펜타곤의 요구 사항을 충족한다면 도시의 범죄를 막는 데에도 충분하다고 생각했다. 그리고 글록은 베레타나 시그사우어보다 저렴하고, 가볍고, 단순하고, 내구성이 좋아서 시장에서 확실한 경쟁 우위를 점할 수 있었다.

미국 총기 산업을 잘 아는 전문가는 외국인이 미국 총기 시장에 몰려드는 것을 보고 경악했다. 총기 산업은 다른 어느 산업보다도 미국만의 강점과 특색으로 미국 기업이 우위를 점하고 있었다. 1986년 5월, 〈비즈니스위크Business Week〉는 "미 총기 업체 사망 명단 증가. 판매 하락, 보험 부담 증가, 외국과의 경쟁으로 희생자 발생"이라는 기사를 실었다. 1990년 3월, 총기를 소유한 수필가이자 해병대 출신인 헨리 앨런은 "미국은 더 좋은 총이 필요하다."라고 썼다. 당시 비밀 요원

이 이스라엘제 우지로 무장하고, 콜트가 펜타곤을 위해 개발한 M-16
은 벨기에 기업이 생산하고 있었다. 워싱턴 경찰은 글록으로 교체하
는 등 큰 흐름이 바뀌고 있었다. 앨런은 "우리는 VCR을 발명하고도
생산하지 못한다. 캐딜락의 본토에서 메르세데스가 최고급 세단의 지
위를 차지했다."며 한탄했다.

"하지만 총! 일본인이 칼이라면 미국인은 총이다. 총은 우리 영토
와 정치, 정신을 완성한 도구다."

보험회사 마케팅 부서에서 카피라이터 일을 했던 셰리 콜린스Sher-
ry Collins는 자신도 모르는 사이에 미제 총기의 붕괴 현장에 있었다.
1980년대 중반, 헤드헌터가 그녀를 S&W의 홍보 및 광고 부서장으로
채용했다. 그녀는 총기에 대해 아는 것이 없었다. 특히 여성이 총기 회
사의 중역을 맡은 경우는 드물었다. 그녀는 "사격 자세를 몰라 배워야
한다고 솔직하게 인정했습니다."라고 말했다. 콜린스는 입사 후 한 달
은 리볼버를 분해하고 조립하느라 고생했다.

마르고 금발이며 퇴근 후 한잔을 즐기는 콜린스는 30대에 영문학
대학원을 다녔다. 그녀는 줄담배를 피우고 남자들과 욕을 섞어가며
대화했는데, 업무적으로는 광고 카피를 뽑는 솜씨가 좋았다.

그녀는 스프링필드의 단조로운 건물에서 업무를 시작하면서 한 가
지 사실을 깨달았다.

"S&W는 법 집행기관 시장에서만큼은 글록을 걱정하지 않았어요. 경찰이 자동권총을 선호하지 않았기 때문에 자동권총으로 교체하는 데에 상당한 시간이 걸릴 것이라고 자신했죠. 글록이 사실 매 순간 엄청난 반향을 일으키고 있었는데 그걸 깨닫지 못했습니다."

실제로 S&W 경영진은 외국 기업의 공격에 대해 큰 착각을 하고 있었다. 1965년, 웨슨 가족은 S&W를 BPAS(Bangor Punta Allegra Sugar Co.)라는 거대 기업에 매각했다. 5년 후, 이 회사는 브라질의 총기 업체 토러스의 지분을 절반 넘게 사들였다. 두 회사는 제휴를 맺어 장비와 기술을 공유했고, 토러스는 중남미 시장에 집중했다. 그렇지만 1977년, 브라질 소유주가 BPAS가 보유한 토러스의 지분을 사들인 후에 토러스를 S&W와 분리하고 미국 시장에서 잠재적인 경쟁자로 만들었다.

콜린스에 따르면, 토러스가 미국 기술과 공장 설비를 보유하고 있었기 때문에 S&W의 경영진 일부는 상대적으로 덜 알려진 이 브라질 경쟁 업체에 미국 리볼버 시장을 빼앗길지도 모른다고 걱정했다. 1980년대 초, 토러스는 마이애미에 지사를 설립하고 고객들에게 평생 수리 보증을 제공했다. S&W는 이미 비슷한 모델로 넘쳐나는 시장에 다시 리볼버를 출시해 대응했다. S&W는 자동권총이 대세라는 것을 알지 못했다.

콜린스는 "업계에서는 글록이라는 총이 있는데, 똥 덩어리보다도 못생겼다는 말이 퍼졌어요. 도대체 누가 그걸 원하겠어요? 더구나 플라스틱이라는데."라고 회상했다.

♠♠♠

1990년 SHOT 쇼에서 글록의 샤론 딜런이 총기산업전시회의 스타로 떠오르면서 오스트리아 회사는 제품뿐만 아니라 심지어 섹스어필에서도 미국 기업을 눌렀다.

FBI는 관료주의에 발목을 잡혀 6연발 S&W를 자동권총과 9mm 탄약으로 대신할 수 있는지를 몇 년 동안 결정하지 못했다. 처음에는 기존의 총기와 탄약보다 훨씬 강력한 10mm 자동권총으로 결정했다. FBI의 탄도 전문가는 '10mm면 일격필살'이라고 믿었다.

1988년과 1989년에 워싱턴에서 이런 정보가 새어 나오자 총기 및 탄약 제조업체는 바로 대응했다. 글록도 FBI의 선택이 더 큰 시장인 법 집행기관과 민수용 수요에 영향을 미칠 것으로 보고, SHOT 쇼에 10mm 글록 20을 출품했다. 그렇지만 이미 FBI는 군에서 포기한 콜트 .45 모델과 비슷한 크기의 자동권총으로 10mm 탄약을 발사하면 반동이 너무 커서 정확한 사격이 불가능하다고 판단했다. FBI는 여성 요원도 채용하기 시작했는데 여성은 10mm 총기를 제대로 사용하기가 더욱 어려웠다. 대안으로 S&W는 윈체스터와 협력해 9mm 자동권총을 약간만 변형하면 사용할 수 있도록 더 짧은 10mm 탄약을 개발했다. 이 FBI 전용의 신형 탄약을 .40 S&W라고 불렀다. 40구경 탄약은 10mm 탄약과 직경이 같다.

10mm 글록은 이런 미묘한 변화에 뒤처진 것처럼 보였다. 분명히 S&W는 .40 S&W 탄약을 사용할 수 있는 자동권총을 출시할 예정이었다. FBI의 인증까지 받았기 때문에, 이 조합이면 신형 권총의 대세가 될 수 있었다. 당시 총기 관련자라면 누구나 그렇게 생각했다.

가스통 글록은 그해에 SHOT 쇼에 참석하기 위해 빈에서 라스베이거스로 날아갔다. 미국 지사의 최고 경영진이 된 발터는 미국 도매업자와 소매업자에게 글록을 소개했고 그들은 경이로운 눈으로 그를 환영했다. 글록은 플라스틱 자동권총 논란을 일으킨 영웅이었고, 경찰의 화력을 더욱 강력하게 만든 챔피언이었다.

그렇지만 가스통 글록이 SHOT 쇼의 부스에 계속 있었는데도, 미국 총기 업체의 경영진과 마케팅 직원은 거의 그를 알아보지 못했다. 덕분에 그는 자유롭게 전시장을 돌아볼 수 있었다. 발터가 그에게 .40 S&W 탄약에 대해 알려주자 직접 확인해보기로 했다. S&W의 전시 공간으로 가서 .40 탄약 샘플을 주머니에 넣었다. 나중에 세밀하게 측정하고 분석하면서 중요한 발견을 했다. 발터는 "그는 글록 17을 아주 조금만 변형하면 .40구경 탄약을 사용하는 자동권총을 출시할 수 있다고 생각했습니다. S&W 대신에 우리가 그 시장을 차지할 수 있었습니다."라고 말했다.

S&W가 공장을 가동해 .40 모델을 총포상 진열대에 올려 두기 전에, 글록이 먼저 .40구경 글록 22를 공급하기 시작했다. 1990년대 중반이 되자, 일반인이 보기에는 신형이지만 글록 17과 다를 것이 거의

없는 신형 자동권총이 대성공의 길에 진입했다.

S&W의 셰리 콜린스는 "맙소사, 얼마나 당황스러웠던지. 우리의 탄약으로 개척한 시장을 내줬어요. FBI 전용으로 만든 탄약이었는데 말이에요. 오스트리아인이 먼저 차지했어요!"라고 회상했다. 그녀는 칵테일을 흔들면서 덧붙였다. "그런 일을 이 바닥 전문용어로 '엿 됐다'라고 합니다."

S&W는 공황에 휩싸였다. 1987년, 영국의 거대 기업 톰킨스Tomkins에 합병되었고 새 경영진이 수습에 나섰다. 유나이티드 테크놀로지의 프랫앤휘트니 엔진 사업부를 지휘했던 신임 CEO 스티브 멜빈Steve Melvin은 총기에 대해 아는 것이 없었다. 콜린스도 총기 산업의 신참이었지만, S&W의 쇠락을 공개적으로 인정한 몇 안 되는 중역이었다.

〈워싱턴포스트〉에 탐사 보도를 기고하는 헨리 앨런은 1990년 초에 콜린스를 초대해 미국 총기의 품질 저하 문제를 취재했다. 그녀는 잘못을 인정하고 S&W가 향후에는 더 좋은 결과를 낼 것이라고 약속했다. 앨런은 "S&W의 품질관리가 비웃음거리라는 것을 인정했다. 심지어 총기 회사에 우호적일 수밖에 없는 총기 잡지 작가들도 조롱했다."라고 썼다. 콜린스는 그에게 "우리도 잘 알고 있으며 반드시 바로잡아야 한다고 생각합니다."라고 말했다.

S&W는 이미 자동권총도 만들고 있었지만 구조가 복잡하고 오동

작이 많아서 시장에서 반응이 좋지 않았다. 많은 경찰서가 S&W .38 구경 리볼버를 글록으로 교체하겠다고 하자, 멜빈은 엔지니어들에게 신형 자동권총을 제대로 개발하라고 재촉했다. 엔지니어들은 자동권총과 플라스틱 권총은 유행일 뿐이라며 받아들이지 않았다.

멜빈의 생각은 달랐다. 글록이 9mm의 새로운 시장을 장악할 뿐만 아니라 .40구경 시장까지 장악한다면 S&W는 아예 뒷전이 될 판이었다. 1991년 초, 그는 수석 엔지니어들과 마케팅 중역을 스프링필드 공장의 회의실에 불러들인 후에, 어떤 시제품을 개발하고 있는지 물었다. S&W가 어떤 폴리머 자동권총으로 글록 17, 신형 글록 22 그리고 다른 소형 변형 제품들을 상대할 수 있는지를 알고 싶었다.

엔지니어는 스티로폼 컵을 만지작거리며 변명만 했다. 플라스틱은 미국에서 절대로 대세가 될 수 없다고 다시 주장했다. 그들은 비행기 엔진이나 만들던 멜빈이 총에 대해 감히 아는 척하는 것에 불만을 표시했다.

멜빈은 몹시 화를 냈다. 그는 장전하지 않은 글록 17을 꺼내 탁자에 거칠게 내려놓았다. 멜빈은 "글록보다 더 좋은 권총을 내놓을 수 없다면 저 빌어먹을 것을 베끼기라도 하시오!"라고 소리를 질렀다.

셰리 콜린스는 "그리고 복제품을 만들었지요."라고 회상했다.

멜빈의 분노는 업계 전체의 가십거리가 되었다. 외국인이 미국 산업을 잠식한 당황스러운 상황을 보여주는 대표적인 예였다. S&W 엔지니어는 마지못해 시그마Sigma⊕라는 폴리머 자동권총을 만들었지만 대놓고 글록 17을 흉내낸 것이었다. 그나마도 글록보다도 안정성이 떨어졌다. 1994년에 출시된 시그마는 S&W가 무슨 짓을 하더라도 이미 패배했다는 인상만 굳히고 말았다.

뉴욕의 영화 소품 전문가이자 총기 교관인 릭 워시번은 "첫 번째 시그마를 지금도 기억합니다. S&W 직원을 불러서 물었죠. '당신들, 글록이 뭐라고 할지 생각이나 해봤소?'"라고 말했다. S&W 직원은 시그마가 글록과 다르며 더 좋다고 주장했다. 그러나 워시번은 시그마를 구입하지 않았다. 그 직원에게 "당신네 권총과 글록을 한번 분해해보지. 우와! 방아쇠가 아주 조금 다르네. 그런데 미안하게도 당신네는 문제가 많군."이라고 말했다. 권총 전문가들은 시그마를 조롱하며 '스웍Swock'이나 '글록앤웨슨'이라고 불렀다.

몇 개월 후, 글록은 S&W를 상대로 특허를 침해하고 거의 같은 총기를 판매해 고객에게 혼란을 주었다며 소송을 제기했다. 가스통 글록은 보도자료를 통해 "글록 특허는 내 개인 자산이다. 지갑이나 차를 훔치려는 사람이 있다면 경찰을 불러야 한다. 지금이 바로 그런 상황이다. 경찰을 부를 수 없다면 법원을 의지해야 한다."라고 말했다.

S&W는 소송이 완전히 무의미하다고 주장했지만, 3년 후에 법정 밖에서 조용히 합의하는 데 이르렀다. S&W는 글록에게 수백만 달러

✤〈건 크리틱〉 평가에 따르면, 글록의 정확도 85에 크게 못 미치는 60으로 토러스보다 못한 평가를 받았다. Smith & Wesson SD라고 부른다.

를 지불하고 시그마 디자인을 약간 변경했다. 그렇지만 시그마는 이미 글록의 상대가 아니었고, 단 한 번도 글록의 입지를 위협해 보지도 못했다.

✐✐✐

폴 야누초Paul Jannuzzo라는 검사 출신의 젊은 기업 변호사가 S&W를 상대로 한 글록의 특허권 소송을 승리로 이끌었다. 전설적인 기업과의 법정 소송은 잘못하면 미국 총기 소유주의 반감을 살 수도 있었는데도 야누초는 공격적으로 소송을 이끌었다. 야누초의 전략은 상당한 성공을 거두었고 다행히 염려했던 반감은 거의 없었다. 총과 사격을 좋아하는 30대 중반의 변호사에게 글록의 기업 변호사 업무는 꿈과 같은 일이었다.

중산층 가톨릭 가족의 아들인 야누초는 펜실베이니아의 빌라노바 대학에서 정치학을 전공했다. 그는 토요일 밤에 떠들썩한 파티를 즐기고 일요일에는 미사에 참석했다. 평소에는 매력적인 성격이었지만, 사실은 다혈질이었고 특히 술이 들어가면 거칠어졌다.

대학 졸업 후, 새로 개교한 버몬트 로스쿨에 등록했고 정반대 성격의 리처드 펠드먼과 친해졌다. 두 사람은 음담패설을 즐겼고 법률학도 사격 모임에 들어갔다. 야누초는 어릴 때부터 사격을 배웠고, 버몬트 숲에서 병이나 캔을 표적 삼아 사격하기를 즐겼다. 그는 총기는 아무 잘못이 없으며 총으로 사회를 위협하는 나쁜 사람이 잘못이라는 NRA

의 주장을 지지했다. 그는 검사가 되어서 악인을 처벌하기로 했다.

그는 법학 박사학위를 취득하고 뉴저지의 변호사 시험을 통과한 후에 검사보가 되었다. 그는 일을 즐겼고 주요 사형 소송을 도왔다. 몇 년 동안 소송이 돌아가는 상황을 파악한 후, 그는 1985년에 더 많은 수입이 들어오는 변호사 사무실을 개업했다. 레드뱅크의 작은 회사에서 형사 변호를 수임하고 제품 책임 소송에서 기업을 변호했다. 고객 중에는 판매한 총기가 나중에 잘못 사용되어 고소당한 총기 소매업자도 있었다.

야누초는 NRA 계열의 지역 단체인 뉴저지스포츠맨연합의 정식 멤버로 가입하면서 다시 펠드먼과 교류하게 되었다. 펠드먼은 NRA의 북동부 지역 조직책이었다. 펠드먼은 그에게 뉴저지 의회에서 총기 규제법에 대해 반대 증언을 해달라고 부탁했다. 펠드먼은 "폴은 매우 효과적인 증인이었어요. 젊은 전임 검사는 정치가들에게 뉴저지의 공격용 무기Assault Weapon ✣ 금지법은 실체가 없는 허울에 불과하다고 말했습니다."라고 회상했다.

펠드먼은 그가 보여 준 성과에 매우 만족해서, 1990년 트렌턴 의회 계단에서 열린 총기 찬성 집회의 연설을 부탁했다. 야누초는 캐주얼한 복장의 성난 사냥꾼과 총기 소유주들 앞에 나섰다. 그는 평소의

✣ 돌격소총으로 전투소총탄과 권총탄 중간의 탄약을 사용하는 자동소총을 말한다. 2차 대전 독일군이 개발한 StG44에서 유래되었으며 현재 여러 돌격소총이 정규군의 제식소총으로 널리 사용되고 있다.

어두운 정장과 넥타이 차림이었고 뿔테 안경을 써서 선동꾼 활동가가 아니라 법학 교수처럼 보였다. NRA는 이후 몇 년 동안 이 집회 영상을 광고에 사용했다.

1991년, 발터는 글록 지사의 법률 분쟁이 늘어나자 정식 기업 변호사가 필요하다고 생각했다. 그는 안면이 있던 펠드먼에게 전화해서 마땅한 변호사가 있는지를 물었고 야누초를 추천받았다. 펠드먼은 필자에게 "친구가 총기 산업의 신흥 강자인 글록에서 일하면 내게도 나쁘지 않으리라 생각했죠. 내 개인의 이익을 생각했냐고요? 당연하죠. 그렇지만 폴은 정말 그 업무에 적임자였습니다."라고 말했다.

야누초는 글록의 기업 변호사가 되었고 나중에는 수석 대변인으로 승진했다. 전임 검사답게 적절한 발언을 했다. 글록에 제기된 제품 책임 소송을 취재하던 〈연합통신〉 기사에 대해 그는 "발목을 접질린 사람들이 나이키를 고소한 셈이죠. 테니스 라켓을 만들든 자동권총을 만들든 아무 상관 없이 소송당합니다."라고 답변했다. 운동화 때문에 다칠 수는 있어도 생명이 위험해지지는 않는다. 야누초는 이런 말장난과 교묘한 논리를 사용해서 요점을 파고들었다.

그는 회사 내에서 유명인사가 되었고 허세를 부리지 않고도 가스통 글록을 설득해서 신임을 받았다. 스머나의 미국인 직원 대부분은 독일어로 말하는 글록과 본사의 일행을 두려워했다. 야누초는 재빨리 독일어를 배워 본사 경영진이 말하는 것을 알아들었다. 그렇지만 이런 정보를 자신보다는 미국인 동료를 위해 공유했다. 오스트리아 중역이 없는 자리에서 눈을 굴리거나 윙크를 하며 회사에서 살아남는 법을 설명하기도 했다. 글록의 총기 제작자 에드 피트는 "대놓고 그 사람을 사랑했다고 말할 수 있어요. 그는 솔직한 사람이었죠."라고 말했다.

1992년 가을, 회사에서 후원하는 글록사격스포츠재단GSSF이 회원들에게 보낸 소식지에는 야누초의 프로필과 함께 그를 모범 직원으로 소개하는 글이 실렸다. 야누초는 스머나의 사무실에 가장 먼저 출근해서 가장 늦게 퇴근했다. 소식지는 "폴은 언제나 일을 하고 있다. 화내는 것을 본 적이 없다. 그의 의견과 조언이 큰 도움이 된다. 유머 감각이 대단하다는 평가가 있다. 심지어 변호사인데도 그가 좋다는 말도 있다."라고 알렸다.

◢◢◢

셰리 콜린스는 S&W에서 .38구경 리볼버 마케팅을 하면서 '레이디스 미스Ladysmith'라는 별명으로 업계에 널리 알려졌다. 여전히 S&W에 애정이 있지만 미래가 안 보인다고 생각해, 1991년에 회사를 떠나 총기 잡지 편집장이 되었다.

1994년, 글록은 그녀에게 미국 지사의 홍보 부서장을 제안했다. 콜린스는 야누초처럼 외국 브랜드가 나름대로 장점이 있다고 생각했다.

"글록을 소유한 사람들은 브랜드 충성도가 믿을 수 없을 정도로 높아요. 당신도 알다시피 그들은 '흉측한 플라스틱 총'을 가지고 있다고 따돌림당하기 때문이지요."

　이런 이유로 그녀는 스머나에 합류했다.

10장

킬린 학살

1991년 10월 16일, 텍사스 킬린의 루비스 카페에는 약 80명의 사람이 점심을 먹고 있었다. 갑자기 35살의 전직 상선 해병⊕인 조지 헤나드George Hennard가 픽업트럭으로 레스토랑의 전면 유리창을 부수고 들어왔다. 손님 중 일부는 자동차 고장으로 생각하고 부상자를 도우려고 다가갔다. 바로 그때, 헤나드가 사람들을 쏘기 시작했다.

루비스의 점장 샘 윙크는 "그는 닥치는 대로 사격했습니다. 엄청난 수의 탄약을 가지고 있었지요."라고 말했다. 다른 목격자는 그가 "방아쇠를 쉴 새 없이 당기며" 사격했다고 말했다. 헤나드는 글록 17의 17

⊕평시에는 수송 업무를 하지만 전시에는 해군에 속해 전시 물자를 수송한다.

연발 탄창을 비우자 새 탄창을 장전했다. 어떤 목격자는 혜나드가 희생자에게 다가서며 "상당히 괜찮지?"라고 말을 걸고는 다시 방아쇠를 당겼다고 했다.

텍사스의 벨턴에 사는 혜나드의 이웃 주민은 그를 이상한 사람이라고 설명했다. 가끔 소리를 지르며 집 밖으로 나왔고 이웃인 제인 버그에게 "위험한 암컷 독사 … 나와 가족을 해치려 한다."라는 말도 안 되는 편지를 보냈다. 버그는 경찰에게 편지를 보여 주었지만 경찰들은 그를 조사하지 않았다.

학살이 벌어지던 때에 텍사스주 경관이 킬린 경관을 대상으로 강의를 하고 있었기 때문에 많은 인명을 구할 수 있었다. 혜나드가 학살을 시작한 지 10분도 안 되어 경찰이 현장에 도착했다. 그들은 유리와 피, 빈 탄피로 어지러운 카페 바닥을 봤다. 경찰이 혜나드에게 총을 쐈고, 상처를 입은 그는 레스토랑 화장실로 이어지는 복도로 달아났다. 그는 갇히자 머리를 쏘아 자살했다. 그렇지만 이미 22명이 죽었고 더 많은 사람이 부상을 입은 후였다. 그 당시로는 미국 역사상 최악의 난사 사건이었다.

혜나드는 글록을 합법적으로 구입한 것으로 드러났다. 일련번호는 스머나의 공장에서 나온 것이었고, 네바다 스파크스의 도매업자를 통해 유통되었다. 도매업자는 연방 총기 면허를 소유한 네바다 헨더슨의 마이크 총포상에 글록을 판매했고, 혜나드가 이것을 구입했다. 그는 어머니와 함께 헨더슨에 거주하고 있었다. 그는 네바다의 클라크 카운티가 요구하는 모든 정보를 등록 서류에 기입해 판매 직원에게 넘겨주었다. 클라크 카운티는 총기 구입을 비교적 엄격하게 통제했다. 라스베이거스 메트로폴리탄 경찰서는 헤나드의 전과 기록을 조회했는데, 1981년에 엘 파소에서 마리화나 소지로 경범죄 처벌을 받은 것이 전부였다. 중범죄 전과가 있었다면 총기를 소지할 수 없었겠지만 경범죄 전과자는 총기를 소지할 수 있었다.

헤나드가 킬린에서 최악의 역사를 만들던 날, 미 하원은 총기 소유권을 더욱 강하게 통제하는 입법 청원을 두고 논쟁을 벌이고 있었다. 하원의원은 워싱턴에 모여 상원이 7월에 통과시킨 주요 반범죄법안을 검토했다. 공화당과 민주당은 소란스럽게 정쟁을 벌였다.

하원의 공화당은 사형선고 대상인 사건의 범위를 확대하고 검사가 비합법적으로 입수한 증거를 사용할 수 있게 하는 조항을 추가했다. 가장 뜨거운 쟁점은 공격용 무기로 분류된 총기를 금지하고 대용량 탄창을 제한하는 반범죄법안의 조항이었다. 초안은 7연발 이상의 탄창을 제한했는데 글록 17의 절반도 안 되는 숫자였다.

몇 시간에 걸쳐서 논쟁을 벌이는 동안, 킬린 학살 소식이 들어왔다. 의원들은 끔찍한 사건을 이용해 상대를 설득하려고 했다. 펜실베이니아 공화당 의원 조지 게카스는 킬린 학살은 더 많은 범죄를 중형으로 처벌해야 한다는 사실을 보여 준다고 말했다. 대부분의 민주당 의원은 자동화기와 대용량 탄창을 규제해야 한다며 다른 의견을 피력했다. 당시 뉴욕 의원이었던 찰스 슈머는 "22명이 죽었습니다. 죽어서는 안 될 사람들이었습니다."라고 말했다. 글록 17은 금지 대상인 13개 총기 목록에는 없었지만, 법안이 통과되면 헤나드가 사용한 17연발 탄창은 금지 대상이 될 예정이었다.

이튿날에도 대용량 무기에 대한 격론이 벌어졌다. NRA를 지지하는 보수파 민주당 의원인 미주리의 해럴드 볼크머는 공격용 무기와 대용량 탄창 금지 조항을 없애는 수정안을 내놓았다. 위스콘신 공화당 의원 제임스 센센브레너는 7연발로 제한했다면 킬린 학살의 결과가 달라졌을 것이라는 주장을 비웃었다. 그는 "살인자는 10분 넘게 카페에 머물렀습니다. 탄창을 바꿀 여유가 충분했고 실제로도 여유 있게 탄창을 바꿨습니다."라고 말했다.

오하이오 민주당 의원이며 당에서 가장 격렬한 총기 규제주의자였던 에드 페이건은 볼크머의 수정안에 대해 "반범죄법안을 제대로 볼 시간이 없었거나 미국에서 가장 강력하고 특수한 이익집단에게 잘 보이려는 행동"이라며 반대했다. 그는 사냥에 사용하는 일반 총기는 법률에 영향을 받지 않을 것이라고 주장했다. 초점이 된 총기는 AK-47과 군용 총기였다.

"그리고 어제 오후에 22명의 무고한 미국 시민을 죽이는 데 사용된 9mm 글록의 17연발 탄창을 말하는 것입니다."

미시건 민주당 의원 존 코니어스도 글록에 대해 열변을 토했다.

"무고한 사람들이 글록 17 총잡이에게 목숨을 잃었습니다. 수입산 글록 17은 치명적인 탄을 연속으로 장전해서 발사하는 살인 도구였습니다."

서로 격론을 주고받았지만 입장을 바꾼 의원은 거의 없었다. 지역구에서 킬린 학살이 일어난 체트 에드워즈만 입장을 바꿨다. 그는 중도 보수파 민주당 의원으로 오랫동안 엄격한 총기 규제를 반대해 온 입장을 재고하게 되었다. 에드워즈는 "적어도 내게는 이전의 논쟁이 공허하게 들립니다. 이건 인간에 대한 비극입니다. 마약상이나 미치광이가 무고한 희생자를 죽일 수 있는 공격용 무기에 어느 정도의 제약을 두어야 합니다."라고 말했다. 그는 "탄창 제한 조항이 발효되었다면, 살인자는 17연발 탄창을 소지하지 못했고 인명을 구할 수 있었을 것입니다."라고 덧붙였다.

볼크머는 "자동권총이 살인한 것이 아닙니다."라고 반박했다. 학살은 가슴이 아프지만, 법률로 제한했더라도 학살을 막을 수 없었을 것이라고 말했다. 그는 "자동권총 대신에 소총을, 소총 대신에 샷건을, 샷건을 못 썼다면 기름통을 사용했을 것"이라고 말했다.

조지 부시George H. W. Bush 대통령은 텔레비전 인터뷰 방송에서 비슷한 의견을 말했다. 그는 2년 전, 반마약진영의 거두 윌리엄 베넷의 권유에 따라 특정 자동공격용 무기의 수입을 금지하는 행정명령을 내렸다가 NRA의 강한 반발을 산 적이 있었다. 부시 행정부는 정치적 타격을 입었고, 이제는 총기 찬성 진영과 화해하고 싶었다. 대통령은

"누군가 미쳐서 무기를 들고 들어가 살인을 저지른다면 물론 나도 가슴이 아플 것입니다. 그렇지만 법으로 그런 행동을 막을 수 없습니다. … 어떤 연방법으로도 그런 미친 행동을 통제할 수 없습니다."라고 말했다.

격렬한 토론 끝에 하원은 247 대 177로 공격용 무기와 탄창 용량을 제한하는 법률안을 폐기했다.

🔫🔫🔫

총격 사건 다음날, 발터는 스머나에서 기자회견을 열고 희생자와 유족에게 유감을 표시했다. 그렇지만 글록이 킬린 학살에 일조했다는 주장은 받아들이지 않았다. 미치광이의 행동 때문에 무생물을 비난해서는 안 되며, 루비스에서 일어난 일은 오히려 권총 사용 규제를 풀어야 할 이유를 잘 보여 준다고 말했다. 만약 더 많은 미국인이 글록을 합법적으로 소지했다면 피해자를 최소한으로 줄일 수 있었을 것이라고 주장했다. 그는 "현장에 총기를 가진 사람이 한 명이라도 있었다면 살인자를 저지할 수 있었을 것입니다."라고 말했다.

발터는 우유부단하지 않았다. 글록은 엄청난 상업적 성공을 거뒀기 때문에 누구나 비난할 수 있다고 생각했다. 1985년과 1986년에 미국을 상대로만 2만 5천 정을 생산하기 시작했고, 1989년에는 3배로 늘렸다. 1990년에는 미국에 12만 정을 수출했다. 전국의 경찰관 수천 명이 글록 17을 구입했고, S&W가 독점하던 경찰용 권총 시장을 심각하게 잠식했다. 그리고 낮은 제조 비용 덕분에 비교가 안 되는 수익을 올리고 있었다.

몇 년 만에 가스통 글록은 백만장자가 되었고 라이프 스타일도 바뀌었다. 왕년의 검소한 엔지니어는 요트와 BMW 7 세단을 구입했다. 그의 회사는 미국과 오스트리아에서 사용할 멋진 전용기 2대를 구입했다. 조종사 자격증이 있는 글록은 전문 조종사와 함께 직접 전용기를 조종하며 비행했다. 그는 비행기 조종사만이 느끼는 고독을 즐기며 "하늘에는 미친 사람이 별로 없다."라고 말했다.

글록은 벨덴에 훨씬 넓은 휴가용 빌라를 짓고 미슐랭 별 두 개짜리 레스토랑, 요란한 나이트클럽, 최고급 카지노에서 아낌없이 돈을 썼다. 빈의 상류사회에 섞이려고 애를 쓰지는 않았다. 미술을 후원하거나 외교관이나 국제금융가와 친분을 쌓지도 않았다. 빈에서 외식을 할 때에도 눈에 띄는 행동을 하지 않았다. 그의 일상생활을 보도하는 신문도 없었다.

글록은 할인을 즐기는 중산층의 모습도 여전히 그대로 가지고 있었다. 애틀랜타에서는 홈디포⊕에 일부러 들러 플라스틱 욕실 제품을 할인가에 구입해 벨덴으로 가지고 돌아갔다. 5층짜리 빌라의 침실에는 조지아 쇼핑몰에서 구입한 저렴한 매트리스를 깔았다. 유럽을 오갈 때에는 1등석을 이용했지만 무료로 나눠주는 항공사 세면용품을

⊕미국의 건축 자재와 인테리어 전문 체인. 이케아와 비슷하다.

챙기고 고급 호텔의 향기 나는 비누를 모았다.

글록은 최고 경영진의 급여를 포함해 회사의 비용을 세밀하게 검토하는 보스였다. 글록은 발터가 상당한 이익을 창출하고 있다는 것을 아주 잘 알고 있었다. 회사와 발터의 계약에 따르면 발터가 급여말고도 미국에서 발생한 수익의 일부를 받도록 되어 있었다. 놀랍게도 보너스는 연간 수십만 달러까지 치솟았다. RV에 총을 싣고 도시를 전전하던 이민자 총기 판매상 출신에게는 엄청난 액수였다. 발터의 총급여액은 백만 단위로 올라갈 것처럼 보였다. 상대적으로 낮은 보수를 받는 오스트리아 참모 사이에서 질투 섞인 불만이 나오기 시작했다. 볼프강 리들은 "글록과 가까운 어떤 사람은 칼이 너무 센 급여를 받고 있다고 불평했습니다."라고 회상했다.

✎✎✎

총기 규제 진영과 언론은 하원의 실패에도 불구하고 글록을 가만히 두지 않았다. 〈뉴욕타임스〉는 "글록 17은 마약 판매상이 좋아한다. 뉴욕 경찰은 테러리스트가 공항 금속탐지기에 걸리지 않고 글록을 들여올 수 있다며 금지한 적도 있었다."라고 보도했다. 그렇지만 마약 판매상이 글록을 선호한다는 어떤 증거도 내놓지 못했다. 신문은 뉴욕 경찰이 최근에 글록 1천 정을 구입했으며, FBI, 세관, 비밀정보국, 뉴욕주 경찰을 포함한 다른 연방, 주, 지역 경찰서 4천 곳 이상이 글록을 사용하고 있다고 보도했다.

범죄자가 글록을 좋아한다는 〈뉴욕타임스〉의 주장과 반대로, 범죄 현장에서 회수한 연방 총기 추적 기록에 의하면 글록은 경쟁 제품에 비해 길거리 범죄자의 선택을 받지 못했다. 1992년 6월, BATF는 1990~1991년 동안 경관이 압수한 약 5만 7천 정의 권총 중에서 상위 18종의 모델을 분석해 보고했다. 글록 17은 18번째로, 범죄 현장에서 가장 적게 사용된 권총이었다. 가장 많이 사용된 범죄용 권총은 .38구경 S&W 리볼버였다. 그럴 수밖에 없는 것이, 구형 총기들이 몇 세대에 걸쳐 판매되어 수백만 정이 합법적인 중고 시장과 암시장에서 유통되고 있었기 때문이다. 내림차순 기준으로 상위 5종은 싸고 안정성이 떨어지는 레이븐 암스Raven Arms⊕의 .25구경 자동권총, 저렴한 데이비스 인더스트리스Davis Industries⊕⊕ .380(레이븐과 같이 '토요일 밤 특별판'이라고 불리는 싸구려 권총 종류), 8연발 S&W 모델 3904 9mm 자동권총, 수십 년 동안 판매된 묵직한 콜트 .45 모델이었다. 온갖 악명에도 불구하고 범죄자에게 글록은 구형 S&W와 콜트는 물론이고 싸구려 레이븐과 데이비스보다도 인기가 없었다.

이런 통계에도 불구하고 언론은 글록의 살상력만 강조하며 조금도 규탄의 강도를 낮추지 않았다. 〈휴스턴크로니클Houston Chronicle〉은 "암

⊕ 1968년 총기 금지법으로 외국의 저가 권총의 수입이 금지되자 조지 제닝스가 만든 총기 회사로 플라스틱과 아연 합금으로 구성된 조잡한 권총을 주로 생산했다.
⊕⊕ 레이븐 암스에 근무했던 짐 데이비스(조지 제닝스의 사위)가 설립한 저가 총기 제조업체. 레이븐 암스와 마찬가지로 1999년의 지자체 소송을 못 이기고 파산했다.

살자의 총으로 알려진 무기 중 하나"라고 언급했다. 그러면서 워싱턴의 비영리기업 핸드건컨트롤Handgun Control의 주임법심사관 버나드 혼의 말을 인용해 대용량 탄창을 장착한 글록 때문에 범죄자가 경찰을 압도하게 되었다고 보도했다. 혼은 "시민은 이 정도 용량의 탄창이 필요 없습니다."라고 말했다.

핸드건컨트롤과 신문 편집부가 의도한 것과 달리, 글록에 대한 집요한 공격은 오히려 잠재적인 구매자의 관심을 높이는 효과를 가져왔다. 총기 규제 진영이 시민은 특정 권총을 가져서는 안 된다고 발표할 때마다 총기 마니아는 그 총에 몰리는 경향이 있다. 칼 발터는 "이런 언론 보도 때문에 판매가 줄지는 않습니다."라고 단언했다.

🔫🔫🔫

킬린 학살 때문에 어떤 사람들은 실제로 권총 구입을 고민하게 되었다. 학살이 일어나고 2개월 후, 〈댈러스모닝뉴스Dallas Morning News〉는 텍사스 북부의 중산층 사이에 총기 구입 붐이 일어났다는 특집 기사를 실었다. 교외 플라노의 총포상 불릿트랩은 총기 안전 교육 등록과 권총 판매가 늘어났다고 말했다. 23살의 컴퓨터 엔지니어 피트 월드루프는 이전에는 한 번도 총기 구입을 생각해본 적이 없었다며 "킬린 학살을 보고 총에 대해 알아야 한다고 생각했습니다."라고 말했다. 그는 59달러를 내고 불릿트랩의 초심자 교육에 등록했고, 총포상의 실내 사격장에서 여러 개의 모델을 시험했다. 며칠 동안 실습한 후에 월드루프는 불릿트랩에 들러 459.95달러를 지불하고 글록 17을 샀다. 그는 침대 옆의 서류 가방에 글록 17 자동권총을 보관했다.

수잔나 그레이서 허프Suzanna Gratia Hupp도 킬린 학살 때문에 총기 소지에 찬성하는 활동가가 되었다. 지압사였던 그녀는 루비스에서 부모님과 점심을 먹고 있었다. 그때, 헤나드가 레스토랑 전면 유리창을 뚫고 들어왔다. 헤나드가 총을 쏘기 시작하자 수잔나와 71세의 아버지는 테이블을 뒤집고 뒤에 숨었다. 그녀는 평소 손가방에 가지고 다니던 .38 S&W 치프스 스페셜을 더듬어 찾았다. 몇 초 동안 더듬다가 하필이면 그날 차에 둔 것이 기억났다. 수잔나의 아버지는 2차 대전 참전 용사로 총기를 소유하지 않았는데도 헤나드에게 달려들었다가 가슴에 치명상을 입었다. 그리고 수잔나의 어머니가 죽어가는 남편에게 접근했는데 헤나드가 그녀도 사살했다. 수잔나는 끝내 살아남았고, 비극을 겪고 난 뒤에 총기 규제를 완화해 시민이 자유롭게 권총을 휴대할 수 있어야 한다는 생각을 굳혔다.

그녀는 텍사스와 다른 주의 의회 증언에서, 루비스의 주차장에 리볼버를 두고 내린 것을 뼈아프게 후회한다고 말했다. 1992년 3월, 미주리주의 의원에게 "내가 사는 주에서는 총기를 규제하지만 헤나드가 들어와 아무나 죽이는 것을 막지 못했습니다."라고 말했다. 그녀는 텍사스 하원의원으로 선출되었고, CBS의 〈이브닝뉴스Evening News〉와 ABC의 〈월드뉴스투나잇World News Tonight〉 등의 텔레비전 프로그램에 출연하며 전국적으로 알려진 총기 옹호론자가 되었다. NRA는 그녀를 종신회원으로 추대하고 '여성의 자유상'을 주었다. 텍사스는 1995년에 총기 소지를 허가했고, 시민은 권총을 합법적으로 휴대할 수 있게 되었다.✥

✥ 텍사스주는 2019년 6월에 합법적인 총기 소유주가 총기를 공개적으로 휴대Open Carry하는 것을 허가하는 법안을 통과시켰다. 이후 텍사스에서는 교회, 아파트, 공립학교 등에서 총기를 공개적으로 휴대할 수 있게 되었다.

11장
변호사와 총과 돈

리처드 펠드먼은 총포상을 운영하는 친구와 통화하면서 텔레비전 속보를 보고 킬린 학살을 알게 되었다. 경찰은 살인자의 총이 글록이라고 밝혔다. 펠드먼은 한 손으로 CNN을 틀면서 다른 손으로 전화기의 단축 번호를 눌러 로스쿨 동창 야누초에게 전화했다. 그는 글록의 대변인에게 조언이 필요하리라고 짐작했다.

스머나의 사무실에서 통화하던 야누초는 심각한 상황임을 확인해 주었다. 야누초는 이렇게 심각한 언론의 반응을 겪어본 적이 없었다.

"리치, 전화에 불이 났어. 어떻게 대응해야 하지?"

펠드먼은 글록이 미국에 처음 상륙했을 때부터 인연을 맺었다. 그는 글록이 총기 규제 진영의 공격 대상이 되자 다른 NRA 간부처럼 글록을 변호했다. 5년 후, 그는 미국사격스포츠위원회ASSC라는 신생 총기 산업 조직의 전무이사가 되었다. 킬린 학살은 펠드먼도 처음 겪는 위기였다.

펠드먼은 "끔찍한 비극이라는 것부터 인정해야 돼."라고 말했다.

"어떤 말이라도 해. 노코멘트만은 피해야 돼."

그는 의회의 분위기가 험악하더라도 숨지 말고 기자회견을 열어야 한다고 주장했다. 펠드먼은 "희생자, 그리고 킬린 지역사회와 공감해야 해. 살인자는 분명히 미친놈이야. 총이 아니라 살인자가 문제라는 것을 강조해. 언론에 얼마나 많은 경관과 법 집행기관이 글록으로 무장했는지를 알려줘."라고 조언했다.

야누초는 이 조언을 발터에게 전달했다. 두 사람은 펠드먼의 조언을 따랐고 대부분 그의 말이 적중했다. 언론은 글록 17이 살인 무기인 동시에 경관의 총기라는 점을 보도했다. 하원 회의장에서는 민주당이 글록을 맹비난했지만, 총기 소지에 찬성하는 의원이 하원을 장악하고 있어서 판을 뒤집지는 못했다. 펠드먼은 워싱턴의 총기 규제 지지 의원들이 절대로 포기하지 않으리라는 것을 알고 있었지만, 킬린 학살에 대한 의회의 반응을 판정승으로 받아들였다. 야누초는 "리치는 항상 언론이 어떻게 돌아가는지를 잘 파악했습니다."라고 말했다.

✎✎✎

펠드먼은 1980년대에 북동부 지역을 중심으로 NRA 활동을 하면서 글록을 전폭 지지했다. 뉴욕 교외의 서퍽 카운티 보안관 유진 둘리가 뉴욕 경찰서의 선례를 따라 글록을 지정 금지하자, 롱아일랜드의 총기 유통업자이자 사격 애호가인 딘 스페어가 협회에 도움을 요청했다. NRA는 펠드먼을 파견해 보안관과 협의하게 했다. 펠드먼은 정중한 설득이 통하지 않자 강력한 메시지를 전달했다.

"스페어와 다른 업자들이 적법한 사람에게 글록을 판매할 수 있게 하시오. 그렇지 않는다면 법정으로 끌고 가서 아주 박살을 내겠소."

한 달도 안 되어서 보안관은 금지 결정을 취소했고 글록은 롱아일랜드 전체에 다시 유통되었다. 스페어는 "리치 펠드먼이 일을 제대로 해냈습니다."라고 회상했다.

NRA는 직원과 회원에게 열정을 불어넣었고, 펠드먼은 그런 열정으로 총기 로비스트의 일을 잘 해냈다. 그렇지만 시간이 갈수록 조직의 고위직에 분노를 느끼기 시작했다. 그는 NRA 고위직이 총기 소유주의 권리보다는 회비에 더 관심을 가진다고 생각했다. 펠드먼은 자신의 회고록 《도탄 : 총기 로비스트의 고백Ricochet : Confessions of a Gun Lobbyist》에 "교착상태의 플라스틱 총기 논쟁에서 총기 반대 집단과 언론, 의회가 기술적 오류를 저지를 때마다 기뻐했던 이유다. NRA는 총기 애호가들에게 글록 17이 다가 아닐 거라는 공포를 확산시키기 위해 논쟁을 이용했다. 의회와 총기 규제 진영이 가짜 정보를 이용해 글록을 불법으로 만들면 리볼버와 자동권총 모두가 금지될 위험한 상황이었다. 전국의 NRA 기관에서 입법 조치에 대한 위기 경보가 쏟아저 들어왔다. 강력한 총기 규제에 맞서겠다는 지원금도 NRA의 우편함에 밀려들었다."라고 썼다. 펠드먼은 NRA 간부가 이런 쟁점을 사람들에게 제대로 알리고 싶어 하지 않는다는 것을 알았다.

"NRA는 논쟁을 그저 총기 규제 진영을 압도하고 완승을 거두기 위한 몽둥이로 사용하길 원했습니다. 그들은 타협할 생각이 없었죠. 이 논쟁은 대중에게 글록 자동권총이 다른 무기보다 절대로 더 위험하지 않다고 설득하면 매우 쉽게 풀릴 문제였습니다. 그렇지만 의회나 언론을 통한 대중 홍보는 협회의 최우선 목표가 아니었습니다. 마치 십자군 기사단처럼 〈수정헌법 제2조〉를 지키는 신념의 수호자로 자신들의 이미지를 포장하는 것이 가장 중요했지요."

펠드먼은 그런 생각을 가지고 있었기 때문에 NRA의 핵심 인사가 되지 못했다. 그들은 펠드먼의 노력과 성공에도 불구하고 의심의 눈초리를 보냈다. 예를 들어 펠드먼은 뉴욕 '지하철 자경단' 버나드 괴츠를 위한 언론 캠페인을 성공적으로 주도한 적이 있었다. 괴츠는 날카로운 드라이버로 위협하는 젊은 흑인 4명을 총으로 쏘고 중범죄 처벌을 받아 8개월을 복역하고 있었다. 펠드먼은 총기 옹호를 위한 홍보 활동에서 승리를 거두는 동안, NRA의 상사와 두 차례 심각한 갈등을 빚었다. 1980년대 말, 그는 NRA 정규직에서 해고당했고 유급 컨설턴트로 NRA 외주 일을 하다가, 총기 제조업체와 총기 소유주의 이익을 대변하는 다른 일자리를 찾았다.

NRA와 갈등을 빚은 배경에는 펠드먼이 롱아일랜드의 중도 보수파 유대인 가문 출신이라는 점도 있었다. 그는 많은 미국인이 자신의 부모처럼 사냥이나 총기에 별 관심이 없다고 생각했었다. 젊은 시절의 펠드먼은 강력한 총기 규제를 지지했다. 대학을 졸업하고 매사추세츠주의 케임브리지에서 세금징수원과 의무경찰 업무를 하면서 입장이 바뀌기 시작했다. 그는 .38 S&W를 지급받았고, 호신용으로 총기를 소지한 상점 주인과 노동자들을 만났다. 펠드먼은 그들의 호신 욕구가 당연하다고 생각했다.

ASSC는 NRA에 불만이 있는 총기 도매업자, 소매업자와 수입업자가 만든 독특한 무역협회였다. ASSC 회원들은 NRA가 절대로 협상하지 않는다는 전략으로 일관해 회원들에게 손해를 입히고 있다고 불만이 많았다. 이들은 총기 소유주에게 망상증을 계속 주입하는 것에 반대하며 회원에게 NRA가 유발하는 위기를 현명하게 피하라고 조언했다. 펠드먼은 1991년에 ASSC를 이끌게 되었고, 글록 지사 부근이자 NRA의 워싱턴 거점에서 멀리 떨어진 애틀랜타에 사무실을 마련했다. 펠드먼은 다양한 회원을 받아들였다. 미국 최대의 총기 유통업체와 소매사업자 외에, 〈마이애미 바이스Miami Vice〉✛의 범죄조직 보스 때문에 유명해진 TEC-9의 인트라텍Intratec과 무시무시한 이스라엘의 우지 수입업체 액션암스Action Arms도 가입했다. 펠드먼은 차별하지 않았다. 〈수정헌법 제2조〉보다는 미국에서의 사업 확장이 우선인

✛1984~1989년에 방영된 NBC 범죄 수사물.

독일 H&K와 스위스의 시그사우어 같은 유명한 외국 제조업체도 환영했다. S&W과 글록도 가입했다. 두 회사는 경찰에 총기를 판매하기 때문에 보다 온화한 이미지를 만들 필요가 있었다.

ASSC는 연방 총기 판매 면허에 대한 입장이 NRA와 크게 달랐다. NRA는 판매 면허를 최대한 많이 허용하려고 끊임없이 노력했다. 총기를 파는 사람이 많아질수록 총기 구입이 늘어나고 더 많은 회원이 NRA에 가입한다는 철학이었다. 펠드먼은 반대로 정식으로 상점을 운영하고, 세금을 납부하고, 소매 정가를 청구하는 사업자에게만 판매 면허를 허용해야 한다고 주장했다. 일부 재택 판매업자가 기록을 남기지 않고 범죄자에게도 판매한다는 문제도 있었지만 그게 핵심은 아니었다. 더 솔직한 이유는 펠드만에게 월급을 주는 공식적인 총기 거래상들이 비공식적으로 총기를 유통하는 업자들을 제거하고 싶어 했다는 것이다.

그는 자신의 협회를 "보다 친절하고 온화한 총기 로비"라고 불렀고, 영리한 슬로건 덕분에 우호적인 언론의 도움을 받을 수 있었다. 그는 NRA와 다르게 진보적인 매체와 BATF를 절대로 악마로 낙인찍지 않았다. 국제연합이 미국인의 주권을 강탈하려고 하고, 그 사전 작업으로 검은 정장을 입은 정부 요원이 총기를 압수하려 한다는 황당한 주장도 하지 않았다. NRA는 중단 없는 문화 전쟁을 요란하게 주장한 반면에, 펠드먼은 보다 중도적인 목소리로 회원의 이익을 주장해서 명성을 얻었다.

1992년 11월, 빌 클린턴Bill Clinton이 대통령에 당선되고 민주당이 상하원에서 과반을 넘기자 공화당 행정부가 무시하던 연방 총기 규제 법안이 갑자기 힘을 얻기 시작했다. 그리고 충격적인 사건이 계속되면서 총기 규제 논란에 기름을 부었다. 1992년 8월, FBI 요원과 부연방 보안관들이 아이다호 루비리지에서 총기를 운반하던 백인 극단주의자 가족과 대치했다. 1993년 2월, 텍사스 웨이코에서는 연방군이 중무장한 신흥 종교 집단 다윗교를 상대로 몇 개월에 걸친 격렬한 포위 작전을 시작했다. 1993년 7월에는 변호사에게 불만을 품은 의뢰인이 샌프란시스코의 페팃앤마틴을 벌집으로 만들었다.✥

이런 사건이 총기 범죄가 증가하고 있다는 편견과 맞물리면서 강력한 브래디 법안Brady Bill이 통과되었다. 이 법안은 1981년의 로널드 레이건 대통령 암살 시도 현장에서 중상을 입은 백악관 대변인 제임스 브래디James Brady의 이름을 딴 것으로, 1993년 11월에 클린턴 대통령이 서명하면서 발효되었는데, 모든 권총 구입은 5일간의 대기기간을 두고 신원확인 과정을 거쳐야 했다. 이전에는 32개 주에서 신원을 확인하지 않고 총기를 판매할 수 있었다. 그리고 연방정부는 5년 안에 FBI가 관리하는 '현장 확인' 컴퓨터 시스템으로 교체해야 했다.

NRA 골수파는 브래디 법안이 〈수정헌법 제2조〉를 폐지하는 것

✥ 101 캘리포니아가 난사 사건을 이른다. 이 사건으로 9명이 죽고, 6명이 다쳤다.

과 마찬가지며 개인의 자유를 직접 위협한다고 선포했다. 펠드먼은 침착한 입장을 보였다. 그는 신원확인 대기기간에는 반대하면서도 모든 총기, 권총과 장총에 적용되는 현장 확인 시스템에는 동의했다. 현장 기록 확인으로 범죄 용의자를 걸러내되, 합법적인 판매에는 지장을 주지 말아야 한다고도 주장했다. 그는 NRA를 달래기 위해 공개석상에서는 총기 면허 수수료를 올리는 법 조항에 반대하는 모습을 보였지만, 실제로는 수수료 인상을 조용히 응원했다. 수수료가 올라가면 재택 판매자가 줄어들 수밖에 없었다.

NRA가 브래디 법안에 항의하며 수백만 달러의 후원금을 받아내는 동안, 펠드먼은 회원들에게 침착하게 기다려 달라고 조언했다. 정치적인 혼란은 언제나 사업에 좋은 기회가 되었다. 총기 판매자 사이에 1993년 1월 빌 클린턴의 취임을 염려하는 목소리가 나왔는데, 브래디 법안이 통과되면서 염려는 현실이 되었다. 펠드먼은 그해 말의 〈뉴스데이Newsday〉 인터뷰에서 "엄청난 양의 공포 구매가 있습니다."라고 말했다. 신문은 "총기 판매 규제가 다가오고 있다는 우려 때문에 사람들이 오히려 더 구매한다."라고 덧붙였다. 특히 글록은 이미 총기 규제의 대상이었기 때문에 공포 구매의 덕을 많이 봤다. 메인주의 오번에서 총포상을 운영하는 존 리드는 〈연합통신〉과의 인터뷰에서 글록 17이 모조리 나갔다고 말했다. 그는 도매상에게 가진 재고 모두를 달라고 요청했다.

"도매상이 전화하더니 글록 12정이 있다고 하더군요. 그래서 모두 샀습니다."

펠드먼이 회원과 지인에게 조언했듯이, 새로운 규제의 위협은 발효 여부와 상관없이 판매 기회가 된다. 그는 야누초와 다른 총기 업체 중역들에게 상황의 추이를 잘 지켜보고, 다음 싸움과 그 싸움에서 어떻게 이익을 얻을 수 있을지에 집중하라고 했다. 광신도처럼 구는 건 NRA에게 맡기라고 했다.

공격용 무기와 대용량 탄창을 규제하려는 민주당의 분위기는 수그러들지 않았다. 브래디 법안의 신원확인 조항 싸움에서 승리를 거둔 총기 규제 진영은 군용총기 규제를 새롭게 밀어붙이기 시작했다. 글록은 경찰서의 선택을 받을 수 있었던 대용량 탄창 때문에 규제의 대상이 되었다. 그렇지만 펠드먼이 예측한 대로 다시 한번, 자동권총을 규제하려는 입법 시도는 강력한 역풍을 맞았다.

1989년 1월, 캘리포니아 스톡턴Stockton의 초등학교 놀이터에서 총격이 발생하자, 2차 대전 시기 독일의 자동소총인 슈투름게베어Stur-mgewehr⊕에서 유래한 '공격용 무기'가 총기 규제 논란의 중심이 되었다. 외국인을 혐오하던 26살의 떠돌이 패트릭 퍼디Patrick Purdy는 아이

⊕2차 대전 당시 독일군이 개발한 자동소총 StG44다. 이 소총은 현대식 자동소총의 흐름을 바꾸었다.

들을 희생양으로 삼았다. 그중 일부는 아시아계였다. 그는 소련의 AK-47 칼라시니코프Kalashnikov의 중국판 소총과 75연발짜리 드럼 탄창을 사용해 5명의 아이를 죽이고, 29명의 아이와 1명의 선생에게 총상을 입혔다. 그리고 자신의 머리를 쏘아 자살했다.

스톡턴 학살은 대용량 탄창을 장착하는 AK-47과 다른 소총을 너무나도 쉽게 구입할 수 있다는 점을 드러내 공분을 샀다. AK-47과 베트남에서 미군이 사용하던 M-16, 오리지널 슈투름게베어에는 반자동과 완전자동을 선택할 수 있는 스위치가 있었다. 반자동사격 모드로 맞추면 소총은 자동권총처럼 방아쇠를 당길 때마다 1발씩 발사했다. 완전자동 모드로 맞추면 방아쇠를 당기고 있는 동안 총탄이 쏟아져 나왔다. 미국 법에 따르면 일반 시민은 특별 연방 면허를 받지 않으면 완전자동소총을 소유하거나 판매할 수 없다. 그렇지만 일부 반자동소총과 자동소총의 외양이 똑같아서 구분이 안 되었다. 설상가상으로 두 총기 모두 공격용 무기라고 불렀다.

할리우드는 테러리스트와 마약 갱이 완전자동의 AK-47을 휘두르는 장면을 자주 등장시켜 혼란을 가중했다. 그렇지만 실생활에서 군용소총은 스톡턴 학살처럼 극히 드문 대형 범죄에서만 사용되었다. 패트릭 퍼디의 모조품 AK-47은 반자동소총으로 완전자동도 아니었다. 마약상과 같은 미국의 범죄조직조차도 반자동소총을 가지고 있었고 완전자동소총은 아주 드물었다. 실제로는 권총이 소총보다 숨기기 쉬워서 거리의 범죄자에게 훨씬 인기가 좋았다.

경험이 많은 총기 규제 지지자는 이 차이점을 알고 있다. 그렇지만 그들은 대중의 염려를 악화시킬 목적으로 일부러 왜곡했다. 스톡턴 학살 직후, 권총금지를위한전국연합의 대변인을 지냈던 조시 슈거만은 〈공격용 무기 : 분석과 연구, 입법Assault Weapons : Analysis, New Research, and Legislation〉이라는 전략적인 논문을 출판했다. 반권총폭력정책센터의 센터장인 그는 모든 권총을 불법화할 것을 주장했다. 하지만 정치적으로 불가능하다는 것을 인정했고, 의회를 통과할 가능성이 높은 공격용 무기의 금지를 밀기로 했다. 그는 논문에서 "많은 사람이 권총의 소유권을 지지하지만, 공격용 무기에 대해서는 생각이 다르다. 공격용 무기는 심각한 위협을 가하는 무기라고 생각하기 때문에 헌법의 권리와 상관없이 규제를 받아들인다."라고 분석했다. 그는 "일반인은 반자동과 완전자동소총을 구분하지 못하는 데다가 공격용 무기의 외양이 위협적이기 때문에 겉으로 보기에 무섭게 생긴 모든 소총을 기관총이라고 생각한다. 그래서 대중이 이런 무기의 규제에 찬성할 가능성이 높아진다."라고 덧붙였다.

이런 식의 장황한 주장이 아니라 합리적으로 공격용 무기에 반대하려는 사람들도 있다. 도대체 일반 시민이 왜 AK-47이 필요하냐며 누가 들어도 고개를 끄덕일 주장을 하지만, 이 주장도 그다지 논리적이지는 않다.

총기 소지의 자유에 회의적인 사람도 사슴이나 엘크를 사냥하는 레밍턴Remington과 같은 대형동물용 사냥 소총을 금지하자고 주장하지는 않는다. 그렇지만 냉전 당시 소련과 테러리스트가 사용하는 무기에 대해서는 어떻게 생각할까? 총기 규제 진영은 군인이나 사용하는 소총이 도대체 시민에게 왜 필요하냐고 묻는다. 그들은 외양이 마음에 들고 강한 것을 원하는 심리 때문에 가지려 한다고 주장한다.

사실 러시아든 미국이든 군용소총의 탄약은 많은 사냥꾼이 선호하는 .30-06(7.62×63mm) 탄약에 비해 그렇게 강력하지 않다. AK-47은 심지어 정확도까지 떨어진다. 그렇지만 일부 총기 광팬은 군용모델을 변형한 총기에 집착한다. 글록노 검은색 마감과 밀리터리 스타일의 외양 때문에 인기를 끌었다. 레밍턴은 사슴을 죽이고 AK-47은 사람을 죽인다고 연관 짓는 총기 회의론자들은 불쾌하겠지만, 거부감은 치명적인 정도보다 상징성과 더 관련이 있다. 오늘날의 전통적인 사냥소총도 세계대전 때 병사에게 지급한 군용무기에서 유래했다. 그리고 민간용 총기 소유자가 군용무기를 선택하는 건 오랜 관습이다.

공격용 무기에 반대하려면 대용량 탄창의 사용을 비판하는 것이 훨씬 효과적이다. 퍼디는 모조품 AK-47에 75연발 드럼 탄창을 사용했다. 일반적으로 자동소총과 일부 자동권총에는 15발, 20발, 30발짜리 탄창을 사용한다. 대용량 화기를 둘러싼 경쟁이 치열하지만, 어떤 사냥꾼이나 취미 사격자에게도 스포츠를 즐기는 데 30연발 탄창이 필요하진 않다. 그리고 일반인 권총 소유주에게 글록 자동권총의 17연발 탄창이 왜 필요한지도 불분명하다. 재빨리 재장전한다면 10발의 탄약만으로도 위급한 상황에서 스스로를 지키기 충분하다.

미치광이 살인자를 저지할 조치를 요구하는 총기 반대주의자는 총기의 피상적인 외양이 아니라 탄약의 용량에 집중해야 한다. 물론 그렇게 할 경우에도 심한 반대가 있을 것이다. 글록이 대용량 탄창이 필요하다고 경찰서를 설득하자 일반인 구매자도 대용량 탄창에 매력을 느꼈다. 〈수정헌법 제2조〉를 "내 총을 건드리지 말라!"라는 식으로 강력하게 밀어붙이는 NRA의 주장은 "그만한 가치가 있다면 무리해도 괜찮다."라는 미국인의 천성과 맞아떨어진다.

✐✐✐

스톡턴 학살의 여파가 계속되는 동안, 캘리포니아는 AK-47과 공격용 무기로 분류된 55종의 소총을 금지했다. 뒤이어 여러 주가 비슷한 규제를 통과시켰다. NRA와 의회 내 총기 옹호 의원은 공격용 무기에 대한 입법이 연방 수준으로 확대되는 것을 막았지만, 1994년 여름에 클린턴 대통령이 전국적인 금지법에 서명했다.

총기 산업계는 경악했다. 콜트의 최고경영자 론 휘터커는 다른 ASSC 이사회 회원들에게 "우리는 끝났다."라고 말했다. 군용 M-16의 민수용 반자동 버전인 AR-15는 콜트가 가장 많은 이익을 내는 제품 중 하나였다.

그렇지만 연방법안 최종본에는 꼼수를 사용할 여지가 충분히 있었고 펠드먼이 그 허점을 찾아냈다. 연방법은 브랜드와 모델별로 19개의 총기를 금지했다. 또 소염기, 돌출된 권총 손잡이, 총검꽂이와 같은 군용기능을 2개 이상 사용하거나 탈착식 탄창을 사용할 수 있는 모든 자동소총을 금지했다. 총기 종류에 상관없이 10발 이상의 탄창도 금지했다. 마지막 조항이 글록의 매출에 결정적 영향을 미쳤다.

이 연방법안 최종본은 겉으로는 엄격해 보이지만 실제로는 너무나도 엉성했다. 총 이름을 바꾸고 눈에 띄는 총검꽂이를 제거하는 식으로, 외양만 변경하면 금지 대상인 공격용 무기가 완벽하게 합법적인 스포츠용 소총이 되었기 때문이다. 이것보다 훨씬 큰 허점도 있었다. 1994년 9월 발효 이전에 합법적으로 존재한 모든 총기를 그대로 누었다. 법안 발효 이전에 제조된 모든 총기와 탄창은 발효 후에도 합법적으로 판매하거나 재판매할 수 있었다.

펠드먼은 법안 통과 1년 전부터 ASSC 회원사에 아주 선명한 가이드를 보냈다. 그는 "총기와 대용량 탄창을 최대한 많이 만들어 두세요. 공장을 24시간 풀가동하세요. 재고 문제는 생기지 않을 겁니다."라고 말했다. 정치 논쟁으로 총기와 탄창 공급이 제한될 수 있다는 우려 때문에 수요와 가격이 치솟았다. 야누초와 발터는 친구의 조언을 그대로 받아들였다. 가스통 글록은 오스트리아에서의 생산을 최대한 늘리라고 지시했다. 데드라인이 되기 전에 재고를 최대한 쌓아 두었다. 글록의 미국 지사 대표인 딕 위긴스는 1994년 5월에 이루어진 〈미니애폴리스스타트리뷴Minneapolis Star-Tribune〉과의 인터뷰에서 "오스트리아에서 매주 권총 5천 정과 탄창 8~9천 개를 받습니다."라고 말했다. 생산된 글록은 모두 매진되었다. 위긴스는 "수만 건의 주문이 밀려 있습니다. 우리 권총은 품귀 현상을 빚었습니다."라고 말했다.

공격용 무기와 대용량 탄창을 실제로 금지하기 시작하자 다시 한 번 구입 광풍이 불었다. 〈USA투데이〉는 "10연발 이상의 탄창을 사용하는 총기 소유주들이 경찰에게 인기 있는 글록 9mm는 물론이고 여분의 탄창을 마구 집어가고 있다. 수천 개의 소매상점에 공급하는 플로리다 윈터파크의 총기 도매상인 마이크 사포리토는 이렇게 말했다. '몇 시간 만에 탄창이 모두 동났습니다. 판매량이 지붕을 뚫고 올라갔어요.'"라고 보도했다.

캘리포니아에서 메릴랜드까지의 총포상이 모두 이런 상황이었다. 유타 웨스트밸리시티에서 총포상을 운영하는 낸시 넬은 "사람들이 도시의 모든 상점에서 탄약, 권총, 자동소총 등 남아 있는 것을 손에 잡히는 대로 모조리 사 갔어요."라고 말했다. 캘리포니아 반 나이즈에 거주하는 25살의 크리스 엔시나스는 법안이 통과되면 재고 부족과 가격 폭등이 일어나리라 예상하고 그해 5월에 15연발 탄창의 글록 22를 구입했다. 그는 〈로스앤젤레스타임스〉에 "최대한 서두를 생각입니다. 금지하지 않는다면 그럴 필요가 없겠지만 오늘 당장 사는 편이 낫겠죠."라고 말했다. 그는 .40구경 글록에 510달러를 지불했다. 1995년이 되자 법안의 허점 때문에 .40구경 글록의 가격이 50% 올랐다.

글록은 자동권총을 서둘러 출하하려고 노력하면서도 '금지 이전'의 탄창 재고를 최대한 쌓아 두었다. 10연발 제한이 발효된 후에 글록 17연발 탄창의 소매가격이 20달러에서 30달러로, 다시 50달러 이상으로 치솟았다. 야누초와 다른 중역은 개인적으로 대용량 탄창을 사내 할인가로 사 두었다가 가격이 치솟자 조금씩 내다 팔았다.

펠드먼은 "길거리에서 공격용 무기와 대용량 탄창을 줄이려던 금지법은 완전히 역효과를 냈습니다."라고 강조했다. 그는 1994년 초가을에 스머나의 글록 지사로 가서 야누초를 만났다. 어드벤처 아웃도어스라는 대형 스포츠용품 상점을 지나가면서 두 줄로 길게 늘어선 사람들을 보았다. 그는 무슨 일인지 알아보려고 차를 세웠다. 하나는 고객 대기줄로 금지 대상 총과 글록 탄창을 사려는 사람들이었고, 다른 줄은 총기 규제법에 노골적으로 반대하는 공화당 후보인 밥 바Bob Barr를 돕는 자원봉사자를 모집하는 줄이었다. 바는 총포상 근처에 캠페인을 위한 테이블을 준비해 두었다.

야누초는 펠드먼을 만나자 시가를 꺼내면서 "우리 사업은 초호황이네. 글록 씨가 무척 기뻐할 걸세."라고 큰소리쳤다.

12장

총열 폭발

금속 발사체를 고속으로 쏘는 휴대용 제품을 제조하는 회사가 미국에서 사업을 하면 언젠가는 소송을 당하게 되어 있다. 미국에서는 자동차, 패스트푸드, 총기가 흔한 만큼 소송도 일상적으로 일어난다. 글록이라고 예외가 될 수 없었다.

회사 내부의 법률 문서 파일을 보면 글록사가 소송에 대처하는 방법을 잘 알 수 있다. 회사 측 기록에 따르면, 1991~1992년에는 글록과 관련한 부상 사고가 19건이었다. 사고가 더 있었는지는 모르겠지만 글록은 19건만 인정했다. 그중 1992년 중반까지 일어난 11건이 소송으로 번졌다.

몇 건은 글록의 오동작 때문에 소유주가 다쳤다고 주장했다. 다른 사건은 총기는 제대로 작동했지만, 다른 사람이 실수로 방아쇠를 당겨서 발생했다. 후자의 경우, 피해자가 글록의 설계가 잘못되었다고 비난했다.

또 다른 6건은 '보관함 사건'으로 분류되었다. 보관함은 글록을 넣어서 판매하는 플라스틱 상자를 말한다. 상자는 검은색 슈트케이스의 축소판 같았다. 권총을 사격장에 가지고 갈 수 있도록 손잡이가 달려 있었고, 안에는 여분의 탄창과 탄약을 넣을 수 있는 공간이 있었다. 상자 안에는 방아쇠울을 끼워 권총을 고정하기 위한 작은 방아쇠 걸이가 있었는데 이것이 문제였다.

일부 사용자는 약실에 탄약을 넣은 채 사격이 가능한 상태로 권총을 보관했다. 이 상태로 상자가 흔들리면 방아쇠가 걸이에 눌려 격발되었다. 마셜 로즌Marshall Rosen에게도 이런 일이 일어났다. 로즌의 파일에 따르면 "원고는 권총집에서 글록 17을 꺼내 장전된 탄창을 빼고 보관함에 넣었는데 격발되었다. 왼쪽 손바닥을 다치며 심각한 신경 손상을 입어 수술을 받았고 영구적인 장애가 남았다."라고 한다. 또 다른 글록 소유자 마크 허먼Mark Herman도 보관된 권총이 왼손을 쏘아 영구적인 장애를 입었다.

미국 지사에 오래 재직한 직원에 따르면, 가스통 글록은 보관함 사고 소식을 듣고는 "멍청한 미국인이 잘못했다. 그들은 장전된 총기를 보관하는 법을 알아야 한다."라고 말했다. 글록은 '고객이 왕'이라는 미국의 사업 신조를 무시했다.

너무 단호한 것처럼 보이지만 글록의 반응도 이유가 있다. 권총과 함께 사용자 설명서를 제공해 총기를 보관하기 전에 반드시 약실을 비우라고 강조했기 때문이다. 설명서는 소유주에게 반드시 탄창을 제거하고 약실 안을 보고 남은 탄약이 있는지를 확인하라고 명시했다. 사용자가 이런 주의사항을 제대로 지켰다면 보관함 사고는 발생하지 않았을 것이다.

그렇지만 일부 글록 소유주, 특히 집에 글록을 보관하는 사람들은 침입자에게 곧바로 대응해 자신을 보호하려는 실용적인 목적 때문에 장전한 상태로 보관했다. 그 이외에 다른 사고는 부주의로 발생했다. 마크 허먼의 파일에는 그가 "글록 17이 장전 상태라는 것을 잊고 보관함에 넣었다."라고 적혀 있다. 그런 사고는 처음부터 막을 수 있었다. 좀 더 고객 친화적인 기업이라면 고객의 안전을 이유로 사과 성명에 이어 제품 회수를 발표하고 희생자의 의료비를 지불하는 절차를 마련했겠지만, 가스통 글록의 회사는 그렇지 않았다. 그는 오류를 인정하는 사람이 아니었다.

글록의 기업 변호사인 폴 야누초는 보관함이 제대로 설계되지 않았다고 생각했다. 가스통 글록을 제외한 거의 모든 사람이 문제점을 알고 있었다. 글록은 원고의 입장을 존중하지 않았기 때문에 법정 소송에서 패소할 수 있었다. 그렇다고 야누초가 최고경영자의 의사를 애써 무시한 채로 단독으로 사과하고 제품을 회수할 수도 없었기 때문에 사건이 발생하는 즉시 진화에만 전념했다. 다친 글록 소유주가 순순히 물러서지 않을 경우에는 합의를 했다. 합의 조건으로 소송을 진행하거나 보관함 문제점을 외부에 알리지 않겠다는 법률 문서를 받아냈다. 마셜 로즌은 소송을 철회하는 조건으로 9만 5천 달러를 받았고, 마크 허먼은 9만 9천 달러를 받았다. 유능한 변호사를 고용하지 못한 글록 사고 피해자는 아예 합의금을 받지 못하거나 소액만 받았다.

글록 측이 워낙 조용히 합의하고 처리했기 때문에 이 문제는 세상에 많이 알려지지 않았다. 이 때문에, 문제점을 미리 알 수도 있었던 총기 소유주가 연이어 사고를 당하기도 했다.

글록이 1990년대 초에 보관함의 디자인을 변경하기 전까지 얼마나 많은 사람이 자신이나 남을 쐈는지 알 방법이 없다. 신형 보관함은 방아쇠를 건드릴 수 있는 걸이를 없앴고 총기를 두터운 폼에 안전하게 넣었다.

글록 소유주에게 휴대용 보관함만 위험한 것은 아니었다. 잔디깎이, 전기오븐, 오토바이처럼 총기도 조립 불량, 사용자 실수, 부품 손실 등으로 종종 오동작을 일으킨다. 이 세상은 불완전과 불행의 연속이다. 모든 총기 브랜드가 이런저런 결함이 있었고 고장이 나서 누군가 다치는 일은 흔했다.

글록의 법률 문서에는 제프리 게노Jeffrey A. Gueno의 소송도 있었다.

그는 손에서 글록 21 .45구경이 폭발하면서 오른손 검지에 중상을 입었다. 제프리 게노는 공군 대위로 사격장에서 연습을 하는 숙련자였기 때문에 글록이 정상적인 사용 조건에서 오동작하는 제품을 출시했다고 주장했다.

이 사건을 맡은 야누초는 가장 먼저 사고 총기부터 입수하라고 지시했다. 그는 문제의 글록을 검사해 기준 미달인지 확인하고, 합의한다면 증거물인 총기를 바로 파기할 계획이었다. 결함이 있는 글록이 이리저리 돌아다니다가 사진이라도 찍히면 글록의 명성에 큰 상처를 낼 소지가 있었다.

게노 대위의 글록을 검사하자, 권총보다는 그가 사용한 탄약이 문제라는 결론이 나왔다. 문서에 의하면 "총열에 방해물이 있었다는 징후가 없었다. 총은 탄약의 결함 때문에 손상을 입었다."라고 한다.

탄약은 여러 이유로 오동작 가능성이 있다. 탄약의 특정 생산분이 잘못 제조되면 탄약이 분해될 수 있다. 저질 탄약은 탄창에서 약실로, 또는 약실에서 총열로 가면서 막힐 수 있다. 일부 총기 소유주는 돈을 아끼려고 사격장에서 다 쓴 탄피를 주워서 지하실의 수동 크랭크 기계로 새 납탄자를 끼워 재활용하기도 한다. 허술한 공정의 재활용 탄약은 문제를 일으킨다. 글록은 고객이 재활용 탄약을 사용할 경우 보증하지 않는다고 분명히 밝혔다.

글록은 게노 대위가 사용한 공장 제조 탄약이 저질이었고 전피갑 탄Full-metal Jacketing⊕ 코팅 처리가 제대로 안 되었다고 판단했다. 글록은 오동작 주장에 대해 종종 이렇게 대응했다. 글록은 처음부터 사용자들에게 공장에서 제조한 최상의 전피갑탄을 구입하라고 강조했다. 납탄자가 그대로 노출된 탄약은 탄자를 제대로 감싸지 않았기 때문에, 개인의 재활용 또는 공장 제조 여부와 상관없이 문제를 일으킬 수 있다. 특히 글록 총열의 강선 때문에 다른 권총보다 문제가 발생할 가능성이 훨씬 높다.

격발된 탄자는 총열 안의 나선형 홈인 강선을 따라 회전하면서 날아간다. 회전은 탄자를 안정시키고 정확성을 높인다. 전통적인 강선에는 강선등Lands과 강선홈Grooves이 있다. 납이 노출된 탄을 사용하면 강선등이 부드러운 금속 표면에 홈을 새긴다. 글록은 구경에 따라 총열에 6~8개의 강선등을 만들었다. 갑피탄약을 사용하면 다각형 강선이 탄약과 총열 사이를 밀폐한다.

글록과 관계없이 독립적으로 출판된《글록 완벽 레퍼런스 가이드 The Complete Glock Reference Guide》에 따르면 "다각형 강선은 같은 길이의 전통적인 강선 총열보다 탄속을 높인다."라고 설명한다. 이어서 "다각형 강선을 판 글록 총열은 총구 구경을 줄이는 동시에 힘을 늘릴 수 있지만, 강선등 너비가 좁아서 납탄자가 회전하지 않고 총구를 미끄러져 나와 총열 안에 납 잔재물이 남을 수 있다."라고 한다. 납 잔재물이 쌓인 총열은 압력이 과하게 올라가 폭발하거나, 가이드북에서 그

✛부드러운 납탄자를 단단한 구리합금 등으로 완전히 감싸는 처리.

럴듯하게 이름을 붙인 '글록 카붐Ka-Boom'이 발생할 수 있다. 그러므로 글록이 사용자에게 강력하게 당부하듯이 전피갑탄을 사용해야 총열 폭발을 완벽히 피할 수 있다.

제프리 게노가 저질 탄약을 사용했는지는 알 수 없다. 어느 쪽이든 게노는 야누초가 법정 다툼을 하고 싶은 상대가 아니었다. 배경이 깨 끗한 미 공군 대위이기 때문에 판사나 배심원은 그가 총기를 잘 안다 고 생각해 그를 지지할 거라고 예상했다. 게노는 2만 4천 달러에 합의 하기를 원했는데 과도한 금액이 아니었다. 글록 법률 문서에는 "합의 를 해야 한다. 합의를 하는 것이 소송비용보다 저렴하다."라고 적혀 있 다. 군이 게노의 치료비를 지불했기 때문에 야누초는 합의 비용을 1 만 4천 달러로 낮출 수 있을 것이라고 생각했다. 글록이 실제로 지불 한 금액은 문서에 기록되지 않았다.

그 결과, 글록 측이 '치명적 오류'로 큰 영향을 미칠 수 있다고 판단 한 사고는 대중에게 알려지지 않고 해결되었다. 글록은 문제의 총을 입수해 폐기했다. 게노는 합의금을 받는 조건으로 사고를 외부에 알 리지 않는다는 문서에 서명했다.

1992년 12월 17일의 메모에 의하면 야누초는 가스통 글록에게 탄 약 제조업체인 올린/원체스터Olin/Winchester와 2만 달러의 지불 비용 을 분담하는 공동합의문에 대외비로 서명하라고 재촉했다. 그는 "올 린/원체스터가 손상된 글록 자동권총을 30정 정도 가지고 있다는 것 에 반드시 주목해야 합니다. 이 사건이 소송으로 번지면 증거로 제출

될 겁니다. 우리에게 광범위하고 치명적인 여파가 있을 것입니다."라고 썼다.

미 세관 요원 베르니의 소송은 법정 밖에서 해결되었다. 그는 .45 구경 글록 21의 폭발로 오른쪽 검지 끝이 뭉개지는 상처를 입었는데, 합의한 덕분에 손상된 권총은 그대로 사라졌다.

스머나의 글록 직원도 오스트리아에서 도착한 권총을 고객에게 배송하기 전에 테스트하면서 가끔 결함을 발견했다. 본사 경영진은 이런 결함 제기에 "불가능해!"라며 짧고 신경질적인 반응을 보였다.

1998년, 스머나는 .40구경 글록 22의 특정 생산분이 제대로 만든 탄약에도 이상하게 막히는 것을 발견했다. 1998년 2월 12일, 가스통 글록은 "이 오동작은 해결하기 무척 어렵습니다. 일반적인 탭Tap, 랙Rack✛ 동작으로 해결되지 않습니다."라는 메모를 받았다.

"경찰이 치명적인 결함으로 간주할 수 있습니다."

본사 경영진이 경고를 무시하고 문제의 권총을 길들여야 한다고 대응하자 야누초는 가스통 글록에게 강경한 편지를 보냈다.

"새 권총을 길들여야 한다는 생각은 포장에서 꺼내자마자 최고의 사격을 자랑하는 글록의 명성을 더럽히는 짓입니다."

글록 22의 막힘 문제가 일반적이었다는 증거는 없다. 그렇지만 고객과 경찰관, 시민에게 .40구경 중 일부가 제대로 동작하지 않을 수

✛탄창을 쳐올리고 슬라이드를 당긴 후에 다시 방아쇠를 당기는 응급처치.

있다고 알리지 않았다. 내부의 결함 보고에도 불구하고 글록은 모든 권총을 철저하게 테스트하고 있으며 제대로 사용하는 한 오동작이 없다는 입장을 고수했다.

🔫🔫🔫

글록에 대한 소송 중에는 소유주 이외의 누군가가 부주의하게, 또는 범죄에 잘못 사용한 것에 대한 고발도 있다. 1980년 초부터 총기 제조업체를 상대로 이런 소송이 제기되기 시작했다. 전통적인 미국 상해법에서는 제삼자가 간섭하면 제조업체가 피해자에게 책임질 필요가 없었다. 예컨대 호기심 많은 어린아이가 친구를 쏘거나 편의점 강도가 직원을 쏘는 경우다. 그렇지만 1960년대 이후, 일부 미국 판사와 법학 교수는 책임보상이론을 확대해서 상해 피해자가 더 큰 배상을 받을 수 있게 했다.

랠프 네이더Ralph Nader✛가 주도한 소비자보호운동이 힘을 얻었고 제조업체가 제품과 관련된 위험에 대해 실제로는 더 많이 알고 있었다는 증거를 계속 찾아냈다. 1970년대와 80년대에는 범죄율이 높아지면서 총기 규제의 필요성도 높아졌고, 일부 활동가는 입법부와 법원을 통해 총기 제조사와 판매사를 통제하려고 했다.

✛미국의 변호사이자 정치인으로 소비자보호운동을 주도했다. 미국 대통령선거에 4번 출마했고 녹색당 후보로 득표를 많이 했다. 그의 선전은 결과적으로 공화당 후보 부시의 당선에 결정적인 도움이 되었다.

이러한 혁신적인 소송은 원래 싸구려에 안정성이 떨어지는 '토요일 밤 특별판' 제조업체와 소매업자가 대상이었다. '토요일 밤 특별판'은 29달러 정도로 구입할 수 있어서 주류 상점 털이, 마약 판매자, 돈은 부족한데 호신용 총기가 필요한 빈민가 사람들이 선호하는 리볼버와 자동권총이었다. 사고와 범죄 피해자를 대변하는 변호사는 '토요일 밤 특별판'이 사격 스포츠, 사냥, 경찰업무용으로 사용될 수 없어서 사회적 가치가 없다고 주장했다. 이런 관점으로 보면 싸구려 권총은 살상용이고 너무나도 위험한 부기였다.✛

이런 주장은 총기 규제 진영의 즉각적인 호응을 받았지만 중요한 약점이 있었다. 경제와 평등의 측면에서 범죄가 다반사로 일어나는 지역에 거주하는 사람들에게는 방어용으로 조잡한 권총이라도 필요하다는 문제를 간과하고 있었다. 총기 제조업체가 범죄와 부주의함에 책임을 져야 한다는 소송은 배심원에게 방아쇠를 당긴 사람에게만 한정해서 판단하지 말 것을 요구했다. 사용자의 손에서 폭발한 총기에 대한 소송은 법원이 원고 측 손을 들어주어 승소나 합의로 끝났지만, 총기 제조업체가 상품의 잘못된 사용까지 책임져야 한다는 주장은 승소하기 힘들었다. 총기는 총탄을 발사하도록 되어 있고, 위험하다는 것은 모두가 안다. 아무리 제품에 대한 책임이 확장되던 시기라고 해도 판사와 배심원이 받아들일 수 있는 한계는 분명했다.

✛이 운동과 소송으로 '토요일 밤 특별판' 제조업체가 대거 파산했다.

범죄와 부주의함에 대한 책임을 제조업체에 묻는 소송은 대부분 패소했는데도 1990년대까지 끊임없이 이어졌다. 원고 측 변호사는 몇 개의 돌파구만 찾아도 총기 회사가 겁에 질려 상당한 합의금을 내놓을 것이라고 생각했다. 어떤 소송은 소송에 기꺼이 수십만 달러를 쓸 용의가 있는 총기 규제 진영이 소송비용을 후원했다. 법정 다툼으로 총기 규제 주장을 더 널리 알릴 수 있었기 때문에, 그들에게 승소 가능성은 중요하지 않았다. 총기 규제 진영은 이런 목적으로 글록의 성공과 이익을 목표로 삼았다. 아마도 이상한 디자인 때문에 법적 공격에 더 취약할 것으로 생각했거나 원고 측 변호사와 운동가가 그렇게 원했을 수 있다.

물론 글록은 '토요일 밤 특별판'을 제조하지 않았다. 1980년대 말까지, 저질 권총 시장은 남부 캘리포니아의 소기업 연합이 지배하고 있었다. 경찰서에 따르면, 글록은 범죄를 상대하는 도구로 상당한 사회적 가치가 있었다. 싸구려도 아니고 가정용 방어무기나 사격 스포츠용 권총으로 아주 좋았다. 글록은 외부 안전장치가 없고 사격하기 쉽다는 장점이 있었다. 이런 차이점은 총기 규제 진영뿐만 아니라 다른 사람에게도 걸림돌이 되었다.

1988년 5월, 연방 요원의 리볼버 교체 과정에 참여한 FBI 사격 교관팀이 글록에 대해 회의적인 내부 평가를 발표했다. 보고서는 "FBI 요원이 일반적으로 권총을 사용하는 방식으로 볼 때, 의도하지 않은 초탄 격발로 안전과 책임 문제가 발생할 수 있다."라고 지적했다. 보고서 평가에도 불구하고, 다른 FBI 요원들은 글록을 높게 평가했다. 1990년대 중반이 되자, FBI는 수천 명의 요원에게 글록을 지급하기에 이르렀다. 하지만 FBI의 초기 평가에는 속사 총기에 대해 주저하는 모습이 드러나 있었다.

시카고 외곽의 위네카 경찰서장인 허버트 팀은 마을 대표에게 로비해서 부하들에게 글록을 지급했다가 당황스러운 일을 겪었다. 그는 〈시카고선타임스Chicago Sun-Times〉와의 인터뷰에서 "글록을 차고 있다가 책상 서랍 안에 있는 권총집으로 옮겼는데, 당연히 장전이 안 되었다고 생각했습니다. 그런데 장전이 되어 있었고 실수로 방아쇠를 당겼죠. 절대로 해서는 안 되는 실수였어요. 총탄이 천장 바로 아래의 벽에 박혔습니다. 다행히 다친 사람이 없었죠. 25년 동안 경찰로 재직 중인데 단 한 번도 실수로 오발한 경우가 없었습니다."라고 말했다.

총기가 있으면 부주의로 인한 사고는 발생하기 마련이다. 좀 오래된 경찰서를 방문하면 이상할 정도로 높거나 낮은 곳에 붙은 포스터와 사진을 볼 수 있다. 그것들을 떼어내면 총탄 구멍을 찾을 수 있을 것이다.

글록이 배송되며 오발 사고가 급증한 곳도 있었다. 1989년에 워싱턴 메트로폴리탄 경찰서가 글록으로 교체하자 경찰공제조합 노동위원회 의장 게리 핸킨스는 "올바른 권총을 받았다. … 우리 모두는 거리에서 더 안전하게 느낄 것이다."라고 발표했다. 그렇지만 그 직후 워싱턴 경찰은 자신과 서로를 쏘는 사고를 겪었다. 〈워싱턴포스트〉는

3천 8백 명이 근무하는 경찰서가 글록을 채택한 후 10년 만에, 120건 이상의 오발 사고가 일어났고 19명의 경관이 중상을 입었다고 보도했다. 경찰은 실수로 9명의 워싱턴 시민을 다치게 하고 한 명을 죽였다. 시 정부는 오발 사고 때문에 소송에 합의하느라 수백만 달러를 지불해야 했다.

워싱턴 당국은 조사에 착수했고 3가지 요인이 동시에 만나 오발 사고들이 발생했다고 판단했다. 경찰서는 경찰관의 세대교체와 범죄율 증가에 대응하느라 18개월 안에 경관 1천 5백 명을 채용했고, 그 바람에 신입 훈련에 애를 먹었다. 신입 경관은 원래 목표였던 10일 대신에 겨우 3일간 사격장에서 훈련을 받았을 뿐이다. 워싱턴 경찰학교 교관으로 은퇴한 로웰 덕켓은 "경찰서가 신입을 마구 들이밀었습니다."라고 말했다. 마지막으로 미숙한 신입 경관 전원에게 사격하기 쉬운 글록을 지급했다. 글록은 너무 단순하고 가볍기 때문에 첫 번째 총기로 아주 훌륭했다. 그러나 전문가의 도움을 받지 않으면 초보 사용자가 위험한 실수를 저지를 가능성이 다른 자동권총이나 리볼버보다 높았다.

탬파에서 투손에 이르는 경찰서가 글록으로 교체한 후에 오발 사고를 보고했다. 글록의 법률 문서에는 1990년 11월, 미시건 포트휴런 경찰서 경관 리처드 존슨이 "순찰차 안에서 총을 권총집에서 꺼내는데 오발이 일어나 왼쪽 발을 쏘았다."라는 기록이 있다. 이듬해, 그는 글록을 고소하며 글록의 특이한 방아쇠 안전장치가 원래 위험하다고 주장했다.

글록은 존슨 경관이 총기를 너무 부주의하게 다뤘다고 반박했다. 미 공군의 게노 대위처럼 존슨은 1만 달러 이상의 합의를 원했다. 야누초는 "비용을 더 들여 방어하기보다는 합의해야 한다."라고 존슨의 문서에 기록했고 1만 2천 달러 정도를 예상한다고 덧붙였다. 글록은 이런 식으로 시끄럽지 않게 수십 건의 소송에 합의했다.

원고 측이 더 큰 배상금을 원하며 버티는 경우도 있었다. 1991년 7월 9일, 테네시 녹스빌에서 벌어진 비극이 그런 소송으로 이어졌다.

40대 초인 셰럴 달린 그랜트Cheryl Darlene Grant와 남편 베니Benny는 콘서트에 갔다가 녹스빌로 돌아왔다. 경찰에 따르면, 그녀의 최신형 카마로가 과속하는 것을 보고 추격했는데, 베니가 카마로에서 뛰어내렸는데도 셰럴은 운전을 멈추지 않았다. 셰럴은 궁지에 몰리자 경찰차를 들이받고 뛰어서 달아났다. 순찰대원 대니 와그너Danny Wagner는 그가 쫓아가니 그녀가 갑자기 뒤로 돌아 총을 꺼내는 것처럼 등 뒤를 더듬었다고 말했다. 와그너는 글록을 뽑았다. 결국 그녀를 잡고 몸싸움을 벌이는 와중에 오발 사고가 일어났다. 단 한 발이 셰럴의 머리를 뚫고 들어가 그녀를 죽였다. 와그너가 글록을 권총집에 다시 집어넣는 동안, 두 번째로 잘못 발사된 탄약이 도로에 튀었다. 셰럴은 그날 저녁에 술과 마약을 먹었지만 무장하지는 않았다.

녹스빌시와 와그너는 그랜트 가족에게 13만 달러를 공동지불하기로 합의했다. 그렇지만 녹스빌 경찰서는 글록을 포기하지 않았고, 나중에 9mm 글록 17을 .40구경 글록 22로 보상 교환했다. 와그너도 현직에 남았다.

셰럴의 친지는 지역의 유명한 변호사 부자인 밥 리치Bob Ritchie와 웨인 리치Wayne Ritchie를 고용해 글록에 720만 달러의 소송을 걸었다. 포트휴런의 경관 존슨의 소송처럼 그녀의 친지는 글록 17의 기본 설계가 비합리적일 정도로 위험하다고 주장했다. 글록은 위험한 제품이라는 것을 알면서도 제조했으니, 녹스빌과 같은 사고를 예측했어야 한다는 것이었다.

원고 측은 글록 17의 핵심 기능이 오류라고 지목했다. 특히 방아쇠 압력이 너무 가볍고, 방아쇠를 당기는 간격이 너무 짧고, 외부 안전장치가 없어서 치명적인 위험을 안고 있다고 말했다. 가스통 글록이 자랑하는 영업 슬로건인 '글록 그 완벽함Glock Perfection'이 부인되는 순간이었다.

야누초는 "글록 씨는 소송은 둘째치고 자신의 발명이 비난을 받자 모욕감을 느꼈습니다. 그는 사고가 일어나면 사용자의 잘못이라고 추측했는데 대부분 사실이었죠. 그렇다고 해도 우리는 전국에서 점점 더 많은 소송에 휘말렸습니다."라고 말했다.

야누초는 종종 글록에게 법정에 나설 때는 정장을 갖춰서 원고 측 변호사에게 품격 있게 보이라고 조언했다. 글록을 상대로 승소하려는 시도는 시간과 비용만 낭비하고 가능성이 없다는 것을 보여 주라는 의도였다. 녹스빌의 소송액이 수백만 달러였지만, 글록은 합의 제안조차 하지 않았다.

원고 측은 증인석에 와그너 경관을 세웠고, 그는 셰럴 그랜트가 총을 쏠 것 같아 글록을 꺼냈다고 증언했다. 그녀의 죽음은 유감이지만 자신이 아니라 권총이 문제였다고 말했다. 그는 사고 후에도 여전히 순찰 중이며, 이제는 좀 더 안전한 S&W 9mm 자동권총을 가지고 다닌다고 배심원에게 말했다. 녹스빌은 인증한 권총 중에 원하는 것을 경관이 선택할 수 있게 했다. 와그너는 S&W의 방아쇠 압력이 5.5kg인 반면에 글록은 2.3kg밖에 안 된다고 말했다. 그는 "글록이 안전하다고 생각하지 않는다."라고 증언했다.

글록은 방아쇠 압력이 2.3kg인 버전과 3.6kg인 버전을 모두 판매했기 때문에 배심원은 녹스빌 경찰서가 방아쇠 압력을 선택할 수 있었다는 것을 알고 있었다. 녹스빌은 압력이 가벼운 버전이 더 정확하고 악력이 약한 경관도 다루기 쉽다는 이유로 전자를 선택했다. 와그너는 방아쇠 간격도 S&W가 훨씬 길다고 증언했다. 글록은 1.3cm인 반면에 S&W는 3.2cm였다.

원고 측은 은퇴한 FBI 요원과 법의학 컨설턴트의 증언을 통해 방아쇠 압력과 간격에 대한 와그너의 주장을 보강했다. 전 FBI 요원 도널드 바셋은 "글록은 사격하기 쉽고 정확하기 때문에 많은 경찰관이 엄청난 매력을 느낀다고 생각합니다. 그렇지만 방아쇠 설계의 안정성

결함에 대해서 경찰관들은 알지 못하거나 무시하거나, 사용 편의성이 더 중요하다고 생각하죠."라고 말했다.

글록이 고용한 지역 변호사 로널드 그림Ronald Grimm은 말도 안 된다며 반박했다. 글록의 방아쇠는 당기면 발사하게 되어 있고, 그렇게 하라고 만들었다고 주장했다. 그는 와그너 경관이 방아쇠에 검지를 건 상태에서 용의자를 제압한 행위 자체가 잘못이라고 했다.

피고 측은 녹스빌 경찰서의 총기 전문가를 증언대에 세웠고, 그는 와그너 경관이 글록 17의 방아쇠에 손가락을 건 상태에서 셰릴을 추격할 때부터 경찰서의 안전 규칙을 위반했다고 증언했다. 녹스빌 지자체는 경관에게 책임을 돌리고 글록을 옹호했다.

시는 왜 와그너를 해고하지 않고 비난했을까? 녹스빌은 훈련 방식의 문제점이 불거지기 전에 책임 보상을 해결하고 싶었다. 시의 문제점을 인정하지 않은 채 와그너를 계속 고용하고, 희생자 가족과 13만 달러에 재빨리 합의해서 수백만 달러의 배상금 위험에서 벗어났다.

그림은 가장 중요한 증인으로 가스통 글록을 소환했다. 그를 증인석에 세우면 녹스빌 배심원이 문제의 핵심 기능을 손수 발명한 사람의 말에 귀를 기울일 것이 분명했다. 글록은 자신의 자동권총을 설명하면서 확신에 찬 모습으로 천천히, 그리고 품격 있게 말했다. 잘못하면 미국인의 눈에 오만하고 잘난 척하는 것처럼 보일 수 있었다.

1993년 11월, 예심 증언에서 그의 이런 성향이 분명하게 드러났다. 글록은 "우리는 엄청난 성공을 거뒀습니다. 우리의 경제적 성공을 근거로 우리의 시스템은 결함 없이 작동한다고 분명히 말씀드릴 수 있습니다."라고 자랑했다. 배심원은 그가 잘난 척한다고 봤을까 아니면 매우 자신감 있다고 봤을까? 그는 피고 측의 날카로운 질문 세례를 받고도 조금도 물러서지 않았다. 글록은 "우리 총기라면 본능적으로 순식간에 사격할 수 있습니다."라고 말했다.

7개월 후의 법정에서, 글록은 통역사를 통해 독일어로 자신의 총에는 결함이 없으며 설계한 대로 언제나 정확하게 동작했다는 주장을 되풀이했다. 전 FBI 요원 바셋의 부정적인 증언에 대해 묻자, 그는 증인과 FBI에 대해 경멸조로 "그 FBI 요원의 증언은 아무 쓸모 없습니다."라고 말했다.

그는 사용설명서에 실제로 사격할 때까지 손가락을 방아쇠울에 넣지 말라고 강조해두었다고 배심원에게 설명했다. 글록은 "경관은 훈련을 통해 방아쇠를 건드리지 않으면 절대적으로 안전하다는 것을 알고 있습니다. 그건 절대적인 기본 규칙입니다. 방아쇠울에 손가락을 넣어서는 안 됩니다."라고 증언했다.

은행에서는 수줍어하고 남의 시선을 의식하던 엔지니어가 법정에 서자 대중적인 성격으로 변신했다. 일주일 동안의 재판을 매일 보도하던 〈녹스빌뉴스센티널 Knoxville News Sentinel〉은 "글록은 5명의 남성과 3명의 여성으로 구성된 배심원단 앞에서 3시간 동안 자신의 설계에 대해 증언했다. 배심원단은 그의 총기 작동법 설명에 깊이 빠져든 모습을 보이기도 했다."라고 보도했다. 그의 독일어도 신뢰성을 더해

주었다. 그는 주저하지 않았고 불리한 심문에는 어리둥절한 표정으로 피해갔다. 신문은 "일부 배심원은 글록의 증언에 미소를 지었고, 그의 세련되고 경쾌한 모습에 웃음을 터트리기까지 했다."라고 보도했다.

배심원단의 판결은 별 어려움이 없었다. 그들은 90분도 안 되어 재판장으로 돌아와 글록에게는 어떤 책임도 없다는 단호한 판결을 내렸다. 완벽한 승리였다. 승리자가 된 그립 변호사는 법원 계단에서 "가스통 글록은 이 소송에서 어떤 합의도 할 생각이 없었습니다. 글록은 경찰용으로 가장 안전한 자동권총입니다."라고 말했다.

가스통 글록의 침착하고 확신에 찬 증언이 결정적이었다. 재판 후에 밥 리치는 기자에게 "배심원은 피고보다 그를 더 마음에 들어 했습니다."라고 털어놓았다. 녹스빌 경관이 경찰서의 안전기준을 위반했다는 사실도 큰 역할을 했다. 로널드 그립은 필자에게 "누군가를 죽일 생각이 아니라면 방아쇠에 손가락을 넣어서는 안 됩니다."라고 말했다. 그렇지만 모든 권총 소지자가 그 규칙을 지킨 것은 아니다.

FBI는 1990년대에 자동권총으로 모두 교체하기 전까지, 신입 요원에게 일단 권총을 꺼내면 바로 사격할 수 있도록 방아쇠에 검지를 걸어 두라고 교육했었다. 압력이 5.5kg인 리볼버는 그렇게 해도 안전했다. 많은 경찰 교관은 신입 경관에게 방아쇠에 손가락을 걸고 용의자를 추적하라고 가르쳤다. 일부 민간 사격 교관도 1990년대 초까지는 이런 방식을 선호했다.

1995년에 자동권총이 대세가 되면서 방아쇠에 손가락을 거는 행위는 절대 금기가 되었다.

몇몇 민간 사격 전문가는 글록에 쏟아지는 일방적인 찬사에 분노를 터트렸다. 마사드 아유브Massad Ayoob는 1990년 〈건스GUNS〉 9월호에 "총기 공장 광고가 울부짖는다. '글록 그 완벽함'이라고. 그렇지만 완벽함은 구체적인 기준이 없는 용어다. 나는 글록이 완벽하지 않다고 생각한다."라고 썼다.

미국에서 가장 유명한 개인 총기 교관 중 한 명으로 뉴햄프셔 외곽에서 리썰포스 인스티튜트를 운영하는 아유브는 글록을 군용과 사격 스포츠용 총기로는 칭찬했지만, 민간인이 호신용으로 가지고 다니기에는 적합하지 않다고 우려했다.

아유브의 주장은 총기 팬 사이에 많은 공감을 얻었다. 그는 시리아 다마스쿠스에서 이민 온 영국성공회교인의 손자로, 무장한 채 사업을 하는 것이 현명하다고 생각하는 전형적인 미국인의 마음가짐을 글로 옮기기 위해 20세기 후반의 그 누구보다도 많은 일을 했다. 그는 많은 책을 썼다. 그중에 《가장 심각한 극단 : 호신용 총기의 역할In the Gravest Extreme : The Role of the Firearm in Personal Protection》이 대표작이다. 그는 자연스럽게 총기를 접했다. 그는 필자에게 "집에 총이 많았습니다. 아버지의 보석 가게에도 총이 있었죠. 다른 사람에게 전화하기 위해 전화기를 두듯이 스스로 지키기 위해 총을 두는 겁니다."라고 말했다.

그는 권총 덕분에 가족 3대가 치명적인 위험을 모면했다고 말했다. 볼링장을 운영하던 할아버지는 범행을 저지르려던 무장 강도를 쏘아 상처를 입혔다. 보석상인 아버지는 어느 날 밤에 보스턴 거리에서 누군가의 공격을 받았다. 강도가 쏜 총탄이 그의 귀를 살짝 빗나갔다. 아유브의 아버지는 자신의 권총을 빼서 강도를 사살했다.

마사드 아유브 자신도 12살부터 권총을 가지고 다녔다. 그는 나중에 뉴햄프셔의 작은 마을 여러 곳에서 비정규경관으로 몇 년 동안 일했다. 위협적인 용의자를 권총으로 여러 차례 조준했지만 실제로 쏘지는 않았다. 그는 개인 교관이자 사격 대회 우승자가 되었고, 두 딸에게 사격 기술을 전수했다. 그는 필자에게 딸 하나가 자신을 성폭행하려던 남성 2명을 권총으로 쫓은 적이 있다고 말했다. 아유브는 〈건스〉의 기사에 "일반 경찰이 글록을 사용하는 것에 대해 내가 우려한 것보다 오발 사고가 적었다."라고 썼다. 그는 경찰과 시민이 각별한 주의를 기울인 덕분이라고 추측하며 말했다.

"어느 정도 지식이 있는 사람이라면 장전된 글록을 아주 조심스럽게 다룹니다."

그렇지만 주의만으로는 충분하지 않았다. 그는 "글록의 설계 중 두 가지가 마음에 걸립니다. 방아쇠 간격이 짧다는 것과 수동 안전장치가 없다는 것입니다."라고 강조했다. 글록의 공식 사양을 보면 격발까지의 방아쇠 간격은 1.3cm이고 압력은 2.3kg이다. 아유브의 계산에 따르면 실제 방아쇠 간격은 0.95cm로 더 짧다. 그는 "방아쇠 압력은 군용총기처럼 처음에는 약하다가 마지막 단계에서 강해집니다."라고 설명했다. 그는 자신의 계산에 따라 "0.25cm까지 좁혀져야 실제 압력이 느껴집니다. 0.25cm는 순식간이죠."라고 말했다.

1990년, 글록은 '뉴욕 방아쇠The New York Trigger'라는 옵션을 출시했다. 뉴욕주 경찰서는 글록 17을 구입하면서 방아쇠를 당길 때에 처음부터 강한 압력을 주는 방아쇠로 교체하라는 조건을 달았다. 교체한 방아쇠 모듈과 스프링의 압력은 처음부터 끝까지 3.6kg으로 꾸준히 유지됐다. 아유브는 자신의 소형 글록 19를 뉴욕 방아쇠로 교제한 후에 "더 편해졌다."라고 썼다. 그는 기사에서 더 무거운 방아쇠 기준을 적용하라고 조언했지만 글록은 2.3kg 정도의 압력을 유지했다.

아유브는 뉴욕 방아쇠도 충분하지 않으며 외부 안전장치를 추가해야 한다고 생각했다. 글록은 사용자에게 실제로 사격하기 전까지 방아쇠에 검지를 걸지 말라고 경고했다. 아유브는 "그렇지만 너무 단순하고 현실을 모르는 경고다. 방아쇠에서 손가락을 떼기만 하면 절대로 사고가 안 나기 때문에 안전장치도 필요 없다고 말하는데, 이건 마치 제너럴 모터스가 '안전벨트나 에어백은 필요 없어. 사고만 피하면 당신은 안전해.'라는 것과 같다. 총은 방아쇠에 손가락을 걸게 만들어졌다. 작정하고 사격할 때 글록이 아주 뛰어난 이유다. 신입경관과 강도는 물론이고 텔레비전에서도 그런 식으로 총을 쥐기 때문에 긴급 상황에서는 사고가 발생할 수밖에 없다."라고 썼다.

아유브는 "글록이 외부 안전장치와 뉴욕 방아쇠를 제대로 장착했다면, 글록의 포스터차일드 Poster Child ✥ 역할을 자원했을 것이다. 그때까지는 사격 스포츠용 총기로 여전히 좋아하고, 외부에도 가지고 다니겠지만 불안한 마음은 떨칠 수 없다."라고 글을 맺었다.

✥기금이나 자원봉사자를 모집하는 포스터에 어린아이를 등장시켜 동정심을 유발하는 전형적인 포스터.

13장
포켓로켓

1995년 6월, 〈애드버타이징에이지Advertising Age〉는 가스통 글록을 '마케팅 100인'에 선정했다. 당시 67세였던 그는 미국 총기 시장에서 가장 큰 점유율을 차지했다는 명예를 안았다. 글록은 미국 최대의 광고 산업 잡지와의 인터뷰에서 "사업 계획에 따라 법 집행기관 시장을 먼저 공략하기로 결정했습니다."라고 말했다. 그의 유창한 영어는 편집자가 윤문한 것으로 보인다. 그는 "마케팅 측면에서 법 집행기관 시장을 공략하면 민수용 시장에서 2차 판매가 일어날 것이라고 예상했습니다."라고 덧붙였다.

이 잡지는 "10년 전만 해도 미국에는 글록이 단 1정도 없었다. 현재 이 회사는 민수용 소매가격 기준으로 한 정당 평균 600달러의 가격으로 매월 2만 정 이상을 판매하고 있다. 이 자동권총은 경량 프레임, 안정성과 유지 및 보수의 편의성이 좋아 곧바로 경찰의 사랑을 받았다."라고 썼다.

회사 소개 책자에 따르면, 광고업계가 가스통 글록에게 경의를 표할 때쯤 북미에서는 이미 50만 정 이상의 글록이 사용되고 있었다. 글록의 판매량은 법 집행기관 시장에서 더 많은 이익이 나는 민수용 시장으로 이동했다. 1995년에 생산된 글록 5정 중에 4정이 민수용으로 판매되었는데 경찰용보다 훨씬 비싼 가격이었다. 그렇지만 법 집행기관 시장을 유지하고 새로운 공공계약을 맺는 것은 신뢰도와 브랜드 인지도를 높여주기 때문에 여전히 중요했다. 가스통 글록은 새뮤얼 콜트가 150년 전에 남긴 교훈을 그대로 따라서 경쟁사가 파고들 빈틈을 광고를 통해 모조리 차단했다. 〈아메리칸핸드거너American Handgunner〉의 편집장을 지낸 캐머런 홉킨스Cameron Hopkins는 "그들은 자동권총 혁명에서 다른 회사를 한발 앞섰습니다."라고 말했다.

스머나에서 진행하는 글록 교육 과정은 목요일 밤의 골드클럽 파티로 대미를 장식했는데, 이 파티는 경찰서의 사격 교관 사이에 전설적인 행사가 되었다. 파티 비용은 하루에 1만 달러까지 치솟았는데 고급 샴페인과 애틀랜타 최고의 랩댄스에 드는 비용이 많았다.

전직 법 집행기관 교관인 한 참석자는 발터와 함께 1992년 목요일 밤에 곡예를 부리는 폴댄서를 감탄하며 즐겼다고 회고했다. 그는 발터에게 그날이 자신의 생일이라고 말했다.

"그날 밤늦게 그냥 서 있었는데 누군가 내 어깨를 살짝 쳤어요. 돌아보자 바로 그 폴댄서가 있었죠. 그녀는 '칼 발터가 당신 생일이라고 말했어요. 선물이 왔어요.'라고 말했습니다. 칼은 바로 그런 사람이었죠. 마구 베풀었어요."

물론 그 선물은 완전히 합법적이었다.

글록사는 여러 방식으로 경찰서를 설득해서 구형 S&W 리볼버를 신형 글록 9mm 자동권총으로 보상 판매했다. 1993년, 인디애나의 큰 총기 도매상인 더그 키슬러의 분석에 따르면, 1992년 한 해 동안 전국의 경찰서는 20만 정의 리볼버를 글록이나 다른 회사의 자동권총으로 교체했다. 1993년 12월에 공개된 〈뉴스데이〉의 설문 조사에 따르면, 중대형 도시의 45개 경찰서 중에 2곳만 빼고 모두 자동권총으로 교체했거나 교체 중이었다. 36개의 경찰서가 교환하거나 판매한 구형 리볼버가 중고 시장에 쏟아져 나왔다.

1994년이 되자, 글록은 몇몇 도시에 새로운 제안을 했다. 1980년대 말에 구입한 글록 17을 무료로 신형 글록 17로 교환해 주겠다는 제안이었다. 중고를 신상으로, 그것도 무료로. 마다할 경찰서는 없었다.

이런 제안이 이상하게 보일 수도 있다. 글록은 왜 비싼 상품을 그렇게 풀어버린 것일까? 1994년, 워싱턴 메트로폴리탄 경찰서는 1989년에 구입한 5천 정 이상의 글록 17을 교환하기로 합의했다. 워싱턴 경찰이 받은 신형 글록은 그립에 질감을 넣어서 구형의 미끈한 그립과 차이가 있다는 것 외에는 구형과 거의 동일했다. 경찰서 대변인 조 젠틸레 경사는 글록이 공공서비스의 일환으로 소매가 3백만 달러어치의 신형 권총을 무상 제공했다고 말했다.

실제로는 좀 복잡한 사정이 있었다. 워싱턴에 글록 오발 사고가 알려지면서 언론이 그 사건을 보도하기 시작했다. 기관의 고위층은 글록을 비난하지 않았지만 일부 일선 경관은 글록에 무엇인가 결함이 있다고 불평하고 있었다. 글록이 막힌다는 보고도 있었다. 오동작과 오발은 부품의 결함이 아니라, 다른 일련의 이유 때문에 일어났다.

앞에서 설명했듯이 워싱턴은 1990년 내내 너무 많은 신입 경관을 채용하는 바람에 총기 교육이 부실해졌다. 1994년 말까지 고참 경관은 사격 연습이 필수가 아니었기 때문에 사격장에 인력의 50%도 나타나지 않았다. 훈련 부족은 오발 사고와 오동작으로 이어질 수밖에 없었다. 예를 들어, 자동권총은 그립을 손에 꽉 쥐고 손목으로 단단하게 지지하지 않으면, 반동이 흡수되지 않아서 슬라이드가 제대로 왕복하지 못할 수 있다. 이럴 경우, 탄약이 탄창에서 약실로 이동하면서 걸리거나 탄피가 배출되지 않을 수 있다. 비숙련 글록 사용자는 손목에 힘을 주지 않는 습관이 있어서 위험했다.

워싱턴 경찰 수뇌부는 글록을 옹호했다. 기술 서비스 부책임자인 막스 크루포는 〈워싱턴타임스〉에 "글록은 위험하지 않으며 작동 문제도 없습니다."라고 말했다. 그렇지만 언론의 부정적인 분위기는 경찰서와 글록 모두에 당황스러운 일이었다. 특히 글록은 미국 수도에서의 이미지에 예민할 수밖에 없었다. 1994년 10월, 야누초는 크루포에게 편지를 보내 글록을 일대일, 그것도 무료로 교환해 주겠다고 공식 제안했다. 야누초는 "이 제안은 우리 법 집행기관 고객을 위해 최선을 다하려는 것일 뿐 다른 이유는 없습니다."라고 강조하고, "워싱턴 경찰서는 가장 오랜 고객 중 하나이며 글록의 대표 고객입니다."라고 덧붙였다. 양측은 이 교환으로 글록의 선의를 분명하게 보여 주는 동시에 워싱턴 경관과 시민을 안심시킬 수 있기를 바랐다. 경찰서는 총기 교육을 보강하겠다고 발표했다.

글록이 워싱턴 경찰서와 총기를 교환한 것에는 법 집행기관 고객에 대해 최선을 다하기 위해서라거나 명성을 해칠 수 있는 잠재적 위험에 신경 쓴다는 이유 말고도 다른 속내가 있었다.

워싱턴 경찰서와의 교환 과정에서 글록은 5천 정 이상의 구형 권총뿐만 아니라 1만 6천 개의 중고 대용량 탄창도 받았다. 1994년 이후, '금지 이전'에 생산한 글록 17과 17연발 탄창 재고가 밑바닥을 보이기 시작했다.

글록은 공격용 무기 금지법이 발효되기 전까지 최대한 대용량 탄창 재고를 쌓아 두었지만, 1994년 9월 13일부터는 더 생산할 수 없었다. 금지법이 발효된 후에 총기 소유주들이 기존의 대용량 탄창을 마구 사들이면서 가격이 급등했다. 글록은 워싱턴과 코네티컷의 하트퍼드, 다른 지역 경찰서들과의 교환을 통해 금지법 시행 이전에 생산된 권총과 탄창을 긁어모아 완전히 합법적이면서도 엄청난 이익을 남겼다. 연방 금지법의 허점 덕분에 중고 플라스틱 권총과 탄창은 금값이 되었다.

총기 규제 진영은 황당한 상황을 바로 알아챘다. 1995년 4월, 반권총폭력정책센터의 조시 슈거만은 〈워싱턴시티페이퍼Washington City Paper〉에 "총기 업체도 너무 황당해서 비웃고 있습니다. 경찰이 공격용 무기 금지법을 피할 수 있도록 돕고 있습니다. 글록은 법망을 빠져나가는 방법을 최초로 찾아내 악명을 높였습니다."라고 말했다.

야누초는 글록과 도매상이 금지법의 취지를 훼손하거나 완전히 반대하는 행동을 하고 있다는 주장에 대해 분노 섞인 답변을 내놓았다. 야누초는 "금지법을 우회한 것이 아닙니다. 합법적인 테두리 안에서 이루어졌죠. 범죄 법의 정신에 대해서는 잘 모르겠지만 전부 터무니없는 비난이라고 생각합니다."라고 말했다.

지적이고 정치적으로 세련된 변호사인 야누초는 금지법의 목적을 너무나도 잘 알고 있었다. 그는 법과 진보적인 지지자를 무력화하는 기회를 즐기고 있었다. 그는 1995년 1월, 〈건위크Gun Week〉와의 인터뷰에서 법이 발효되기 전에 개인적으로 금지 대상 총기의 재고를 챙겨서 허점을 이용했다고 자랑했다. 그는 "내 인생에서 총을 가장 많이 샀습니다. 금지 목록에 오르는 것마다 구입합니다. … 꽤 많이 샀습니다. 올해는 가격이 더 올랐죠."라고 말했다.

뉴욕주환경보호국의 글록 교환 이야기는 글록의 경찰용 권총 마케팅이 얼마나 집요한지를 보여 준다. 뉴욕의 보호국 경관 260명은 정식 경찰 권한을 가지고 있으며 권총도 소지한다. 그들은 가끔 고속도로에서 다친 사슴이나 공수병 걸린 라쿤을 총으로 마무리했다. 사람과의 무력 충돌은 거의 없었다. 그런데도 1990년, 보호국은 화력 보강 움직임에 합류해 S&W .357 매그넘 리볼버를 대용량 글록 9mm 자동권총 325정으로 교환했다. 3년 정도 후에 글록의 지역 영업 담당자이자 전직 매사추세츠주 경관인 밀턴 월시가 보호국에 다시 총을 교환하자고 재촉했다. 이번에 교환할 물건은 '신형 장난감'이라고 부르는 더 강력한 글록 22 .40구경 자동권총이었다.

주 감사관은 이후의 감사를 통해 "글록은 경관의 비위를 맞추기 위해 할 수 있는 모든 것을 제공했다."라고 밝혔다. 의심을 살 만한 행위가 많았다. 월시는 보호국 고위 경관이 글록 권총을 개인 수집용으로 헐값에 구입할 수 있게 도와주었다. 1993년, 보호국은 경관에게 325정의 중고 글록 17과 탄창을 매우 싼 가격으로 구입할 수 있게 했다. 보호국 경관 상당수는 그렇게 구입한 권총을 재판매해 이익을 남겼다. 감사관은 일부 경관이 이런 내부 거래로 금지 이전에 생산된 글록을 확보하고 연방 공격용 무기 금지법 발효 후에 되팔아 이득을 봤다고 판단했다. 보호국 경관을 다 합쳐 6만 달러 이상의 이득을 취했다. 감사관은 "이런 행위는 환경보호국을 총기 슈퍼마켓으로 만들었다. 각급 경관은 무면허 총기 거래상이 되었다."라고 말했다.

공격용 무기 금지는 자동총기의 확산을 막으려는 원래 목적과 거리가 멀어졌고, 총기 산업계, 특히 글록은 훨씬 큰 이익을 얻었다. 총기 규제 진영과 의원은 총기 제조업체가 군용스타일 장총의 외양을 바꾸는 방식으로 금지법을 우회해 실제로는 동일한 모델을 계속 판매하리라고는 예측하지 못했다. 권총 제조업체는 10연발 이하의 소형 권총으로 새로운 시장을 열어 대용량 탄창 금지에 대응했다.

1995년, 글록은 9mm 글록 26과 .40구경 글록 27을 출시했다. 글록 17부터 시작된 독특한 모델 번호 체계는 총의 특징과 아무런 상관이 없었다. 신형 총열과 그립은 표준 글록보다 2.5cm가 짧았지만 사용하는 탄의 위력만큼은 확실했다. 신제품은 '포켓로켓Pocket Rockets'이나 '베이비 글록Baby Glocks'이라는 별명이 붙었다. 한 손에 잘 잡히고 주머니나 핸드백에 간편하게 넣을 수 있었다. 글록은 보도자료에서 여성용으로 최적이라고 밝혔다. 홍보자료에서는 "신변이 염려되는 사람들도 자신 있게 어두운 거리를 걸어갈 수 있다. 경찰이 사용하는 구경의 강력한 글록이 옆에서 지켜 주기 때문이다. 신형 권총은 은밀하게 소지할 수 있어서 자기방어 무기로는 최고의 선택이다."라고 주장했다.

그리고 실제로 이 마케팅이 먹혀들었다. 베이비 글록은 출시되자마자 4개월치 주문량이 들어왔다. 야누초는 미국 지사가 있는 지역의 신문 〈애틀랜타저널컨스티튜션〉과의 인터뷰에서 "너무 많은 주문이 밀려들어서 도저히 생산량을 맞출 수 없습니다."라고 말했다.

총기 산업계 전체가 범죄로 가득 찬 거리에서는 소형 권총이 최상의 선택이라는 글록의 주장을 뒷받침하는 데 나섰다. 마사드 아유브는 총기 소매상을 위한 정기간행물 〈슈팅인더스트리〉에서 "신문을 읽고, 11시 뉴스를 보고, 거리에서 일어난 끔찍한 폭력행위를 보고, 공포에 질린 고객이 매일 당신을 방문한다. 당신은 머뭇거리지 말고 고객에게 자신감을 판매해야 한다. … 고객은 공포가 불러일으킨 충동 때문에 당신의 가게를 방문한다. 그런 고객의 욕구를 충족하고 충동구매를 완성할 고급 제품을 재고로 구비해 두어야 한다."라고 조언했다.

S&W와 베레타, 다른 경쟁 업체도 그 뒤를 따랐다. 현재는 북부 캘리포니아에 있는 권총 제조업체 파라-오드넌스Para-Ordnance⊕의 공동설립자 타노스 폴리조스는 몇 년 후에 "우리 모두는 연방법에 바로 대응하기 위해 대구경의 소형 권총을 만들어냈습니다. 연방법이 10연발만 허용하는데 20연발 자동권총을 만들어 팔 수 있겠습니까? 진보진영은 의도와 달리 역풍을 맞았습니다. 평소처럼 글록이 방법을 찾았습니다."라고 회고했다.

포켓로켓의 대성공에 대해 의회의 민주당과 클린턴 행정부 말고도 글록이 고마워해야 할 상대가 있다. 1994년의 공격용 무기 금지를 둘

⊕1985년 캐나다에서 설립된 신생 업체로 파라USA로 바뀌었다가 레밍턴 아웃도어에 합병되었고 2015년에 완전히 흡수되어 브랜드 자체가 사라졌다.

러싼 논쟁과 금지법 발효에 자극을 받은 NRA는 시민이 권총을 은닉 휴대하고 쇼핑몰과 유소년 야구장 등에 마음대로 갈 수 있는 주법을 지지하는 캠페인을 전국적으로 확대했다. 교외에서 은닉 휴대하기에 포켓로켓만한 것이 없었다. NRA는 총기 업체의 메시지와 연계해서 합법적으로 무장한 시민이 범죄를 막는 최전선을 지킨다고 주장했다. 경찰은 정작 필요할 때 없다는 속설도 인용했다.

1987년 이전에는 인디애나, 뉴햄프셔, 노스다코타와 사우스다코타 등의 10개 주만이 총기 소지 권리를 인정했다. 그해에 플로리다의 NRA 활동가는 전과가 없고 총기 안전 교육을 받기로 약속한 사람은 누구나 은닉 휴대 허가를 받을 수 있게 하는 법령을 성공적으로 통과시켰다. 플로리다의 입법 투쟁은 NRA의 후원을 받아 비슷한 입법을 추진하던 다른 지역의 총기 권리 옹호 단체들까지 대담하게 만들었다. 1994년과 1995년에만 11개 주가 총기 소지권에 대한 법안을 발효했고 나중에는 28개 주로 늘어났다. NRA의 수석 로비스트인 타니아 매탁사Tanya Metaksa는 〈월스트리트저널Wall Street Journal〉에 "총기 산업계는 내게 과일 바구니를 보내야 합니다. 우리의 노력이 새 시장을 열었습니다."라고 말했다.

총기 산업의 효과적인 마케팅 수단인 총기 전문 매체도 포켓로켓의 성공에 한몫했다. 총기 잡지는 글록을 가장 긍정적으로 평가했다. 손바닥만 한 권총의 시대가 되자 처음에는 유보적인 태도를 보인 총기 전문 작가들도 결국 글록의 열렬한 팬이 되었다. 글록은 새로운 시장에서도 입지를 그대로 지켰다. 향후의 일감을 확보하려고 애쓰던 총기 전문 작가들은 글록에 의문을 품는 것보다 한편이 되는 게 안전하다고 생각했다. 〈아메리칸핸드거너〉의 편집장이었던 캐머런 홉킨스는 "당신도 알다시피 모두 먹고 살아야 하죠."라고 말했다.

1994년 공격용 무기 금지로 촉발된 구매 열풍이 지나가자, 1995년과 1996년에는 총기 산업의 전체 판매액이 정체에 빠졌다. 많은 고객이 총기를 구매하는 데 쓸 수 있는 예산을 다 써버렸다. 총기 매체는 생존하기 위해 광고가 반드시 필요했기 때문에 제조업체를 띄우려고 했다. 〈건스앤아모Guns & Ammo〉에 기고한 어떤 사람은 1995년에 총기 잡지 작가를 상대로 열린 글록의 포켓로켓 시연을 이렇게 묘사했다.

"사탕 그릇 앞에 손을 내밀고 있는 어린애 무리처럼 권총을 배분받았다."

기사를 읽는 독자는 지갑을 들고 곧바로 지역 총포상 카운터로 향하라는 단순한 메시지였다. 마사드 아유브는 〈슈팅인더스트리〉 1996년 1월호에 좀 더 거시적이고 분석적인 기사를 실었다.

"총기 시장에 드리운 불경기의 어두운 구름 사이로 밝은 두 줄기 햇빛이 쏟아진다. 한 줄기는 전국적으로 은닉 휴대를 조건부 허가하는 개정 입법의 압도적 승리다. 다른 한 줄기는 차세대 소형 권총의 등장이다. 은닉 휴대가 새롭게 허용되면 숨기기 쉬운 권총이 필요한 각계각층의 사람을 위한 새로운 시장이 열린다. 처음으로 권총을 소지할 수 있는 권리가 생기기 때문이다. 차세대 권총은 훨씬 더 친숙한 기존 시장에도 침투할 수 있다. 기존의 총기 소유주도 이전에 보유한 소형 권총보다 더 강력한 화력을 가진 소형 권총을 찾고 있다."

몇 년 전만 해도 아유브는 시민이 글록을 소지하는 것에 회의적이라고 밝힌 적이 있었다. 이제 그의 논조가 바뀌었다. 그는 소매업에 종사하는 독자에게 "신형 베이비 글록이 어떻냐고? 재고를 충분히 쌓아두기 바랍니다."라고 당부했다. 그는 다양한 기술 사양을 평가한 후에 "결국 글록은 발목과 주머니에 차는 진정한 은폐 권총의 대명사가 되었습니다. … 두 총을 모두 사격해봤는데 놀랄 정도로 반동이 적었죠. 베이비 매그넘은 물론이고 .38 스너비보다도 훨씬 사격하기 쉽습니다. 글록을 최소한 1정 이상 가지고 있는 고객이 상당히 많을 텐데, 그들 모두 신형 모델을 구입할 것입니다."라고 말했다.

아유브에게 왜 글록 마니아가 되었는지를 묻자, 그는 글록이 방아쇠 압력을 더 무겁게 만들어서, 그가 초기에 비판한 것 중 하나를 해결했기 때문이라고 대답했다. 그리고 글록은 홍보 자료를 작성해 유명한 총기 교관들과 공유하는 일에 대한 대가를 그에게 지불하기 시작했다. 그렇지만 아유브는 돈 때문에 변절하지 않았다고 강조했다.

"다른 사람들에게 그런 것처럼 글록은 내게도 잘 맞습니다."

소형 글록에 대한 그의 열정은 폭넓은 공감대를 형성했다. 글록 27 .40구경 소형 모델을 처음으로 대량 구입한 것은 조지아주 순찰대였다. 그들은 이미 사용하고 있던 글록 22 경찰용 자동권총의 보조 무기로 소형 글록 1천 1백 정을 주문했다.

1990년대 중반의 소형 권총 열풍으로, 미국의 소형 총기 산업에서는 수입품의 비율이 늘어나고 장총에 비해 권총의 판매량이 증가하는 추세가 뚜렷해졌다. 수입품이 인기를 끌면서 사냥용 소총과 샷건 대신에 사격 대회와 자기방어를 위해 만든 자동권총이 대세가 되었다.

하원 범죄소위원회의 민주당 측 자문 역이었고, 총기 산업의 역사를 비판적으로 저술한 톰 디아즈Tom Diaz에 따르면, 20세기 중반에는 미국의 국내 총기 생산에서 권총의 비중이 13% 이하였다. 샷건(45%)과 소총(43%)이 시장을 지배했다. 1960년대에 상황이 변했다. 총기 판매가 전체적으로 급증했고, 자동권총과 리볼버의 국내 생산과 수입이 늘어나면서 장총을 따라잡았다. 디아즈는 1970년대가 되자 "권총이 시장의 36%까지 성장한 반면, 소총과 샷건은 각각 32%로 떨어졌다. 이 추세는 다시는 뒤집어지지 않았다. 권총의 시장점유율은 꾸준히 상승했지만 소총과 샷건은 하락했다."라고 분석했다.

사회 자체가 바뀌고 있었다. 농촌 공동체가 위축되고, 교외 지역이 넓어지면서 사냥은 계속 줄어들었고, 사슴과 오리, 메추라기를 추적하는 전통은 젊은 세대에게 구식으로 여겨지기 시작했다. 1996년, 폴 야누초는 〈파이낸셜타임스Financial Times〉에 "이제는 할아버지와 아버지가 아이들을 데리고 들판으로 나가 사격을 가르치지 않습니다."라고 말했다. 글록의 변호사는 점점 더 산업 전반을 대표하는 대변인, 통역가 역할을 하게 되었다. 물론 글록은 취미와 생계 수단으로서 사냥이 서서히 쇠퇴하는 것에 아무런 영향을 받지 않았다. 반대로 글록과 다른 외국 제조업체들은 새롭고 차별화된 제품을 원하는 총기 소유주의 욕망에서 이익을 취했다.

1950년대 이전에는 미국에서 판매된 전체 총기 중에 수입 총기의 비중이 5%도 안 되었다. 1990년대 중반에는 세계화 추세와 글록을 비롯한 외국 브랜드의 적극적인 마케팅으로 수입 총기의 비중이 33% 이상으로 성장했다. 1996년에는 브라질과 이탈리아의 제조업체들이 글록에 정복당했다. 글록은 미국에 21만 3천 정을 수출해 권총 수입 업체의 정점에 처음으로 이름을 올렸다.

14장
나의 길을 가련다

기업은 영혼이 없는 대신 경영진의 성격을 반영하기 마련이다. 복잡한 성격의 가스통 글록이 경영의 전반을 결정했으니 회사의 성격도 복잡했다.

글록에게 반감을 가진 사람조차도 그의 열정과 집념에는 의문을 표시하지 않는다. 그는 중년에 들어서서야 진정으로 혁신적인 권총을 설계할 기회와 야망을 발견했다. 그 후에 자국산 총기를 사랑하는 미국에 도전해서 확실한 성공을 거뒀고, 아무도 그의 성공에 반박하지 않았다.

과연 글록은 미래를 예측하고 미국의 총기 시장을 제대로 이해한 엔지니어였을까? 그와 그의 참모들이 그의 과거 이미지를 그런 식으로 만들었다. 그것도 아주 잘 포장했다. 1850년대의 새뮤얼 콜트도 자신을 신화로 포장해 권총과 연결시켰다.

그렇지만 더 현실적인 관점에서 보면, 글록은 순간의 기회를 잘 잡은, 운이 좋은 사람에 가깝다. 그는 발터라는 능력 있는 마케터를 고용할 정도의 양식이 있었다. 발터는 계약을 맺기 위해 수단과 방법을 가리지 않았다. 가스통 글록은 처음에는 오스트리아 이외의 세상에 대해 아무런 생각이 없었다. 그는 라디에이터 공장의 지역 관리자에서 세계를 누비는 사업가로 성장했다. 유명인사를 만나고, 전용 제트기를 타고, 손짓과 전화로 친구를 불러 모았다. 손님에게는 바티칸에서 요한 바오로 2세와 악수하는 사진을 보여 주며 친분을 과시했다. 할리우드와의 접촉은 미국에서의 그의 지위에 대한 감각을 왜곡시켰다.

1990년대 중반, 로스앤젤레스의 영화 소품 책임자는 글록에게 샤론 스톤을 소개했고, 글록은 우아한 여배우를 위해 권총 1정을 선물로 준비했다. 스톤은 일주일 후에 글록에게 꽃다발을 보냈다. 선물에 감사한다는 일반적인 답례였다. 당시 60대 중반이었던 글록은 스톤과의 인연이 너무 기쁜 나머지 다시 로스앤젤레스를 방문했을 때, 웨스트코스트 지역의 영업 담당자와 함께 예고 없이 스톤의 집으로 갔다. 스톤은 나타나지 않았고 글록을 집으로 들이지도 않았다. 결국 그는 차를 타고 되돌아갔다. 당황스러운 해프닝이 스머나에 전해졌고 직원들에게 가장 인기 있는 뒷담화거리가 되었다.

창업주의 우스꽝스러운 허세에도 불구하고 회사는 계속 성장했다.

글록은 70%에 가까운 이익률을 자랑하는 궁극의 현금인출기를 가진 셈이었다. 하버드 경영대학원의 사례연구가 보증하는 성과였다. 글록은 의사를 결정하는 데 그다지 비밀스럽진 않았다. 그러나 그가 어떻게 이런 일을 해냈는지 아는 외부인은 거의 없었다.

사업을 하다 보면 자주 있는 일이지만, 회사와 경영자는 시간이 지나면서 이익에 대한 압박을 받아 도덕적으로 아슬아슬한 지경까지 나아가게 된다. 글록은 공격용 무기 금지법에 교활하게 대응했고, 국회의원과 규제당국의 허를 찌르는 교묘한 제조업자의 표본이 되었다.

가스통 글록은 '글록 그 완벽함'이라는 슬로건을 진심으로 믿었다. 그의 회사는 글록의 성격대로 냉정함, 확신, 심지어 오만함을 보였다. 글록은 공개석상에 나서면 녹스빌 배심원에게 증언할 때처럼 매력을 발산했다. 그렇지만 사람들을 멀리하고 잘난 척할 때가 있었다. 독일어를 구사하는 본사의 참모들 앞에서는 미국 지사에 대해 미국인이라는 이유 하나만으로 노골적인 혐오를 드러냈다. 그는 무능력하거나 바보 같거나 도둑질하는 사람을 통틀어 '미친 사람'이라고 부르며 세상에 미친 사람들이 넘쳐난다고 불만을 터트렸다.

글록은 자비가 없는 경영자였다. 어느 날, 그는 미국 지사의 인사과장인 모니카 베레츠키Monika Bereczky를 불러들였다. 헝가리계로 루마니아에서 태어난 베레츠키는 독일어가 유창했고 몇 년 동안 글록 부부의 비공식 비서 역할을 했다. 그는 그녀에게 "매일 아침마다 잘못을 저지른 사람들의 머리를 때리게."라고 지시했다.

베레츠키는 애틀랜타에서 낮에는 호텔 컨시어지로 밤에는 고급 해산물 레스토랑에서 종업원으로 일하다가, 1995년에 가스통 글록을 처음으로 만났다. 글록은 가끔 호텔에서 머무르고 레스토랑에서 식사를 했다. 그는 창백한 안색과 짙은 색 단발에 날씬하고 젊고 매력적인 베레츠키에게 말을 걸었다. 그녀는 "친절한 노인이 독일어로 말을 걸며 관심을 보였습니다."라고 회고했다.

그녀는 소련 체제가 붕괴하자 1989년에 루마니아를 떠났다. 그녀는 무용수 출신이었던 이혼한 어머니를 따라 미국에 도착했다. 어머니와 딸은 애틀랜타의 어둡고 벌레가 들끓는 아파트에 살았다. 베레츠키는 7일 내내 오전 5시부터 늦은 밤까지 일했다. 글록은 그녀와 몇 번 대화를 나눈 후에 스마냐의 공장으로 초대했다. 어머니는 글록이 불순한 의도를 가졌다고 의심했고 딸에게 가지 말라고 말렸다.

베레츠키는 심하게 갈등했다. 그녀는 당시 20대 중반으로 권총이나 총기 산업에 아예 무지했고 배울 생각도 없었다. 그렇지만 보다 나은 삶을 원했고 글록이 자신을 제대로 대접한다고 느꼈다. 그녀는 "도저히 싫다고 할 수가 없었어요."라고 말했다.

그녀는 회사를 견학한 후에 관리직 입사 제안을 받아들였다. 업무는 인사관리로 확장되어 일반 직원을 고용하거나 해고하는 일을 하고 행정 서류를 다뤘다. 글록은 그녀에게 취업 비자를 주선해 주었고, 시민권을 얻은 어머니와 함께 미국에 머무를 수 있게 해 주었다. 급여도 호텔과 레스토랑 일에 비해 후했고 근무시간은 비교할 수도 없이 좋았다.

처음에 베레츠키는 글록의 측근이 되어 기뻤다. 글록은 스머나를 방문하면 그녀와 함께 산책을 하며 다른 직원의 근무 태도에 대해 은밀한 대화를 나누었다. 글록은 독일어를 하는 다른 부하 직원에게서도 정보를 얻었는데, 이는 미국인 직원의 반발을 샀다. 베레츠키는 "미국인들은 나를 싫어했죠. 그건 글록 씨가 좋아하는 방식이었어요. 우리는 독일어로 대화했어요. 미국인들은 멍청했죠."라고 털어놓았다.

동료들은 그녀를 정보원이라고 부르며 글록과의 관계에 대한 소문을 퍼트렸다. 글록은 날씬하고 젊은 그녀에게 애정을 드러내 악소문을 부추겼다. 그녀는 "그는 회의실에서 나올 때 내 허리에 손을 두르곤 했죠. 그는 웃음을 터트리며 나를 소유했다는 것을 과시했어요. 나는 바보 같았어요. 자리와 비자를 지키고 돈을 벌기 위해 참았는데 그리 나쁘지는 않았습니다."라고 말했다. 베레츠키는 글록의 노골적인 접근을 거절했고 절대로 성관계를 갖지 않았다고 말했다.

"미국인들이 나를 머리가 비고 헤픈, 글록의 여자로 여기는 것이 너무나도 싫었어요."

그녀의 업무는 완전히 다른 두 방향으로 발전해 나갔다. 사내에서 중요한 업무를 맡고 영향력이 강해진 동시에 완전히 개인적인 심부름을 했다. 글록 부부는 애틀랜타의 부동산을 사들였는데 그중에는 비닝스Vinings라는 부자 동네의 고급 주택도 있었다. 글록이 애틀랜타에 오면 베레츠키가 집을 청소하고, 음식을 준비하고, 침구를 정리하고, 베개에 사탕을 놓았다. 그는 한밤중에 그녀를 불러 텔레비전 리모컨의 건전지나 세면도구를 가져오게 했다. 그녀가 오면 글록은 속옷 차림으로 있곤 했다. 그녀는 "내가 반나체 상태의 그를 보고 어떤 반응을 보이기를 기대했는지 모르겠어요. 나는 그저 가능한 한 빨리 빠져나가고 싶었을 뿐이에요."라고 회상했다.

그녀가 그의 추파를 거부하거나 주저하자, 글록은 그녀에게 자신과 교제하는 다른 여성들의 시중을 들게 했다. 베레츠키에 따르면, 몇 년 동안 여러 명의 여성에게 점심을 대접하거나 애틀랜타의 고급 상점에서 쇼핑을 에스코트했다. 그녀는 가끔 난처한 상황을 겪었다. 하루는 베레츠키가 글록의 여성 친구 한 명을 삭스 피프스 애비뉴 백화점에 에스코트했는데, 글록의 아내 헬가가 애틀랜타에 와서 같은 곳에 가고 싶어 했다. 베레츠키는 삭스에 다시 가는 것이 걱정되었지만 헬가를 다른 곳으로 유도할 핑계가 도무지 떠오르지 않았다.

"또 오셨네요!" 삭스 직원이 베레츠키를 반겼고, 그녀는 직원에게 조용히 하라고 다급하게 신호를 보냈다. 헬가는 두 사람 사이의 이상한 기류를 눈치채지 못했고, 쇼핑은 별다른 문제 없이 끝났다.

✎✎✎

가스통 글록은 고급스러운 여행을 즐겼고 골드클럽을 방문해 수천 달러를 썼다. 그의 여성 친구들은 애틀랜타의 가장 비싼 상점에서 마음껏 돈을 썼다. 그러나 부하 직원이 그가 불필요하다고 생각하는 사무용품을 구입하면 불같이 화를 냈다. 그중 회사의 전설로 남은 일이 있었다.

스머나의 경영진 사무실의 프런트데스크 안내원이 전화 응대를 잘하려고 29달러짜리 헤드셋을 구입하자 글록은 분노를 터트렸다. 그는 "오스트리아 본사는 손으로 전화를 받는다고!"라며 울부짖었다.

미국 직원은 당연히 그의 방문을 두려워했다. 글록과 수행원이 탄 BMW와 메르세데스 행렬이 회사 주차장에 들어서면 직원들은 안절부절못하며 말했다.

"글록 씨가 왔다. 글록 씨가 왔어!"

글록은 훌륭한 제품 설계, 그리고 그의 눈 밖에 나지 않으려는 사람들의 두려움 덕분에 엄청난 돈을 벌어들였다. 조용한 엔지니어였던 그는 점점 떠버리 변덕쟁이로 변했다. 전직 미국 영업 관리자는 그가 처음 오스트리아에 출장을 갔을 때 가스통 글록이 빈 공항에 직접 마중을 나왔다고 회상했다.

"그는 상당히 겸손했습니다. 그런 사람이 곧 뉴스가 자신에 대해 보도하는 대로 마구 행동하기 시작했지요."

✎✎✎

발터는 미국 지사의 최고경영자로 승진했고, 성공적으로 마케팅을 지휘했다는 것에 대해 엄청난 자부심을 가졌다. 가스통 글록은 모두가 자신의 부하 직원이라고 강조했지만, 발터만은 한동안 특별한 지위를 누렸다. 도이치-바그람의 본사에 방문하는 직원은 알아서 점심을 먹었고, 가스통 글록은 집에 가서 아내가 준비한 점심을 먹었다. 발터는 글록과 함께 헬가가 준비한 고기와 빵, 맥주를 먹었다. 글록 부부는 그를 벨덴의 가족 빌라에 초대해 근처의 큰 연못에서 함께 수영하곤 했다. 글록 부부는 애틀랜타를 방문하면 교외에 있는 발터의 집에서 지내곤 하다가, 1980년대 말 이후에 고급 주택을 구입했다.

그렇지만 성공은 우정을 좀먹었다. 발터는 "미국 지사가 합병된 다음날 계약에 서명했습니다. 일년에 겨우 5만 달러의 연봉, 그리고 순이익의 작은 비율을 보너스로 받았죠."라고 회고했다. 정확한 액수를 밝히지 않았지만 회사를 잘 아는 사람에 따르면 1%라고 한다. 발터는 "회사의 수익이 1억 달러 정도 되면, 이 작은 비율도 굉장한 금액이 되지요."라고 말했다. 그는 글록 덕분에 부자가 되었다. 그는 "처음에는 글록과 아무런 문제가 없었어요. 그런데 동료와 경영진 일부가 나를 질투하기 시작했습니다."라고 말했다.

빈 본사의 마케팅 책임자인 볼프강 리들은 오스트리아의 경영진이 점차 질투하더니, 발터의 급여가 자신들에 비해 너무 많다고 불만을 표시하기 시작했다고 회상했다. 발터는 "그들은 '발터가 너무 많은 돈을 받고 있습니다. 나도 받고 싶습니다.'라며 글록의 옆구리를 찔렀습니다. 그들은 수입 대부분이 미국에서 발생한다는 사실을 인정하지 않았습니다."라고 말했다. 그리고 발터는 자신의 능력 때문에 질투를 받았다고 생각했다. 리들은 "발터는 회사가 자기 없는 미국에서 살아남을 수 없다고 확신했죠."라고 말했다.

리처드 펠드먼은 돈보다 지나친 자존심이 문제였다고 보았다. 그는 1992년 뉴올리언스의 SHOT 쇼에서 가스통 글록을 처음으로 만났다. 글록 부스는 3년째 인파가 몰려들었다. 펠드먼은 "모든 사람이 글록을 유명인사로 대우했고, 그도 그런 대우를 즐겼습니다."라고 말했다. 그는 발터의 급여에 대한 회사 내 반응을 알고 있었는데, 쇼에서 글록사가 산업을 대표하는 상을 받았을 때 발터가 수상자로 무대에 올라가는 것을 보았다. 펠드먼은 큰 실수라고 생각했다. 글록은 자신이 주목받지 못해 화가 났다는 것을 몸짓으로 드러냈다. 펠드먼은 "절대적인 규칙 첫 번째, 돈을 지불하는 사람에게 모든 영광을 돌려야 합니다."라고 말했다.

1992년 말, 스머나를 방문했을 때 글록은 급여 외 보상을 대거 삭감한 새로운 계약을 발터에게 제시했다. 그는 발터를 백만장자로 만들 생각이 없었다. 발터는 깜짝 놀라며 거절했다. 그와 그의 아내 팸은 7년 동안 글록 자동권총과 한 몸이 되어 살았다. 이 모든 희생에 이런 보상이라니? 부자로 만들어 주었는데 배신을 하다니?

글록은 조금도 양보하지 않았다. 발터는 "그는 내게 최후통첩을 했죠. 받아들이든지 아니면… 나는 '아니면'을 선택했습니다."라고 말했다. 글록은 바로 발터를 해고했다. 미국에서 글록을 설립하고 성공시켜 매우 유명해진 바로 그 남자를 말이다.

발터는 "해고를 믿지 못했죠. 글록에 모든 노력을 기울였을 뿐만 아니라 내가 업계 최고의 인력을 직접 모아 글록을 성공시켰으니까요."라고 말했다. 발터는 미국 총기 산업에서 중역과 컨설턴트로 계속 일했지만 글록에서 누렸던 것만큼의 영광을 다시 누리지는 못했다.

이후 11년 동안, 가스통 글록은 미국 영업 관리자를 7명이나 교체하게 된다. 회사에서 지나치게 두각을 드러내는 것은 자살행위였다. 오래 재직한 직원은 겸손이 최선이라는 것을 알게 되었다.

볼프강 리들은 글록의 유럽 지사 하나를 맡으려는 자신의 목표가 헛된 꿈이라는 것을 깨달았다. 글록은 자식에게 경영권을 넘겨주고 싶어 했다. 리들은 해고되기 전에 알아서 떠났고, 결국 아시아에서 정부를 상대로 무기를 중개하는 독립 중개상으로 성공했다.

✎✎✎

분노한 발터가 떠나자 회사 내에서는 또 다른 인물이 수면 위로 떠올랐다. 샤를 마리 조제프 에베르트Charles Marie Joseph Ewert는 1985년에 가스통 글록을 만났다. 글록이 룩셈부르크에 가서 지주 회사(유령 회사)를 설립할 때 에베르트는 제조업체의 부분적인 소유주로 이름을 올렸다. 룩셈부르크는 지주 회사의 수입이나 자본 이익에 과세하지 않았기 때문에 다양한 합작회사의 조세 피난처로 유명했다. 룩셈부르크에서는 유령 회사를 통해 사업 수익이나 개인 재산에 대한 과세를 피하는 것이 합법적으로 가능했다. 그렇지만 미국을 비롯한 다른 지역에서는 룩셈부르크의 유령 회사를 통한 조세회피가 탈세로 간주될 수 있었다.

샤를 에베르트는 이런 수상쩍은 사업으로 돈을 벌었다. 그는 부자들을 상대로 투자 자문을 하고 룩셈부르크 증권거래소에서 일했다. 글록은 에베르트에게 과세 부담을 최소화하는 동시에 회사를 확장하고 싶다고 말했다.

에베르트는 "내가 적임자입니다."라고 말했다. 글록은 1995년의 법정 증언에서 에베르트와의 관계를 질문받자 변명하듯이 설명했다.

"나는 기술자이지 세일즈맨이 아닙니다. 경험도 없고 영어도 못해서 나 대신 자동권총을 판매할 협력자를 찾아야 했습니다."

에베르트는 세일즈맨이나 전통적인 사업 파트너가 아니었다. 판단이 빠르고 다국어에 능한 그는 전 세계에 인맥을 가지고 있었다. 중남미에서의 활동으로 '파나마 악바리Panama Charly'라는 별명이 붙었다. 그리고 그는 재무 해결사였다. 그는 글록의 요청에 따라 미국과 오스트리아의 세무 기관과, 고수익 총기 회사를 상대로 소송을 준비하는 미국의 제품 책임 전문 변호사의 위협에서 총기 사업을 보호하기 위해 유령 회사들을 그물망처럼 만들었다. 가스통 글록은 에베르트의 도움을 받아 레오핀 인터내셔널Reofin International이라는 파나마 유령 회사를 사들였다. 레오핀은 다시 에베르트가 소유한 룩셈부르크 법인인 유니페이턴트 홀딩스Unipatent Holding를 사들였다. 유니페이턴트는 글록의 수익 대부분을 벌어들이는 미국 지사의 주식 50%를 받았다.

미국 총기 판매액의 절반이 글록이 공동소유했다고 알려진 유니페이턴트로 흘러들어 갔다. 실제로는 글록이 파나마의 유령 회사를 통해 유니페이턴트를 지배하고 있었다. 이런 복잡한 지배 구조 때문에 글록사를 대상으로 한 자금 추적은 더 어려워졌다.

에베르트는 아일랜드, 라이베리아, 퀴라소Curaçao⊕에도 글록의 유령 회사를 만들었다. 유령 회사는 다양한 서비스 명목으로 오스트리아의 글록 본사와 중남미와 홍콩에 설립된 사무실에 청구서를 보냈다. 글록은 다양한 회사를 소유한 뒤 내부 거래를 해서 상대적으로 조세부담이 큰 오스트리아와 미국에 신고할 이익을 크게 줄였다. 많은 기업이 이와 비슷한 방식으로 조세부담을 줄이려고 한다. 맨해튼의 유명한 법무 회사의 조세 전문 변호사도 기업의 세금부담을 줄이는 데 전력을 기울인다. 전자이든 후자이든 합법 여부를 판단하기 힘들 때가 있다.

자신의 자동권총과 상업적 성공에 대해서는 자신감이 가득한 가스통 글록도 에베르트가 구축한 유령 회사 집단에 대해서는 매우 소극적인 태도를 보였다. 1990년대의 미국 민사소송에서 그는 복잡한 소유권 구조에 대해 집요한 질문을 받았다. 그는 별 도움이 안 되는 답변을 늘어놓았고, 글록사가 유니페이턴트의 절반을 완전히 지배하는 것 같아 보이는데도 자신은 소유하지도 않았고 소유자도 모른다고

⊕ 네덜란드의 작은 자치국으로 인구 15만 명 규모다.

여러 번 증언했다. 뉴저지주 법원에 제기된 슐츠 대 글록 상해보상 소송에서는 이런 질문을 받았다.

"그럼 글록 소유자는 누군지 아시나요?"

그는 "글록사는 글록 오스트리아와 유니페이턴트 소유입니다."라고 대답했다.

"유니페이턴트 소유자는 누구입니까?"

"모릅니다."

"그 법인에 소유권 이해관계가 조금이라도 있습니까?"

"없습니다."

사실, 레오핀 인터내셔널이 유니페이턴트를 소유했고, 가스통 글록이 레오핀을 소유했다. 글록은 중증의 선택적 기억상실을 앓았거나 자산을 추적하려는 원고 측에게 정보를 주고 싶지 않았던 모양이다. 글록사는 소송에서 거의 패소하지 않았기 때문에 이 쟁점은 대체로 탁상공론에 그쳤다.

그렇지만 글록은 직원들에게는 파나마 악바리와의 관계를 숨기지 않았다. 스머나의 중역들은 에베르트를 오스트리아 본사의 이사나 전무이사라고 불렀다. 에베르트는 가끔 미국으로 가서 가스통 글록을 만나기도 했다. 스머나의 직원들은 에베르트의 귀족적인 취향 때문에 "공작님"이라고 부르며 조롱했다.

1990년대 말에 글록사에서 영업 관리자로 짧게 근무했던 플로리안 델트겐Florian Deltgen도 에베르트에 대한 소문을 잘 알고 있었다. 룩셈부르크 출신인 델트겐은 총기 회사에서 간부급으로 오래 일했다. 그의 아버지는 수십 년 전에 에베르트를 컨설턴트로 고용했다가 바로 해고했다. 델트겐은 필자에게 "룩셈부르크에서는 샤를 에베르트를 도둑놈이라고 부릅니다."라고 말했다. 델트겐은 가스통 글록과 불화가 생기면서 퇴사했기 때문에, 글록과 에베르트의 관계에 대해서는 자세한 내막을 모른다고 솔직하게 말했다. 그렇지만 그는 도둑놈과 일하면 거꾸로 당할 수 있다는 것은 확실하게 알고 있었다.

글록이 미국 총기 산업에서 계속 승전보를 올리면서 정규 행사도 더 정교해졌다. 골드클럽의 샤론 딜런은 댈러스 카우보이스의 치어리더들에게 밀려났다.

1990년대 중반의 몇 년 동안, 내셔널풋볼리그NFL 최고의 섹스 심벌들이 가슴만 가린 상의와 아주 짧은 흰색 핫팬츠를 입고 글록 SHOT 쇼를 빛냈다. 초대를 받아야 입장할 수 있었던 손님은 두터운 스테이크나 고가의 랍스터를 먹으며 쇼를 즐겼다. 총기 산업 종사자는 이전에 그런 화려한 쇼를 본 적이 없었다. 젊고 활기 넘치는 카우걸스는 시끄러운 팝 음악을 배경으로 높이 발을 차올리거나 몸을 흔들었다. 그들은 무대를 누비며 손님들을 앞으로 끌어모았다.

NRA의 변호사이자 산업 로비스트였던 로버트 리커Robert Ricker는 암으로 세상을 떠나기 전에 가진 인터뷰에서 "가스통 글록은 그 세계에서 왕이었다. 여성과 총과 돈과 술, 그 모든 것의 중심에 오스트리아 엔지니어가 있었다."라고 말했다.

글록 파티는 몇 년 후 전형적인 미국식 파티에서 이국적인 터키풍으로 바뀌었다. 글록은 SHOT 쇼의 유흥거리로 오스트리아 밸리 댄서를 데려왔다. 글록은 빈에서 그녀의 춤을 보고 반했다. 그녀는 1990년대 말에 미국에 방문할 때마다, 비닝스에 있는 글록의 집 지하 체육관에서 며칠 동안 연습을 했다. 베레츠키에 따르면 글록은 그곳에 댄스 바와 벽 높이의 거울을 설치했다고 한다.

총기 마니아들은 중동 스타일의 유흥에 뜨거운 환호를 보냈다. 리커는 "터키의 하렘 음악과 밸리 댄서에게 쏟아지는 스포트라이트를 즐겼습니다. 많은 사람이 그게 장난인지 아닌지 몰랐죠. 하지만 그건 글록 파티였고 그냥 즐겼습니다."라고 회상했다.

리커는 가스통 글록과 인연을 맺으려던 펠드먼과 함께 ASSC에서 한동안 일했다. 글록은 야누초의 추천을 받아 스머나에서 출하하는 권총 1정당 1달러를 ASSC에 기부하기로 했다. 글록의 연간 기부액은 12만 달러 이상으로 늘어났다. 펠드먼에 따르면 ASSC가 한 기업에서 받은 기부금으로는 최고액이었다.

펠드먼은 가끔 글록과 함께 골드클럽으로 가서 과묵한 글록의 기분을 풀어주었다. 일부 댄서는 돈에 구애받지 않는 거물을 알아보고 무대로 불러올려 박수를 받게 했다. 어느 밤, 글록은 대학 유니폼 스타일에 댄서의 서명이 들어간 재킷을 받았다. 야누초에 의하면 다른 날에는 댄서가 글록의 생일을 축하하려고 그를 무대로 불러서 장난스럽게 사각팬티, 검은 정장 양말, 구두까지 벗겼다. 그는 댄서가 자신의 셔츠와 바지를 벗기는 것을 도우며 내내 활짝 웃고 있었다. 이제 글록은 더 이상 빈 외곽에서 라디에이터 공장을 운영하던 사람이 아니었다.

✄✄✄

오스트리아에서는 글록의 직원과 추종자들이 그의 생일을 "글록마스 Glockmas"라고 부른다. 유명인이 얼음 조각품을 증정하고 축배로 생일을 축하한다. 샴페인, 나무 술통에 담긴 와인에 넓게 편 비너 슈니첼, 얇은 페이스트리로 감싼 소시지와 다른 오스트리아의 전통음식이 곁들여져 나온다. 그리고 글록은 농노에게 축복을 내리는 영주처럼 참석자에게 감사 인사를 한다.

글록은 카린시아Carinthia⊕ 남부의 벨덴에서 점점 더 많은 시간을 보냈다. 벨덴은 수상 스포츠를 즐길 수 있는 휴양지, 값비싼 보석 상점, 레스토랑과 고급 호텔이 있는 오스트리아와 독일 부자들의 명소다. 한때 수줍은 엔지니어였던 그는 황제처럼 지냈다. 그는 오만하고 자부심이 넘쳤으며 사람들의 존경을 원했다. 글록의 중역이었던 볼프

⊕ 오스트리아 남부의 케른텐주를 이른다. 라틴어 이름인 카린시아라고 부르기도 한다. 아름다운 경치로 유명한 관광 명소다.

강 리들은 "부자가 되어 미국에 가면 자신이 그곳에서도 유명하다는 것을 알게 되고 사람이 변합니다. 갑자기 모든 사람이 글록의 마음에 들려고 하죠. 그는 자신이 중요한 사람이라고 생각해요. 어쨌든 중요한 인물이긴 하죠."라고 말했다.

글록은 많은 손님을 접대하게 되어서, 더 이상 혼자서 점심을 먹으며 손님을 방치할 수 없었다. 그는 화려한 저녁 식사를 마련하고 그의 빌라가 있는 언덕 아래의 크고 아름다운 뵈르트Wöthersee 호수에서 간부 직원을 태우고 보트 유람을 했다. 종종 보트가 호수 옆의 카지노로 향할 때가 있었다. 글록 일행이 들어서면 카지노 관리자는 재즈 밴드 지휘자에게 신호를 보냈고 밴드는 연주하던 음악을 멈추고 대기했다. 잠깐의 정적이 흐른 후에, 밴드는 금관악기로 프랭크 시나트라✙의 〈마이웨이My Way〉를 연주했다.

플로리안 델트겐은 "이 노래에서 '나는 내 길을 갔다I did it my way.'라는 소절은 글록의 테마였습니다."라고 설명했다. 가스통 글록이 예약석에 앉으면 카지노 직원들이 1명씩 인사를 했다.

글록의 성인 자녀 3명은 가까운 곳에 살았지만 아버지의 사회생활이나 사업과 잘 맞지 않았다. 아버지는 자식들에게 길고 무서운 그림자를 드리웠다.

✙ 20세기 미국 대중음악을 대표하는 가수이자 영화배우. 그의 노래 중에는 〈마이웨이〉가 가장 유명하다.

첫째인 브리짓은 비교적 외향적이었지만 글록은 그녀에게 낮은 직책의 사무 업무만 맡겼다. 그녀는 아버지가 자신을 개인 노예처럼 취급한다며 쓸쓸한 농담을 했다. 그녀는 한동안 글록의 마케팅 중역과 결혼 생활을 했다.

둘째인 가스통 주니어는 회사에서 엔지니어로 근무했지만 중책은 맡지 않았다. 그는 내성적이고 겸손했으며 자신을 드러내지 않았다.

막내 로버트는 확신에 찬 멋쟁이였다. 그는 새까만 머리를 매끈하게 뒤로 넘기고 수제 가죽 재킷을 즐겨 입었다. 글록은 로버트를 전시회 책임자로 파견했고, 한동안 미국 지사의 대표를 맡겼다. 그렇지만 글록은 결국 로버트를 다시 오스트리아로 불러들였다. 로버트는 회사 내에서 영향력을 발휘한 적이 한 번도 없었다. 미국인 중역은 그가 없는 자리에서 대놓고 비웃거나 아버지의 처분을 안타까워했다.

델트겐은 로버트를 난폭한 운전자로 기억했다. 지역 수리공이 늘 그의 스포츠카를 고치고 있었기 때문이다. 로버트는 총기를 들면 무척 위험해졌다. 델트겐은 "미국 직원과 함께 도이치-바그람을 방문했을 때 로버트가 글록의 최신 모델을 보여 줬습니다. 갑자기 총이 발사되었고 우리는 바닥에 엎드렸지요."라고 회상했다.

✎✎✎

골수 사회당원이었던 가스통 글록은 오스트리아의 우익 자유당의 본진인 카린시아의 정치적 유력자들과 결탁했다. 이 지역 주민은 이민자에게 적대감을 보였고 제3제국Third Reich✠을 그리워했다. 자유당의 카리스마 넘치는 리더인 외르크 하이더Jörg Haider는 몇 년 동안 카린시아 주지사를 지냈는데, 1990년대에 친나치 발언을 계속해 국제적으로 악명을 떨쳤다. 그는 정예 무장친위대SS✠✠를 상남자라 칭송하고 히틀러의 '질서 있는 고용 정책'을 지혜롭다고 떠받들었다.

한번은 야누초가 오스트리아로 출장 갔을 때, 글록이 그에게 저녁 식사 전에 맥주 한잔 하면서 지역의 친구들을 만나자고 말했다. 야누초는 "글록이 데려간 레스토랑은 어수선하고 시끄러운 분위기였고 주인공이 도착하자 최절정에 달했습니다. 주인공은 바로 외르크 하이더였어요. 그는 우리와 악수하고 인사말을 나눴습니다. 그곳은 비어홀 폭동✠✠✠의 재림이 따로 없었죠." 야누초는 하이더 무리와 섞이기 싫어서 밖으로 나가기로 했다며 "이스라엘이 하이더와 그 무리를 크루즈 미사일로 끝장낼지도 모르니까요."라고 말했다.

이후 몇 년 동안, 글록은 오스트리아 언론이 자신을 자유당과 연결시키는 보도를 하자 극구 부인했다. 그렇지만 직원 여러 명이 그와 하이더의 교류를 알고 있었다.

✠ 히틀러 치하의 나치 독일(1933~1945년).
✠✠ 국가사회주의 독일노동자당과 히틀러의 경호 조직에서 출발해 정규군으로 확대되었다. 잔인한 전쟁범죄를 저질러 지금도 처벌과 비난의 대상이다.
✠✠✠ 뮌헨폭동이라고도 부른다. 1923년 히틀러는 폭동을 일으켰다가 군부의 반대로 실패했다. 히틀러는 체포되었다가 9개월 만에 석방되었다. 이 기간에 《나의 투쟁》을 집필했다.

1990년대 말이 되자, 가스통 글록은 총기 사업으로 천만장자가 되었다. 재산 대부분은 그가 개인적으로 소유한 유령 회사에 감춰져 있었다. 그 때문에 전체 재산의 정확한 규모를 예측하기 어려웠고 지금도 그렇다. 글록사Glock GmbH의 주식은 비상장이어서 주가가 없다. 총기 산업을 잘 아는 중역과 투자자들의 계산에 따라 보수적으로 가치를 매긴다면 글록과 자회사는 5억 달러 정도의 가치가 있다. 글록은 애틀랜타와 오스트리아 남부에 수천만 달러 이상의 부동산을 구입했다. 그는 천만 달러 이상의 기업 전용기 2대를 가지고 있고 오스트리아 전역으로 운항하는 헬리콥터 한 대(3~4백만 달러 추산)를 가지고 있다. 그리고 고가의 품종마도 여러 마리 소유하고 있다. 그가 얼마나 많은 현금을 은닉했는지는 알 방법이 없다.

그렇지만 이렇게 엄청난 재산에도 불구하고 그는 돈을 별스럽게 지출했다. 사치스러운 생활을 전혀 편안해하는 것 같지 않았고 촌스러운 허세를 부렸다.

미국 지사의 간부가 벨덴으로 출장 오면 글록은 종종 자신의 빌라에 머물게 했다. 분홍과 흰색의 이탈리아산 대리석으로 장식하고, 크리스털 샹들리에가 번쩍이고, 무거운 비단 커튼이 드리워진 거대한 빌라였다. 건축비만 수백만 달러가 들었지만 손님은 흑색과 은색이 촌스럽게 섞인 도어 매트에 구두를 털었다. 정문 안에는 누렇게 시들어가는 화초가 있었다. 응접실에는 값비싼 흰색 소파와 긴 의자가 많았지만 몇 개는 얼룩이 묻지 않게 투명한 비닐로 덮어두었다. 거실 소파 하나에는 현란한 가짜 표범 가죽이 걸쳐져 있었다. 객실 침대에는 분홍색 소화제인 펩토 비스몰과 같은 색의 미끄러운 실크 시트가 깔려 있었다. 글록은 실크의 품질은 신경 쓰지 않았다.

방문객에 따르면, 글록은 창문이 없는 지하실에서 많은 시간을 보냈다. 그는 이 지하 벙커에서 빌라의 보안 카메라와 경보, 에어컨, 엘리베이터를 전부 조작할 수 있었다. 심지어 위층에 있는 여러 개의 욕실 바닥 타일의 온도까지 설정할 수도 있었다. 야누초는 "그는 아래로 내려가 몇 시간 동안 혼자 머물렀습니다."라고 말했다.

글록은 저택에 청소부와 컴퓨터 기술자 외에는 다른 인부를 두지 않았다. 그는 BMW를 운전했는데 8만 달러짜리 BMW를 롤스로이스나 벤틀리로 바꾸지 않았다. 그는 고급 레스토랑에 자주 들렀지만 상류층을 위한 회원제보다는 관광객에게 유명한 레스토랑을 주로 이용했다. 식사할 때마다 캐비아와 프랑스산 그레이구스 보드카를 고집했고 복잡한 고급 와인은 불편하게 여겼다. 그는 독일의 뉘른베르크로 출장 갈 때마다 에시그브라틀라인⊕에서 식사를 했다. 이 레스토랑은 원래 16세기 와인 상인의 회의 장소였는데 쇠고기 등심구이로 유명했다. 그렇지만 재벌이나 영화 스타의 기준으로 보면 절대로 비싸지 않았다. 프랑코니안 요리로 구성된 6개 코스의 저녁 식사가 120달러면 충분했다.

글록 직원이 오스트리아로 출장 가면 글록과 식사를 했다. 글록은 체력과 인간의 수명에 대해 이야기하며 거의 모든 대화를 독점했다. 그는 가끔 120살까지 살고 싶다고도 말했다. 성경에나 나오는 것처럼 120살까지 살려면 메가마인이 필수라며 매일 먹었다. 실제로 그가 무엇을 먹었는지는 알려지지 않았는데, 메가마인과 비슷한 이름으로 판매되며 효능이 밝혀지지 않은 다양한 건강 보조제를 먹었다. 내추럴모스트라는 회사는 생리 기능 유지에 도움을 준다며 메가마이노 아미노산 복합제를 판매한다. 글록은 메가마인이 화산재 추출물이며 곱게 갈아서 삼키면 인체 세포에 들어가 면역력을 높인다고 설명했다.

벨덴의 빌라에 있는 큰 사무실에서 글록이 진행한 회의는 보통 몇 시간씩 계속되었다. 중역이 고용, 해고, 승진 여부와 시기 등의 결정 사항을 말하면 글록은 잠시 생각할 시간을 가졌다. 그는 창문 밖의 넓은 잔디밭과 빌라를 둘러싼 큰 나무를 주시했다. 야누초는 글록의 답변에 대해 "많이 잡아도 한 시간에 단어 100개 정도가 고작이었습니다."라고 말했다. 또 다른 사내 변호사인 피터 매노운 Peter Manown은 회사 일을 메모하고 있는 것처럼 독일어로 열심히 뭔가를 적었다.

출장 온 중역은 수시로 글록의 지시에 매달렸다. 야누초는 가을의 어느 일요일 아침에 벨덴에서 있었던 일을 떠올렸다.

"오전 6시 30분 정도에 문을 두드리는 소리가 났는데, 글록의 아내 헬가였습니다. 그녀는 '수영하러 가죠.'라고 했죠."

✛뉘른베르크에서 유명한 미슐랭 별 2개의 레스토랑.

빌라에도 난방이 들어오는 실내 수영장이 있었지만 이번에는 뵈르트호의 야외 수영장을 이용했다. 가스통 글록은 목욕 가운을 입고 물 옆에 선 후에 다른 사람들에게 차가운 물속으로 먼저 들어가라고 신호했다. 야누초가 수면으로 올라왔을 때 본 글록은 알몸이었다.

"뒤에서 보이는 건 마르고 긴 몸과 엉덩이, 그리고 고환이었습니다."

글록 부인과 다른 중역은 수영복을 입었지만 글록은 나체로 수영을 즐겼다.

15장

문화가 된 글록

미국 총기 소유주는 독특하면서도 다양한 방식으로 총기에 애정을 보인다. 카우보이가 되고 싶은 사람은 옛 서부 복장을 하고 국경순찰대나 총잡이 흉내를 내며 싱글액션 콜트를 수집한다. 19세기 술집을 재현한 사격장에서 솜씨를 뽐내고 난장판의 포커 게임을 즐긴다. 좀 더 심취한 싱글액션 수집가는 치열한 남북전쟁 재현에 참가한다.

저격총의 경우, 시골의 허름한 사격장에 2~3명씩 모여 연습한다. 그들은 방아쇠를 당겨 549m 밖의 나무판 타깃 정중앙을 맞추기 전에 조용히 말하며 고배율 조준경 안을 노려보고, 망원경으로 탄착점을 확인한 후에 재조정한다. 기관총 마니아는 자동화기를 연방과 지역 당국에 등록하고 노브 크리크Knob Creek⊕라는 켄터키 총기 클럽에 매년 2차례 모여 사격한다. 참가자는 버려진 세탁기와 냉장고를 쏘는 데 정확도보다는 사용한 탄약의 양을 더 중요시한다.

가장 전통적인 총기 소유주는 회색다람쥐부터 흰꼬리사슴과 회색곰까지 모든 것을 추적하는 사냥꾼이다. 일부는 1903 스프링필드⊕⊕가 원형인 볼트액션 소총을 사용하고, 일부는 미군이 아프가니스탄의 칸다하르나 카불에서 사용하는, 소염기와 30연발 탄창을 장착한 AR-15를 좋아한다.

현대 총기 중에서는 글록 소유주의 충성도가 가장 높다. '글록마이스터Glockmeisters'라고 불리는 글록 광팬들은 자신들이 사랑하는 권총처럼 자신들도 거칠고 실용적이며 무엇보다 치명적일 정도로 효율적이라고 생각한다. 웹사이트 〈글록토크〉(glocktalk.com)는 글록 팬들이(그리고 가끔 중간에 끼어드는 안티 팬들) 권총과 관계된 주제들을 깊이 있게 토론하는 온라인 포럼을 후원한다. 포럼에서는 종종 인터넷 특유의 집착이 나타나거나 비난이 오간다. 경쟁 권총과 비교해 글록의 품질 우위를 증명하는 가상 심포지엄도 열린다. 2010년에 있었던 마구잡이식 그룹 토론에서는 글록과 AK-47 자동소총의 유사성을 토

⊕ 세계 최대의 총질이라고 표현할 정도로 온갖 자동화기의 총탄을 쏟아붓는 모임이다. 포격을 하는 경우도 있다. 우리나라 총기 마니아들이 가장 가고 싶어 하는 모임이다. 2021년에는 10월 9~10일로 예정되었다가 코로나 바이러스 때문에 취소되었다. Knob creek gun range로 검색하면 자세한 내용을 확인할 수 있다.
⊕⊕ M1903 스프링필드로 미군이 1차 대전에서 사용했다. 2차 대전부터는 M1 개런드로 교체했지만 M1903도 저격용으로 계속 사용했다.

론했다. 두 총기는 유지 보수에 신경 쓸 수 없는 현장에서 안정성이 높기로 유명하다. Voyager4520이라는 닉네임의 콜로라도 참석자는 "왜냐고? 원래 허술하고 단순해서 부품이 적으니까."라고 주장했다. Ambluemax라는 닉네임의 참석자는 "오물이 들어가도 공간이 있어서 슬라이드가 왕복해도 마찰이 적다."라며 동의했다.

러시아에서 개발한 AK-47은 폴리머를 사용하지 않지만 정교하지 않기 때문에 구소련권에서 선호했다. AK-47은 수십 년을 사용해도 걸림 고장이 거의 없다. 아프리카 게릴라군의 소년병처럼 약간만 교육하면 아이들도 사용할 수 있다. 알래스카의 참석자 닉네임 Vis35는 "글록은 권총계의 AK-47이다."라고 썼다.

글록에 대한 맹종에서 순간적으로 벗어난 글록마이스터들은 배척당할 각오를 해야 한다. 롱아일랜드의 총기 유통업자이며 총기 잡지 작가로, 1980년대 말 서퍽 카운티의 글록 금지령을 취소하는 데 도움을 준 딘 스페어는 '글록 그 완벽함'은 마케팅 용어이기 때문에 문자 그대로 받아들이면 안 된다고 지속적으로 지적했다. 그는 자신의 웹사이트 〈건존〉(thegunzone.com)을 통해 저질 탄약, 엉성한 사격 솜씨, 결함 등으로 글록이 오동작하는 경우를 공유했다. 〈글록토크〉의 충성파는 스페어가 배신했다고 낙인을 찍고 사이트에서 내쫓았다. 닉네임 WalterGA는 "스페어는 총기를 알지도 못하고 진실을 말하지 않는 거짓말쟁이에 변명꾼이다. 그의 지능이 태어나지도 않은 코뿔소 새끼보다 낮다는 믿을 만한 정보가 있다."라고 분노했다.

절대 충성파에게는 스페어가 짜증 나는 잔소리꾼일지 모르지만 실제로는 스페어 또한 충성도 높은 글록 소유주다. 그는 필자에게 "이미 글록의 방염 처리에서 모든 것이 결정됐습니다. 폴리머는 최강이고, 가스통 글록은 예지자이자 신입니다."라고 말했다.

✒✒✒

전국적으로 미국 총기 정신의 수호자로 알려진 유명인들은 글록이 모든 사람에게 맞는 실용적인 권총이라고 입을 모았다. 플로리다의 전설적인 NRA 인사인 매리언 해머Marion Hammer는 1989년에 핸드백 안에 소지하고 다니던 콜트 리볼버를 글록으로 바꾼 이유를 밝혔다.

몇 년 전 어느 늦은 밤, 그녀는 탤러해시의 주차장에서 6명 남짓한 남자들에게 몰린 적이 있었다. 그녀는 콜트를 꺼내 들어 위기를 모면했다.

해머는 "휴대하던 리볼버는 6발이 전부였는데, 그들도 6명이었다. 탄약이 다 떨어지면?"이라고 자문했다. 글록 자동권총은 17발이 장전되기 때문에 훨씬 안전한 느낌을 주었다. 해머는 장전된 탄약이 많을수록 좋다고 생각해 더 많이 장전할 수 있는 글록을 선택했다.

글록은 미국 총기 산업계에서 가장 성실한 고객 충성 프로그램으로 글록 마니아층을 관리한다. 글록이 후원하는 글록사격스포츠재단 GSSF은 글록 소유주만을 위한 사격 시합을 후원한다. GSSF 회원은 연간 25달러의 부담 없는 회비만으로 전국의 사격장에서 열리는 행사에 참가할 수 있다.

워싱턴주의 D.W.(투고자의 이니셜만 공개)는 2010년 〈글록리포트 GLOCK Report〉에 "내 가족은 지난주에 비버주✚ 사격 대회를 마음껏 즐겼다. 올해는 아내와 처제, 처남, 아들이 함께했다. 11살인 아들은 처음 참석했는데 아직도 글록 모자를 벗지 않는다. … 딸아이가 같은 나이에 처음 사격했을 때도 그랬다. 아주 멋있었다!"라고 썼다. 편지에는 안전 귀마개와 글록 모자를 쓴 소년이 총탄 구멍이 난 합판을 가리키며 웃는 사진도 있었다.

글록과 유통업체는 시계, 열쇠고리, 카드, 램프, 자동차 번호판 등 모든 종류의 글록 용품도 공급했다. 글래머 핀업 모델인 캔디 킨은 온라인 란제리 사진에서 글록을 들고 있다.

GSSF 회원들은 〈글록리포트〉에 글록 모양의 케이크와 '미래의 글록 주인'이라는 티셔츠를 입은 아기 사진을 보내왔다. 플로리다의 한 아버지는 금발의 딸이 결혼식에서 드레스를 걷어서 맵시 있는 허벅지와 비단 가터에 끼운 글록 19를 보여 주는 사진을 보냈다. 그녀 앞에 무릎 꿇은 남편은 총을 발견하고 매우 기뻐했다. 2009년, 자부심에 찬 아버지는 "사위가 깜짝 선물을 즐겼고 공주를 사랑하고 아끼며 글록을 사용하겠다고 약속했다."라고 썼다.

✚오리건주를 상징하는 동물이 비버이기 때문에 붙은 별명.

필자는 총과 함께 성장하지 않았지만, 아버지는 1950년대 말에 포트 딕스에서 복무할 때 M1으로 명사수상을 받았다. 필자는 성인이 되어서야 총기 산업을 다루는 탐사 보도 활동 때문에, 가끔 권총과 소총을 쏘았다. 이 책을 위해 글록의 구조와 사용법을 조사하면서 개인 교육을 받았고, 국제방어용권총협회IDPA가 후원하는 사격 대회에 참가했다.

사설 조직인 IDPA는 '실전 사격' 기술을 높이고 미국과 해외 국가를 총기 친화적인 지역으로 만든다는 목표를 가지고 있다. 실전 사격은 군대 용어처럼 들리지만 일상생활에서 발생할 수 있는 무장 공격을 방어하는 기법을 말한다. 그래서 IDPA는 고정 타깃 사격과 달리 위험 상황을 가상해 총을 꺼내 사격하는 기술을 회원에게 교육한다.

IDPA는 공식적으로는 글록과 연관이 없는데도, 실제로는 글록 팬클럽에 가까운 분위기다. 플로리다 북부 대서양 연안의 IDPA 퍼스트 코스트 지부를 방문했을 때, 잭슨빌 외곽의 사격장에서 만난 회원 중 75% 정도가 글록을 사용했고 나머지는 대부분 중고 미국제나 크로아티아제 글록 모조품을 사용했다. 소수만이 베레타나 시그를 사용했고, 고령의 회원들은 S&W 리볼버를 가져왔다.

필자는 첫 번째 IDPA 시합을 준비하면서 자기방어 전문가이자 총기 전문 작가인 마사드 아유브와, 그의 여자친구이며 사격 대회 우승자인 게일 피핀Gail Pepin에게 조언을 구했다. 아유브와 피핀은 잭슨빌

서쪽으로 90분 거리의 넓은 초원에 단층집을 짓고 살고 있다. 필자는 그들에게 총을 뽑는 것부터 배우기 시작했다.

IDPA 시합에서는 총기를 은닉 휴대하는 경우를 가상해 재킷 속에 있는 권총집에서 총을 뽑는다. 플로리다에서는 공공장소에서 총기를 은닉 휴대할 수 있는 허가를 받아야 한다. 은닉 휴대하면 빨리 사격할 수가 없다. 피핀은 권총집에서 총을 뽑을 때가 사격에서 가장 위험한 순간이며, 옷자락을 치워야 오발 사고를 막을 수 있다고 설명했다. 그녀는 특히 글록은 외부 안전장치가 없기 때문에 각별히 주의해야 한다고 말했다. 글록은 언제나 격발이 준비된 상태다.

초보자는 너무 급하게 총을 잡아서 검지를 바로 방아쇠에 걸거나 옷에 걸리는 실수를 한다. 절대 규칙 1, 총을 쏠 손으로 재킷을 뒤로 쓸어 넘기고 방아쇠울 바깥에 검지를 댄 상태로 총을 잡는다. 피핀은 "뭔가를 박살 낼 준비가 되기 전까지는 방아쇠를 건드리지 마세요." 라고 말했다.

그녀는 안전하게 경질 고무로 만든 모형 글록으로 시범을 보여 주었다. 그녀는 노란색 모형 권총을 건넸고, 필자는 그녀의 신중한 동작을 흉내 내 벨트에 찬 플라스틱 권총집에서 모형 권총을 뽑고 정면을 똑바로 조준했다. 그녀는 부엌 조리대 위에 전화번호부 두 권을 놓고 다시 그 위에 빈 콜라 캔을 놓았다. 모형 글록을 두 손으로 감싸고 눈 높이에 고정했다. 필자는 몇십 년 동안 텔레비전과 영화에서 본 엉터리 장면을 몸이 기억하고 있어서 깜짝 놀랐다. 총을 뽑을 때, 본능적으로 천장으로 들어 올리려고 했다. 피핀은 할리우드의 배우가 그렇게 하는 것은 위험한 허세라고 설명했다. 사격할 곳만 정확하게, 타깃을 똑바로 조준하라고 했다. 로봇과 같은 아주 경제적인 동작이 올바른 조준 방법이었다.

그 순간 아유브가 거실에서 응원의 함성을 질렀다. 필자는 그 방향으로 돌면서 실수로 모형 글록을 오른쪽으로 90도 돌렸다. 아유브가 "워워, 이봐요. 그렇게 하면 시작하기도 전에 사격장에서 바로 쫓겨나요."라고 말했다. 절대 규칙 2, 타깃에서 몸을 돌릴 때는 총부터 권총집에 넣는다.

피핀은 필자가 이해를 못 했다고 생각했는지 천천히 반복했다.

"당신이 박살 낼 것만 조준하세요. 그럼 다시 해보죠."

그날 오후 좁은 부엌에서 총 뽑는 동작만 100번 이상을 연습했다. 피핀은 냉장고에 기대거나 싱크대 방향으로 비켜서서 총 뽑는 방법을 보여 주었다. 외발자전거를 타면서 막대기로 접시를 돌리는 것만큼이나 어렵게 느껴졌다. 격발되지 않는 모형이었는데도 말이다.

피핀은 "자신 없으면 쏘지 마세요."라고 말했다. 다른 총기 마니아들처럼 그녀는 안전을 최우선으로 강조했다. 우리는 실수로 자신이나 아이를 총으로 쏜 사람의 기사를 본 적이 있다. 그렇지만 안전 교육을 강화하고 보관 방법을 개선한 덕분에, 1930년대 이후 보고된 오발 사고 비율은 80% 줄어들었다.

피핀은 "오늘 밤에 모텔방에서 연습하세요."라고 당부했다.

필자는 쇼핑몰에서 팩스를 보내다가 인질범에게 9mm 탄약을 발사하는 가상의 시나리오를 설정하고, 3일 동안 권총을 뽑아서 사격하는 연습을 먼저 했다. 이튿날에는 피핀과 아유브의 집 뒤에 있는 연습용 사격장에서 실전 연습을 했다. 금요일이 잭슨빌 시합일이었다. 필자는 모텔에서 노란색의 모형 글록과 함께 긴 밤을 보냈다.

𝄢𝄢𝄢

152cm의 전직 산부인과 간호사인 게일 피핀은 언뜻 보기에는 그렇게 위협적이지 않아, 마치 어두운 골목에 몰릴 여성처럼 보인다. 그녀와 아유브는 집에 24정 이상의 총기를 가지고 있다. 탄약은 마치 작은 군수창고처럼 쌓여 빛을 반사했다. 피핀은 슈퍼마켓과 월마트에 갈 때마다 엉덩이 위에 권총집을 차고 권총을 휴대한다. 가끔 백업용으로 발목에 소형 권총을 찬다. 아유브도 보통 글록을 휴대한다. 그들은 세상을 위험천만한 곳으로 보기 때문에 현명하게 대비해야 한다고 생각한다. 1990년대 중반부터 범죄율이 하락하고 있다고 해서 방심하지 않는다. 총을 휴대하는 다른 사람들처럼 두 사람에게는 지난밤에 지역의 텔레비전 뉴스가 보도한 인근 편의점의 무장 강도 사건이 통계보다 훨씬 와닿는다. 그들은 슬러시를 사다가 강도의 공격을 받는 불행한 손님이 되고 싶지 않았다.

10년 전, 피핀은 고향인 시카고를 떠나 오헤어 국제공항에서 멀지 않은 병원에서 일하고 있었다. 그녀는 총기 마니아 가정에서 자라지 않았고 총을 한 번도 소유한 적이 없었으며, 자신을 꽤 진보적이라고 생각했다. 어느 날 재미 삼아 친구들과 함께 권총 사격을 해 봤다. 피핀은 '권총이 뭐 하는 물건인지 한번 살펴보자.'라고 생각했다.

그래서 그들은 일리노이주 총기 허가를 받고 기본적인 NRA 안전 교육을 수강한 후에 실내 사격장에서 사격했다. 피핀은 "다른 친구들보다 훨씬 빠져들었어요. 사격장에서는 모든 신경이 사격에만 쏠렸어요. 내 발의 위치, 내 어깨의 위치, 내 손의 위치, 내 총의 위치… 100% 사격에만 집중했죠. 사실 병원 일은 스트레스 덩어리였어요. 산부인과는 소송이 가장 많았거든요. 사격으로 스트레스를 풀었죠. 마치 참선처럼요."라고 말했다.

그렇지만 여유로운 참선과는 달랐다. 피핀은 "평생 이런저런 것을 배우면서 살았어요. 늘 새로운 것을 배우려고 하죠."라고 설명했다. 그녀는 경쟁심도 아주 강했다. 시카고 부근의 사격장을 들르는 사람은 남자가 대부분이었다.

"그 당시 이 사람들과 사격하는 여성은 나 혼자였어요. 지기 싫었고 더 잘하기 위해 노력했어요. 더, 더, 더."

학구열에 불타던 피핀은 40대 초였던 당시에 아유브라는 교관을 알게 되었다. 시카고의 경관인 친구가 피핀에게 "사격 강의를 들을 거면 이 사람을 찾아가. 인생이 바뀔 거야."라고 말했다. 마치 미래를 알고 말하는 것 같았다. 그녀는 "그가 그렇게 말하자, 직접 확인해보는 것이 좋겠다고 대답했어요."라고 회상했다. 강의실에서 시선을 주고받

다가 데이트로 이어졌다. 피핀은 항상 권총을 휴대했다. 그녀는 웃으며 "분명히 인생이 바뀌었죠."라고 말했다. 아유브는 아내와 이혼한 독신이었고 두 사람은 몇 년 동안 장거리 연애를 했다. 그들은 지난 5년 동안, 총기 소유가 자유롭고 야외에서 사격 연습하기 좋은 날씨인 북중부 플로리다에서 동거하고 있다.

✎✎✎

피핀과 아유브는 IDPA 시합에 참석할 때면 포드 SUV를 타고 US I-10 도로를 따라 잭슨빌로 간다. 두 사람은 "참가자는 대회 규칙에 따라 호신용으로 사용하기 적합한 실제 권총과 권총집을 사용해야 하며, IDPA 시합에서는 '경기 전용' 장비가 허용되지 않는다."라는 조건에 맞기 때문에 수집품 중에서 글록을 자주 선택한다.

필자가 참가한 날에는 15명씩 5개 팀이 참가했고 팀별로 상당히 위험한 가상 시나리오를 받았다. 그중 하나는 참가자가 쇼핑몰에서 시간을 보낼 때 총성이 울리는 시나리오였다. 다른 시나리오에서는 피자 배달을 하다가 치명상을 입을 수 있는 상황을 가상했다. 참가자는 총기를 가지고 있기 때문에 도주하지 않고 위험 상황을 해결해야 했다. 경찰은 시나리오에 등장하지 않는다.

신호음이 들리자 참가자는 자신의 총기를 꺼내서 악당 역할인 골판지와 금속판 타깃을 쏘기 시작했다. 참가자가 개별적으로 경기를 치르는 동안 붉은 티셔츠와 야구 모자를 쓴 사격통제관이 근처에 서서 안전 위반 여부를 확인했다. 사격 거리는 2.7m에서 18m까지 다양했다. 타깃은 대부분 고정되어 있었지만 일부는 스프링 장치 때문에 흔들거리거나 바퀴를 달아서 트랙을 따라 앞뒤로 오가도록 해 두었다. 손을 들고 있는 형광색 타깃은 무고한 시민이었다. 시민을 쏘면 벌점을 받았다.

참가자는 모의 건물 안팎을 오가며 긴 장대 사이에 방음 자재를 깐 통로를 따라 이동했다. 잠시도 쉬지 않고 전력 질주하거나 엄폐했다. 실제 탄약을 사용해서 총성이 엄청났기 때문에 모두 귀마개를 착용했다.

경기는 한 방향으로만 진행되었고, 타깃을 관통한 탄자는 대개 사격장 뒤편 3m 높이의 흙더미에 박혔다. 시합은 지정된 킬존에서 타깃에 2발을 맞추는 데 걸린 시간으로 채점했다. 필요하다면 더 쏠 수 있지만 빗나간 탄약은 벌점으로 점수에 반영했다.

아유브의 차례가 되자 모두가 집중했다. 그는 젊었을 때 전국과 지역에서 여러 차례 우승했다. 작고 말랐지만 단단한 근육질인 아유브는 61세인데도 발밑의 통로를 따라 민첩하게 움직였다. 아주 짧고 빠르게 사격했고 필자가 미처 알아채지도 못하게 탄창을 갈아 끼웠다. 그는 최고의 점수 중 하나를 받았고 벌점은 거의 없었다.

피핀은 좀 더 신중한 자세로 사격했고 일관된 리듬으로 탄약을 발사했다. 거의 모든 타깃에 딱 2발만 쏘았고 원샷원킬일 정도로 조준이 정확했다. 4시간의 시합 끝에, 그녀가 남녀 통틀어 전체 75명 중에서 최고의 점수를 받았다. 크게 놀랄 일은 아니었다. 피핀은 중년이 될 때까지 사격에 진지하게 임하지 않았는데도, 이제는 플로리다와 조지아의 IDPA 여성부 우승자로 등극했다. 그녀는 "당신도 할 수 있지만 탈진해 쓰러질 겁니다."라고 즐겨 말한다. 다행히도 그녀가 실제로 사람을 쏠 일은 한 번도 없었다.

✎✎✎

아유브 조에서 아내 메리와 함께 시합을 한 존 데이비스는 그날 오전에 필자에게 구형 글록 17을 빌려주었다. 필자는 데이비스 부부의 절친한 친구인 아유브와 피핀에게 4시간 동안 훈련을 받았다. 아유브는 글록을 보고 "초보자에게 최고의 총입니다."라고 말했다.

필자가 IDPA 시합을 준비하는 동안, 아유브는 필자에게 천천히 슬라이드를 뒤로 당기고 앞으로 튕겨 나가게 해서 초탄을 약실에 장전하게 했다. 필자는 그의 뒷마당 사격장에서 6.4m 떨어진 사람 형태의 골판지 타깃 앞에 섰다. 왼발을 오른발 앞에 내밀고 팔은 곧게 뻗은 채 고정했다.

아유브는 "손목에 힘을 주세요. 이제 방아쇠에 손가락을 넣고 부드럽게, 천천히 당기세요. 서두르지 마세요."라고 당부했다. 필자는 U자형 뒷가늠자에 가늠쇠를 정렬했다.

빵! 글록이 부드러운 반동과 함께 격발되었다. 다시 정렬시키고 빵, 빵! 아유브가 알려준 대로 오른손으로 가능한 한 그립의 윗부분을 잡았기 때문에 반동이 거의 없었다.

"나쁘지 않군요." 아유브가 말했다. 필자는 처음 3발을 타깃에 맞췄다. 10발 탄창을 비우자, 피핀이 새 탄창을 주었다. 슬라이드를 당겼다가 밀고, 조준하고, 방아쇠에 손가락을 넣고, 당겼다. 아무 문제 없이 계속 사격했다. 글록은 사격하기 쉽고 큰 힘이 들지 않는다. 반대로 .38구경 S&W는 방아쇠를 당기는 데 힘이 많이 들고 그만큼 반동도 크다.

필자는 연습을 마친 후에 방아쇠에서 손가락을 떼고, 권총을 내리고, 탄창을 빼고, 약실이 비었는지 확인하고, 권총을 다시 아래쪽으로 내렸다. 방아쇠를 당겨서 정말로 탄약이 없는지를 재확인했다.

지름 7~10cm 정도에 탄착군을 만들었는데 대부분 표적의 가슴 윗부분에 몰렸다. 심장이 갑자기 빠르게 뛰기 시작했다. 얼른 또 쏘고 싶었다.

🔩🔩🔩

며칠 후에 벌어진 시합은 완전히 다른 상황이었다. 신호음이 울리면 사격과 동시에 계속 움직여야 했고 시간 제한이 있었다. 토끼보다는 거북이인 편이 낫다고 생각했지만 큰 타깃 몇 개를 놓쳤다.

피자 배달원 시나리오에서 필자는 궁지에 몰렸다. 그래도 총잡이가 인질을 잡고 있는 쇼핑몰 시나리오보다 상대적으로 움직임이 없는 피자 배달원 시나리오가 필자에게는 더 잘 맞았다. 쇼핑몰에서는 실수로 시민 한 명을 맞춰서 점수가 깎였다. 엄폐한 상태에서 사격하기가 난감했다. 글록의 부드러운 방아쇠와 편안한 인체공학 설계도 필자의 무너진 자세를 고쳐주지는 못했다.

놀랍게도 필자가 꼴찌가 아니었다. 75명의 경쟁자 중에서 73명째였고, 내 뒤에는 여성 교도관이 있었다. 피핀은 필자처럼 생초보는 없었을 것이라며 말했다.

"잘했어요. 자신을 쏘지 않은 것만 해도 대단해요."

16장
글록, 백악관에 입성하다

1997년 10월, 워싱턴 하늘의 가을 태양은 뜨거웠다. 총기 업체 중역들은 그들을 이끌고 적의 본진으로 들어간 야누초와 펠드먼 때문에 선선한 날씨에도 땀을 흘릴 판이었다. 빌 클린턴 대통령, 재닛 리노Janet Reno 법무부 장관, 그리고 행정부 각료가 S&W를 포함한 주요 총기 업체 7개의 중역과 자리를 같이했고, 이 장면을 공보 채널 C-SPAN이 생방송으로 중계했다. 클린턴을 '사상 최악의 총기 규제 대통령'이라고 낙인찍은 NRA의 버지니아 북부 본사에서는 최고위층이 불신에 찬 표정으로 텔레비전 화면을 노려보고 있었다.

로즈가든⊕에서 공식 발표를 시작하기 전에 중역들은 대통령 집무실에서 조심스럽게 담소를 나누었다. 펠드먼은 "대통령께 감사드립니다. 증인보호프로그램에 제 자리를 마련해주셔서요."라고 농담했다.
클린턴은 폭소를 터트리며 손님의 긴장을 풀어주었다.

백악관이 모든 권총에 방아쇠 잠금장치를 반드시 제공하라는 연방법안을 밀어붙이면서 기대할 수 없었던 모임이 이루어졌다. 의회의 민주당 의원이 법안을 통과시킬 것처럼 보였다. 총기 규제 진영이 '아동 안전장치'로 사고를 막을 수 있다는 솔깃한 주장을 했음에도 NRA는 배수진을 쳤다. 이 세상에 누가 아이의 안전에 반대하겠는가?

펠드먼은 야누초의 지원을 받아 총기 제조업체가 자발적으로 안전장치를 제공하겠다는 대안을 제시했다. 방아쇠에 자물쇠를 채우거나 총열 안에 케이블을 넣으면 간단하게 해결할 수 있었다. 총기 제조업체는 고객의 가족을 보호해서 점수를 딸 수 있었다. 1정당 5~10달러의 비용이 더 들지만 고객의 부담이었다.

클린턴의 젊은 보좌관 람 이매뉴얼Rahm Emanuel은 비밀리에 펠드먼과 서로에게 이익이 되는 협정을 맺었다. 글록과 다른 제조업체가 NRA의 분노를 사더라도 자존심을 굽히고 백악관의 초대를 받아들이라는 제안이었다. 클린턴 행정부와 총기 안전 강화에 대한 공감대를 형성하자고 제안했다. 대신에 잠금장치를 의무화하는 법안을 취소해서 지저분한 싸움을 피하기로 했다.

로즈가든에서 펠드먼은 자신의 차례가 되자 "대통령님, 우리 모두

✛ 대통령 집무실과 연결된 정원으로 '대통령의 정원'이라고 부른다.

는 미국인입니다."라고 말했다. TV 카메라의 붉은 빛이 반짝였고 그는 말을 이어갔다.

"이 자리에 서서 모두 합의하고 해결했음을 알려드립니다."

클린턴은 영웅적인 행위로 존경받는 경찰관들에게 큰 영향을 받는 시청자들을 향해 말했다.

"이번 행정부와 총기 산업계는 때때로 다양한 문제에서 대립할 때가 있었습니다. 그렇지만 오늘 우리는 우리 아이들을 위해 올바른 일을 하고자 한자리에 모였고 법 집행기관 공동체와 연대했습니다."

야누초는 나중에 총기 잡지와의 인터뷰에서 협상에 대해 변명했다.

"궤도 이탈을 막아야 했어요. … 총기를 불법화하는 게 진짜 목적인 총기 규제 진영이 우리 제품에 자물쇠를 채우는 방법을 결정하기보다는 우리 스스로가 장치를 결정하는 편이 더 나았습니다."

글록은 실용주의를 지지했다. 야누초는 "한쪽에만 집착하면 조만간 궁지에 몰릴 수밖에 없습니다. 사람들이 당신은 으레 그러려니 생각할 것이기 때문이죠. 공화당은 격렬한 논쟁거리가 될 수 있는 문제를 방치했다는 사실을 깨닫게 될 것입니다."라고 말했다.

백악관 모임 다음날, NRA 간부인 웨인 라피에어 Wayne LaPierre가 로즈가든에 간 야누초와 다른 중역들에게 매우 신랄한 공개 편지를 보냈다. 그의 질책은 NRA가 글록 같은 총기 회사들과 항상 의견이 일치하지는 않았다는 것을 보여 준다. 라피에어는 "행정부가 주장하는 총기 안전은 사기다. 그건 총기를 금지하기 위한 위장에 불과하다."라고 썼다. 그는 자물쇠 잠금장치를 제공하는 것이 어떻게 총기 금지로 이어지는지에 대한 설명 없이 비난을 이어갔다. "당신은 빌 클린턴이나 재닛 리노에게 총을 팔지 않는다. 그리고 그는 공공을 위해 총기 안전을 주장하는 것이 아니라 종말을 위한 수단으로 삼고 있다. 당신의 종말 말이다. … 당신은 심각한 실수를 저질렀다. 이제 당신의 고객, 평화를 사랑하는 모든 총기 소유주가 나서서 치명적인 실수를 막아야 하게 생겼다."라고 덧붙였다.

대부분의 총기 회사 경영진은 NRA의 비난에 공개적인 반응을 자제했다. 그렇지만 글록사는 가만히 있지 않았다. 야누초는 라피에어에게 팩스로 답장을 보내 그의 극단주의를 비난했다. 라피에어가 연방 요원을 전체주의자라고 비난한 과거의 논평도 예로 들었다. 야누초는 "마지막으로 내게 이렇게 무례하게 굴 것 같으면 직접 내 앞에 와서 말하시오. 그리고 머리를 얻어맞을 준비도 하시오."라며 끝을 맺었다.

총기 산업 종사자들은 웨인 라피에어와 이런 식으로 소통하지 않았다. 라피에어는 몇 마디 말만으로도 그 사람의 경력을 망칠 수 있었다. 그와의 친분은 바로 꺼내 쓸 수 있는 현금과 같았다. 야누초의 성질이 잠시 이성을 마비시켰다.

소외된 것은 NRA만이 아니었다. 로즈가든 파티에서 외면당한 총기 규제 운동가도 분노했다. 조시 슈거만의 반권총폭력정책센터 입법 담당관인 크리스틴 랜드는 "오늘의 진정한 승리자는 미국의 어린이가 아니라 미국 총기 제조업체입니다."라고 말했다.

그럼에도 불구하고 방아쇠 잠금장치를 둘러싼 휴전은 TV 뉴스쇼와 언론에서 두드러지게 긍정적인 보도를 이끌어냈다. 과거에도 그랬듯이 글록은 불리한 상황을 상업적 이익으로 전환시켰다.

◆◆◆

NRA와 글록의 갈등은 이미 몇 년 전부터 시작되었다. 1994년에 글록에겐 오히려 큰 기회가 된 탄창 용량 제한을 포함한 공격용 무기 금지법이 발효되자, 공화당은 그 해에 있었던 중간선거에서 이 문제를 선거운동의 화두로 만들었다. 조지아의 보수파 공화당 의원인 뉴트 깅그리치✤는 총기 규제 철회를 최우선 목표로 내세웠다. NRA는 특유의 과장으로 공격용 무기 금지와 브래디법을 "미국 시민을 무장해제하려는 엄청난 조치"라고 주장하는 광고의 비용을 지원했다. 그렇지만 어느 조항도 합법적인 총기 소유주의 무장해제를 시사하지 않았다. NRA 계열 지역 단체들은 유력한 민주당 의원을 대상으로 한 낙선 운동에 동원됐다. 하원의장인 워싱턴주 의원 톰 폴리, 사법위원장인 텍사스주 의원 잭 브룩스처럼 전통적으로 〈수정헌법 제2조〉를 고쳐해 온 사람들도 낙선 대상에 포함되었다. 1994년 11월, 폴리와 브룩스가 낙선했고 공화당이 하원을 장악해서 깅그리치가 하원의장이

✤ 보수파 공화당 의원으로 1994년 중간선거에서 공화당이 40년 만에 하원을 장악하는 데 공을 세워 하원의장이 되었다. 클린턴 행정부와의 심한 대립으로 비난을 자초했다.

되었다. 빌 클린턴은 "NRA 때문에 공화당이 하원을 장악했다."라고
한탄했다.

1994년 선거는 총기 문화를 둘러싼 편집증을 더욱 악화시켰다. 루
비리지♣♣와 웨이코 충돌♣♣♣에 영향을 받은 민병대가 중서부 일부
와 평원주♣♣♣♣, 남서부에서 적극적으로 활동했다. 표식이 없는 검은
색 헬리콥터와 외국인 UN 군대가 배치되었다는 구체적인 루머가 퍼
졌다. 생존주의자는 뒷마당에 벙커를 파고 소총과 탄약을 PVC 파이
프에 넣고 봉인했다. 컴퓨터 자유게시판에는 "시온주의자가 정부를 장
악했다."라는 내용이 흘러넘쳤다.

NRA는 공포를 먹고 살았다. 수석 로비스트 타니아 매탁사는 랜싱
을 여행하다가 미시간민병대를 만났다. 민병대에서 가장 영향력이 큰
닐 녹스는 1994년 12월 〈샷건뉴스〉의 칼럼에서 존 케네디와 로버트
케네디♣♣♣♣♣, 마틴 루터 킹의 암살, 여러 차례 벌어진 미국의 학살
사건은 개인의 총을 압수하려는 음모 때문에 벌어졌다고 주장했다.

♣♣1992년 8월 21일~31일, 퇴역 군인 랜디 위버를 체포하려다가 3명이 죽은 사건. 미국의
극단주의자는 위버를 영웅으로 생각했고 오클라호마 폭탄 테러 등의 미국 내 자생 테러가
발생했다.
♣♣♣1993년 2월 28일~4월 19일, 신흥 종교인 다윗교 종교 시설에서 벌어진 사건. 텍사스
법 집행기관과 교인의 충돌로 86명이 죽고 16명이 부상했다.
♣♣♣♣미국 중앙부의 대평원으로 미국의 네브래스카, 노스다코타, 뉴멕시코, 몬태나, 사우
스다코타, 오클라호마, 와이오밍, 캔자스, 콜로라도, 텍사스와 캐나다의 매니토바, 서스캐처
원, 앨버타주 일부를 포함한다.
♣♣♣♣♣암살한 존 케네디 대통령의 동생. 형의 뒤를 잇는 케네디 가문의 희망으로 법무
부 장관을 지냈지만 그도 42세의 나이로 암살당했다. 마틴 루터 킹 목사의 암살과 인종, 민
족 갈등이 암살의 원인이었다.

1995년 3월, NRA는 〈워싱턴포스트〉와 〈USA투데이〉에 전면 광고를 싣고, BATF가 일반 총기 소유주를 괴롭히고 있다고 비난했다. 헬멧과 검은 복면을 한 연방 요원이 자동소총을 들고 집으로 돌입하는 대형 사진을 곁들였다. 클린턴의 정책은 BATF가 나치 돌격대 Storm Trooper 같은 전술로 총기 소유주에게 더욱 강력한 재갈을 물릴 수 있게 한다고 주장했다.

같은 기간에 NRA의 웨인 라피에어는 "클린턴 행정부의 자동화기 금지는 권위주의적인 정부 깡패들에게 힘을 실어 주어서, 헌법이 보장하는 국민의 권리를 빼앗고, 문을 부수고 난입해서 총을 몰수하고, 재산을 파괴하고, 국민을 살상합니다."라고 주장하는 후원금 모집 편지를 대량으로 발송했다. 라피에어는 그것만으로는 부족했던지, "얼마 전까지만 해도 연방 요원이 나치식 헬멧과 검은색 돌격대 군복을 입고 법을 준수하는 시민을 공격하는 일은 상상도 못 했습니다. 그런데 이제는 현실이 되었습니다."라고 덧붙였다.

NRA의 과장은 1995년 4월 19일 이후부터 아예 도를 넘었다. 그날 반정부 민병대원인 티머시 맥베이 Timothy McVeigh 가 차량 폭탄을 몰고 오클라호마 중심가의 연방 사무실 빌딩을 폭파했다. 이 시설에는 FBI와 BATF의 지역 사무실이 있었다. 이 테러로 168명이 죽었는데 건물 내 보육시설에 있던 아이들까지 죽었다. 그리고 800명 이상이 다쳤다. 전 대통령 조지 부시는 이 사건 때문에 NRA의 종신회원에서 사퇴했다. 부시는 "NRA의 광범위한 반연방요원정책은 내 품위와 명예를 심각하게 저해한다."라고 말했다.

야누초는 NRA의 회원 자격을 반납하지 않았다. 하지만 NRA의 도를 넘은 문화 전쟁은 경찰서에 총기를 판매해서 명성을 쌓은 글록 같은 회사에 도움이 되지 않았다. 야누초가 광신주의와 거리를 두기로 한 이유가 더 있었다. 맥베이는 체포 당시에 .45구경 글록 자동권총을 소지하고 있었다.

야누초는 나중에 필자에게 "NRA가 추구하는 대부분의 목적에 동의하지만 그 방법에는 동의하지 않습니다. NRA는 자금을 모으려고 끊임없이 정치 전쟁을 부추기는 안건을 상정하고 있어요. NRA는 편집증을 선으로 간주합니다. 편집증에 걸린 총기 소유주는 너그럽게 수표책을 꺼내기 때문이지요."라고 말했다.

야누초는 더 많은 미국 대중에게 호소하려면 웨인 라피에어와 권위주의적인 연방 돌격대 이야기를 멀리해야 한다고 주장했다. 그는 "아이의 안전을 염려하는 교외 지역 어머니에게 글록을 판매하고 싶습니다."라고 설명했다. 그는 상상 속의 UN군 침입에 저항하자는 위장복 차림의 민병대원에게 공감하지 않았다.

야누초는 주말에 테니스를 치고 아이들과 말을 탔다. 비싼 싱글몰트 스카치위스키, 수입한 샤르도네 와인, 암시장의 쿠바산 시가를 즐긴다. 그는 "숲에서 생존주의⁺ 게임을 즐기는 사람들과 섞일 필요가 없습니다."라고 말했다.

펠드먼이 이끄는 ASSC의 지지를 받아 야누초는 총기 논란의 수위를 낮출 방법을 찾고 있었다. 논란의 로즈가든 행사 몇 개월 전에 그와 펠드먼은 필라델피아 시장이자 유명한 총기 규제 지지자인 에드 렌델Ed Rendell을 방문했다. 민주당원인 렌델은 주 법무부 장관이 거대 담배 회사를 상대로 제소한 것처럼 필라델피아와 다른 도시가 총기 산업에 소송을 제기할 수 있는지를 검토하고 있었다. 필라델피아의 화려한 시청에서 렌델은 총기 제조업체가 도시의 총기 폭력에 더 책임을 져야 한다고 주장했다. 그는 글록과 다른 회사가 거리에 총기가 넘쳐나게 했다고 비난했다. 그들은 그렇게 판매한 총기 중 상당수가 범죄자의 손에 들어간다는 것도 잘 알고 있었다.

렌델은 총기 회사가 야기하는 '공적 불법 방해Public Nuisance⊕⊕'는 부실하게 관리한 공장이 배출하는 오염 물질과 같다는 새로운 법률 이론을 지지했고, 야누초는 이에 동의하지 않았다. 공적 불법 방해 소송은 드물었고 승소하기 어려웠다. 법정은 이런 제소 때문에 산업 전체에 책임을 묻지 않았다. 더구나 총기 오남용 범죄가 성립하려면 강도, 살인자, 강간범 같은 제3자의 개입이 필요했다. 그런 개입으로 총기 회사와 희생자 사이의 '인과관계의 사슬'이 끊어져야 총기가 범죄에 사용되었다는 효력이 발생했다. 소송은 승산이 없을 것 같았다.

렌델은 변호사 출신임에도 법률과 관련한 세부적인 사항은 상관하

⊕ 전쟁, 자연재해, 사회 혼란 등의 긴급 상황에 대비하자는 운동이다. 최근에는 국내 케이블 TV 프로그램으로 제작되기도 했다.
⊕⊕ 일반 대중에게 부상과 피해를 입히는 법률 위반 행위.

지 않았다. 그는 동부에서 서부까지의 도시들이 제기한 수십 개의 소송을 조심하라고 했다. 시의 지원을 받은 소송이 쏟아지면 변호 비용도 그만큼 급증할 수 있었다. 예심에서 회사에 불리한 문서가 발견될 수도 있었다. 글록과 다른 총기 회사는 전통적으로 피해를 입은 개인이 제기한 제품 결함 소송에 잘 대응했다. 그렇지만 총기 폭력 때문에 경찰과 병원이 소모한 비용을 회수하려는 정부 기관의 합동 공격은 훨씬 어려운 위협이었다. 담배 소송은 수십억 달러의 합의로 이어졌기 때문에 야누초는 렌델과 시에 강력하게 대응해야 한다고 결심했다.

그는 방아쇠 잠금장치의 사례처럼, 회사가 잠재적인 소송을 피할 수 있거나 가장 피해가 적고 안전한 방법이 있을 것이라고 생각했다. 야누초는 법 집행기관이 권총을 다량 구입하는 고객을 조사할 수 있게 협의할 의사가 있음을 시사했다. 그런 구매자는 불법 총기 거래상인 경우가 있었다. 글록사는 정상적인 소비자에 대한 판매를 방해하지 않는 규제에 동의해서 값비싼 소송과 여론 악화를 방지할 수 있다면 협의할 의사가 있었다. 렌델은 제안에 관심을 보였고 계속 소통하기로 했다.

필라델피아의 화해 분위기는 오래가지 않았다. 다른 대도시의 진보적인 시장들은 총기 산업을 법정으로 끌고 가는 것이 정치적으로 도움이 된다고 생각했다. 렌델이 수면 위로 떠오르게 한 아이디어는 그대로 사라질 것 같지 않았다. 총기 생산을 막고 싶은 총기 규제 진영은 관심 있을 법한 정치인에게 담배 소송의 전략을 총기에도 충분히 적용할 수 있다고 속삭였다.

부유한 원고들의 변호인단 지원을 받아 담배 소송을 밀어붙인 뉴올리언스 시장 마크 모리얼Marc Morial이 선두에 섰다. 1998년 10월, 뉴올리언스는 글록과 다른 주요 총기 업체에 소송을 제기했다. 모리얼은 기자회견에서 "오늘은 속죄의 날입니다. 이 소송은 매우 성공적인 산업에 책임을 묻는 것입니다."라고 말했다. 2주 후에 시카고 시장 리처드 데일리가 두 번째 소송을 제기하며 지난 5년 동안의 공공 안전과 의료비용에 대해 4억 3천 3백만 달러를 청구했다.

렌델은 정치적 경쟁자가 자신의 아이디어를 훔쳤다고 화냈지만 어쩔 수 없었다. 보스턴, 로스앤젤레스, 마이애미, 뉴욕, 샌프란시스코가 법적인 공격에 합류할 준비를 하고 있었다. 다른 도시도 뒤를 따랐다.

🔫🔫🔫

호전적이고 대중에게 노출되는 것을 꺼리지 않는 야누초는 도전을 받아들였다. 1998년과 1999년, 전국 언론은 그를 총기 산업계에서 가장 강력하고 단호한 전사로 부각했다. 동시에 그는 막후에서 렌델을 비롯한 시장들과 대화를 이어가며 조사하고, 협상하고, 정보를 모았다. 야누초는 다시 한번 촌철살인의 재능을 선보였다. 그는 〈뉴욕타임스〉에 "그들은 법률에 의지할 근거가 없습니다. 담배는 즐겁고 편안하지만 치명적이라는 것이 밝혀졌죠. 그렇지만 총기는 원래 치명적입니다. 그래서 구입하는 것이죠."라고 말했다. 그는 뉴올리언스와 다른 도시가 공적 불법 방해와 함께 내세운, 총기에 적합한 안전장치가 없기 때문에 결함을 내재하고 있다는 주장을 비켜 갔다. 그는 "여기에 모인 대도시 시장들은 범죄 문제를 해결하지 못하고, 좌절한 나머지 다른 사람에게 책임을 돌리고 있습니다."라고 말했다.

야누초는 가족의 가치를 들먹이며, 아이들에게 총기 교육을 제대로 시키는 것이 청소년의 총기 사고를 가장 확실하게 막을 수 있는 방법이라고 주장했다. 그는 뉴올리언스의 〈타임스-피카윤Times-Picayune〉 편집장에게 보낸 편지에서 "제 아내는 1월에 다섯째를 낳을 예정입니다. 네 아이 중 세 아이에게 NRA의 에디이글Eddie Eagle 프로그램으로 총기 안전 교육을 받게 했습니다. … 그 아이들은 더는 어른의 허락 없이 총을 만지지 않을 겁니다. 작동 중인 기계톱에 손을 넣지 않거나 움직이는 차 앞에 나서지 않는 것과 같죠."라고 썼다.

그는 ABC의 〈월드뉴스투나잇〉에서 총기 산업계는 지능형 총기를 개발하지 못한 책임을 져야 한다는 모리얼의 주장에 답변했다. 모리얼은 총기에 지문 인식 칩을 넣어서 총기 소유주가 아닌 다른 어느 누구도 방아쇠를 당길 수 없게 해야 한다고 주장했다. 이런 장치에 대한 이야기는 그럴듯하게 들리기도 해 실제로 연구된 적도 있었다. 그렇지만 야누초는 어떤 엔지니어도 '개인화된' 총기를 안정적으로 작동하게 만들 수 없었다는 점을 정확하게 지적했다. 작은 전자회로가 충격의 영향을 받으면 오동작을 일으킬 수 있다. 야누초는 ABC에게 "도대체 무엇을 장착하라고 하는지를 이해하지 못하겠습니다. 모리얼

시장이 제기한 소송의 가장 큰 허점은 전자 지능형 총기 기술이 현존하지 않는다는 것입니다."라고 말했다.

야누초는 시를 상대로 한 소송 과정에서 가장 기억에 남을 공개 토론이었던 NBC 〈투데이쇼〉에서 모리얼을 제대로 받아쳤다. 1999년 1월 말의 일대일 대결은 뉴올리언스 시장에게 우세하게 시작되었다. 그는 총기 폭력으로 무고한 젊은이가 희생당했고, 돈을 많이 버는 총기 업체는 무관심하다고 말했다. 뉴올리언스는 정의의 이름으로 악당을 법정에 끌고 간다고 말했다.

회사 측 대표로 나선 야누초는 만반의 준비를 마친 상태였다. 모리얼에게 얼굴을 돌리고 "황당한 배경 때문에 소송을 벌이고 있군요. 뉴올리언스는 루이지애나주에서 중고 총기를 가장 많이 유통하고 있습니다."라고 말했다.

모리얼은 한 방 먹었고 야누초의 의도를 알아챘다. 뉴올리언스는 예산을 절약하기 위해 글록사가 거리에 수천 정의 권총을 유통할 수 있게 하는 계약을 조용히 체결했다. 뉴올리언스가 총기 업체에 중대한 과실책임을 묻는 소송을 제기하기 10개월 전에, 시는 구형 경찰용 권총과 압수한 권총 7천 200정을 주고 글록 신형 .40구경 1천 700정을 받기로 합의했다. 글록사가 전국의 경찰서와 맺은 수많은 보상 교환 거래 중 하나였다.

모리얼은 "1정이라도 루이지애나에서 팔리면 안 된다는 조건으로 그 계약을 승인했습니다."라고 말했다. 다시 말해, 뉴올리언스는 총기 산업계의 잘못을 비난하면서 똑같은 짓을 했다. 거리에 총기를 무분별하게 유통하고 경제적 이익을 얻었다. 설상가상으로 모리얼은 다른 지역에 총기를 유통하면 구형 총기가 범죄에 사용되어도 자신과는 무관하다고 생각한 모양이었다.

야누초는 상대의 뻔뻔한 이중성을 폭로해 공중파 방송에서의 도덕성 게임에서 승리를 거뒀다. 〈투데이쇼〉 이후에 밝혀진 이야기는 뉴올리언스를 궁지에 몰아넣었다. 시가 거래한 총기는 인디애나의 도매상에게 넘어가 재판매되었다. 그중에는 연방의 공격용 무기 금지법으로 2년 전에 금지되어 압수한 TEC-9와 AK-47도 있었다. 민간 감시 단체인 뉴올리언스 메트로폴리탄 범죄위원회의 의장 라파엘 고예네체는 "시가 거리의 범죄자에게 압수한 총기 7천 정을 다른 시에 팔았다는 것을 알고는 너무나도 황당하고 위선에 치가 떨렸습니다."라며 분노했다.

중고 총기를 뒷마당에서 치우려고 한 모리얼의 시도는 실수로 밝혀졌다. 거래 후 2개월 만에 뉴올리언스의 전당포는 다른 시로 갔어야 할 베레타 9mm 자동권총을 판다고 신문광고를 냈다. 광고는 "뉴올리언스 역사의 일부를 소유하실 기회. 경찰관이 사용하던 중고 총. 모두 NOPD 각인이 있고 '금지 이전'에 생산된 15연발 탄창 2개를 동봉."이라고 알렸다.

비영리단체인 '살해된아이의부모'의 뉴올리언스 지부장인 린다 맥도널드는 "사람들은 시가 총기를 없애는 줄 알았습니다. 그러나 총이

다시 돌아오지 않으리라는 보장이 없고, 그렇지 않더라도 다른 지역의 시민을 죽이는 데 사용될 것입니다."라고 말했다.

전국적으로 BATF가 추적한 범죄 현장 총기 중에서 중고 경찰 총기 수천 정이 발견되었다. 연방 기관은 1998년에만 19만 3천 정을 추적한 끝에 중고 경찰 총기 1천 100정을 파악했다. 1999년 8월에는 신나치주의자 뷰퍼드 퍼로Buford Furrow가 소형 글록 26을 사용해 로스앤젤레스의 유대인 공동체 센터에서 총격 사건을 저질렀다. 그는 센터에서 5명에게 총상을 입히고, 필리핀 혈통의 우편배달원을 죽였다. 그의 글록 26은 워싱턴 코스모폴리스 경찰서가 신형 글록으로 교환한 것 중 하나였다. 소형 글록은 퍼로가 구입하기 전에 몇 번의 거래를 거쳐 소매상의 총기 전시회에 나왔다.

글록이 적극적으로 추진한 총기 보상 판매는 지방 자치제에 문제를 일으켰다. 총기가 갑자기 대량으로 재유통되었고 도시의 거리에 총기가 등장하게 된 책임 소재가 모호해졌다. 글록이 법적 방어를 위해 마케팅 전략을 세운 것은 아니었지만 그렇게 되어 버렸다. 뉴올리언스와 코스모폴리스에만 문제가 생긴 것이 아니었다. 야누초가 〈투데이 쇼〉에서 가한 반격으로 새로운 사실을 알게 된 언론은 총기 업체를 고소한 보스턴, 디트로이트, 오클랜드와 다른 대형 도시를 조사하고 경관의 제보를 받았다. 현실적인 상황 때문에 지자체의 제품 책임 소송은 시작하기도 전에 심각한 약점을 드러냈다.

지자체의 총기 교환으로 구름처럼 일어난 의심이 다가 아니었다. 시와 카운티의 소송은 기술적인 문제에 부딪쳤다. 2000년 초반, 30개 지자체가 제품 책임 소송의 열차에 올라탔지만, 일부 판사는 총기 규제 논란을 입법의 영역에서 사법부로 떠넘기는 부적절한 시도라고 판단하고 기각시켰다. 1999년 10월, 오하이오주 판사는 신시내티의 제소를 기각하면서 "의회 대신에 법원의 판단을 바라는 부적절한 시도로, 본 법정은 그럴 생각도 없고 그럴 권한도 없다. 신시내티가 바라는 유형의 규제 권한은 오직 의회에게 있다."라고 말했다. 루이지애나와 다른 주의 의회는 총기 산업에 대한 지자체 소송을 법원이 판결하지 못하게 하는 법령을 통과시켰다. 결국 총기 업체는 지자체의 법적 위협에서 보호받게 되었다.

소송이 좌초하자, 일부 도시의 변호사는 개인적으로 야누초와 총기 업체 중역에게 접촉해 요구 사항에 양보하면 배상금을 받지 않고 소송을 취하할 의사가 있다고 알렸다. 불법 거래를 막기 위해 고객의 월간 총기 구입 수량을 제한하고, 수익의 일부를 하이테크 지능형 총기 개발에 투자하는 것 등의 조건이 포함되었다.

합의 제안은 지자체의 약점과 불확실성을 드러냈다. NRA는 이런 낌새를 눈치채고 총기 업체에 양보하지 말라고 압박했다. 1997년 로즈가든 회동으로 만들어진 화해 분위기가 사라졌다. 합의를 지지하던 펠드먼은 글록 이외의 다른 회사에서 지지를 받지 못했다. NRA의 적극적인 후원으로 총기 산업계는 1999년 초에 펠드먼을 ASSC 전무이사직에서 해임했다. 그 직후에 온건파인 ASSC는 와해되었다. 야누초에게는 친구를 보호할 힘이 부족했다. 대신에 글록사의 컨설팅 일을 할 수 있도록 펠드먼을 고용해 위로했다. 다른 총기 업체는 로비 그룹의 분노를 사지 않기 위해 NRA의 품으로 돌아갔다. NRA는 총기 소유주에게 절대적인 영향력이 있었다.

1999년 12월, 클린턴 행정부는 전국에 걸쳐 3천 명 이상의 연방 시원금을 받는 공공수택당국을 대신해 집단소송을 조직하겠다고 위협하며, 꽉 막힌 총기 규제 소송을 구원하러 나섰다. 클린턴 행정부의 주택도시개발부 장관 앤드루 쿠오모Andrew Cuomo는 총기 업체가 협상 테이블에 앉지 않는다면 더 과감하게 소송을 진두지휘하겠다고 밝혔다. 쿠오모는 지역, 주, 연방법 집행기관을 하나로 모아, 제조와 마케팅 관행을 규제하는 행동 강령에 동의한 업체에서만 총기를 구입하겠다고 압박해 총기 업체를 협상장에 끌어내려 했다.

야누초는 행정부의 위협에 신속하게 대응했다. 지자체나 행정부 대표와 조용히 접촉하는 동시에, 법원의 지자체 소송 기각을 이끌어내는 치고 빠지기 전략을 썼다. 글록과 S&W는 다른 총기 업체보다 그들의 권총을 구입하는 정부 기관 고객의 후원에 특히 더 많이 의존해 왔다. 외국인 소유인 글록과 S&W는 백악관의 눈치를 볼 수밖에 없었다. 1987년에 S&W를 합병한 영국 재벌 톰킨스는 S&W를 재매각하고 싶었기 때문에 제품 책임 소송에서 빨리 벗어나고자 했다. 야누

초는 S&W의 미국 CEO 에드 슐츠Ed Shultz가 정부 계약을 받는 조건
으로 클린턴 행정부와 협상할 것이라고 의심했다. 그는 슐츠를 주목하
면서, 미 조폐국의 비어 있는 부속 건물에서 열린 회의를 포함해 워싱
턴의 행정부 변호사와 여러 차례 비밀 협상을 벌였다.

〈월스트리트저널〉의 법률 전문 기자였던 필자는 점차 복잡해지
는 총기 소송과 막후 협상을 읽어내려고 노력했다. 야누초, 슐츠 그리
고 정부 측 상대와 자주 대화를 나눴다. 야누초는 강경파로 보이는 대
외 이미지와 달리 인내심을 갖고 열린 자세로 협상을 기다렸다. 당시
그는 필자에게 "법을 준수하는 시민에게 영향을 주지 않고 범죄를 제
압할 수 있는 상식적인 해결책이 분명히 있습니다."라고 말했다. 그는
CNN에 "우리는 법안에 최후까지 맞서는 안과 정부의 요구에 순응할
경우의 비용을 두고 저울질하고 있습니다."라고 말했다. 그는 NRA를
자극하며 클린턴, 쿠오모, 민주당의 대도시 시장에게 순응하는 것처
럼 보이고 싶어 하지 않았다.

2000년 3월 17일, S&W의 슐츠가 코네티컷 하트퍼드의 호텔 객
실에서 쿠오모를 만나 25페이지의 합의문에 서명하면서 비밀 협상은
최고조에 달했다. S&W는 모든 정부 소송에서 면책 혜택을 받는 조
건으로 법이 요구하는 범위 이상으로 긴 규제 리스트에 합의했다. 예
를 들어 방아쇠 압력을 4.5kg 이상으로 늘려, 어린이가 권총을 조작
할 수 없도록 모든 권총을 재설계하겠다고 약속했다. 그리고 10연발
이상의 탄창을 장착하는 총의 생산도 중단하며, 연간 수익의 2%를

지능형 총기 기술의 연구 개발에 투자하겠다는 약속도 했다. 이 정도에서 멈추지 않고 도매상과 소매상에게도 조건을 부과하겠다고 했다. 한 번에 여러 정을 구입할 수 없게 하고, 컴퓨터에 기록을 남기고, 도난을 막기 위해 매일 밤에 창고를 잠그라는 조건이었다. 역사상 처음으로 총기 업체가, 그것도 최대 업체가 공장에서 도매상을 통해 소매상에 이르는 공급선 전체를 통제하는 역할을 하겠다고 합의했다.

쿠오모는 글록사는 S&W와 미국 정부의 밀착을 두려워하기 때문에 야누초도 합의하게 만들 수 있다고 슐츠에게 말했다. 쿠오모는 이후의 인터뷰에서 "합의문에 두 명의 이름, 에드와 폴이 있을 것이라고 생각했습니다."라고 말했다.

그렇지만 쿠오모의 계산은 빗나갔다. 클린턴 행정부가 S&W와의 합의로 승전을 축하하고, 언론은 특보로 보도하고, 총기 규제 진영이 환호성을 지르는 동안, 글록사는 완전히 반대로 움직였다. 야누초는 합의를 비난하며 절대로 서명하지 않겠다는 인상을 주었다. S&W의 합의 발표 후, 글록 직원들은 야누초의 지시에 따라 글록사에 전화를 건 모든 고객을 상대로 설문 조사를 했는데, 반대 의견이 압도적이었다. 총기 소유주는 S&W가 적대적인 정치 세력에게 총기와 〈수정헌법 제2조〉를 팔아넘겼다고 생각했다.

NRA는 4백만 회원에게 배신자를 불매해야 한다는 신호를 보냈다. NRA는 인터넷 메일과 팩스를 대량으로 전송해서 "영국 소유의 S&W는 백기를 들고 클린턴-고어에게 투항한 최초의 회사가 되었다."라고 선언했다. 총기 마니아들은 요점을 이해했고 S&W를 버리겠다고 맹세했다.

〈글록토크〉와 다른 웹사이트에는 S&W에 대한 비난이 난무했다. 총기 소유 진영에서 유명한 SF 작가인 닐 스미스는 대량으로 배포한 메일에서 "S&W는 사라져야 한다."라고 13번이나 강조했다. 스프링필드에 있는 S&W 본사는 항의 전화로 맹폭격을 받았다. CEO인 슐츠는 육군 상사 출신으로 총기 권리 지지자였지만 살해 협박을 받았다. 많은 주의 총포상이 주문을 취소하고 S&W 재고를 반품했다. 2000년 7월, S&W는 한 달간의 직원 휴가를 발표했고, 그해 매출은 50%나 줄었다. 업계 일각에서는 S&W가 살아남을 수 있을지 우려했다.

쿠오모는 자신의 전략이 역풍을 맞자 스머나의 글록사에 직접 전화했다. 쿠오모는 야누초에게 "글록 매출에서 몇 %가 법 집행기관에서 나오죠?"라고 물었다.

"약 30%입니다." 야누초가 대답했다.

"폴, 당신도 알듯이 나는 대도시 시장에게서 심한 압박을 받고 있습니다. 글록이 3월 17일의 합의안에 동의하지 않으면 매출에 심각한 타격을 받게 될 겁니다."

쿠오모의 말에 "그것에 대해서는 이미 결정이 난 상태입니다."라고 야누초가 말했다.

쿠오모는 포기하지 않았다. 그는 다시 전화해서 빈 주재 미국 대사가 가스통 글록과 직접 협의하게 주선하겠다고 야누초에게 알렸다.

"알겠습니다. 주택도시개발부가 대사까지 부리는 줄은 몰랐습니다. 지금 정부라면 가능하겠죠."

오스트리아 주재 미국 대사인 캐스린 월트 홀은 가스통 글록에게 메시지를 전달하고 쿠오모 장관과의 회동에 초대했다. 글록은 정중한 태도로 확답을 피했다. 다음에 미국에 가면 만날 기회가 있을 것이라고 대답했지만 만나지 않았다.

전국의 경찰서장이 글록 대신에 S&W를 구매하지 않아 쿠오모는 난처해졌다. S&W의 민수용 시장 매출이 급감하면서 글록은 반사이익을 보았다. 야누초는 7월에 이뤄진 〈하트퍼드쿠랑트Hartford Courant〉와의 인터뷰에서 "회사 역사상 최고의 해가 될 것 같습니다. 총기 소유주들이 총기 규제의 위협을 느낄 때마다 총기 판매는 극적으로 늘어납니다."라고 말했다. 실제로 글록의 판매는 급증했지만 S&W는 그렇지 않았다.

쿠오모 자신이 주관하는 부처의 감찰관실은 클린턴 행정부에 가장 뼈아픈 비판이 될 결정을 내렸다. 주택도시개발부의 감찰관은 2000년 중반에 수사관용으로 70정의 신형 자동권총을 구매할 예정이었다. 그들은 S&W로 교체하지 않고 원래 계획대로 글록을 구입했다. 감찰관실 대변인 마이클 제르가는 〈월스트리트저널〉에 "아마도 글록을 계속 구입할 것 같다."라고 밝혔다. 그 예산으로는 글록이 최고의 권총이었다.

글록사는 합의문을 가지고 만지작거리다가 마지막 순간에 빠져서

S&W를 고립시켰고, 미국에서 압도적인 자동권총 업체로 자리 잡았다. 야누초의 공이 매우 컸다. 그는 위험한 도박판에서 승리를 거뒀다.

이 과정에서 총기 산업계, 또는 적어도 일부 리더들은 자신의 행위를 더욱 강력하게 단속하는 데 합의할 수 있는 유일한 기회를 잃었다. 행정부와 S&W의 합의는 총기 폭력을 완전히 없애지는 못했겠지만, 상당히 건설적인 면이 많았다. S&W가 NRA와 고객의 공격에 못 이기고 후퇴하는 바람에 합의안은 폐지로 변했다. 2000년 9월, 에드 슐츠가 사임했고 톰킨스는 바로 S&W를 미국 투자 그룹에 매각했다. 투자 그룹은 클린턴 행정부와의 협의를 공식적으로 철회했다.

S&W의 신임 CEO 로버트 스콧Robert Scott은 "총기 산업은 가족이다. 우리는 그 가족의 일부가 되어야 한다."라고 말했다. NRA는 스콧의 약속을 받아들여 S&W가 죄를 씻었다고 선언했다. 총포상은 다시 S&W의 총기를 판매하기 시작했다. 1년 동안 계속된 불매운동이 끝났다.

2000년의 대통령 선거는 결국 조지 부시의 승리로 끝났다. 앤드루 쿠오모는 워싱턴을 떠나 고향인 뉴욕에서 출마 준비를 했다. 부시 대통령은 총기 산업계에 대한 소송전이 끝났다고 밝혔다. 텍사스 주지사 출신인 부시는 총기 업체에 대한 지자체의 소송을 금지하는 주 법령에 서명했었다. 대통령에 재선된 뒤에는 의회가 통과시킨 비슷한 법에 서명했다. 연방법은 지자체의 소송을 공식적으로 중단시켰다. 판사가 기각하지 않은 소송은 연방법에 따라 자동으로 취소되었다. 법원

의 힘을 빌어 총기 제조와 마케팅을 규제하려던 운동은 변호사의 지
갑만 채워주었고 아무 성과 없이 끝났다.

17장
암살자의 공격

1999년 7월, 가스통 글록은 유령 회사 전담꾼 샤를 에베르트와 급히 협의할 것이 있어서 룩셈부르크로 갔다. 글록은 그에게 회사 재무에 대해 비밀리에 협의하고 싶다고 말해 두었다. 그는 즐거워 보이지 않았다.

에베르트는 15년 동안 글록사 이사이자 기업 신탁 관리자로 일했다. 가끔 글록이 없는 자리에서는 자신이 글록의 동업자라고 말했다. 글록은 에베르트를 고문이자 국제 대표로 생각했다. 에베르트는 글록의 단호한 어조를 듣고 그의 의도를 걱정했다.

에베르트는 공항에 나가 글록을 직접 맞이했다. 그는 회의실로 향하기 전, 글록에게 새로 구입한 신형 스포츠카를 프린스 앙리 거리의 차고에 주차해 뒀으니 가 보자고 했다. 글록도 그러자고 하며 따라나섰다.

에베르트는 글록을 주차장 지하 3층으로 안내했다. 그곳에는 두 사람만 있었다. 에베르트가 멋진 스포츠카를 가리키자, 글록이 살펴보려고 가까이 다가갔다.

갑자기 어둠 속에서 키 큰 남자가 나와서 글록에게 달려들었다. 글록은 팔을 들어 방어했다. 스타킹 마스크로 얼굴을 가린 범인은 목욕탕 타일을 붙이는 데 사용하는 큰 고무망치를 휘둘렀다. 그는 글록의 정수리와 옆머리를 난폭하게 내려쳤다.

에베르트는 글록을 돕지 않고 등을 돌려 계단으로 달아났다. 그는 나중에 "겁이 났습니다."라고 해명했다.

글록은 필사적으로 저항했다. 평소에 가지고 다니던 자동권총을 하필 그날 휴대하지 않았다. 글록은 양손으로 싸울 수밖에 없었다. 그는 범인의 눈과 입에 강하게 주먹을 날렸다. 70세의 나이에도 불구하고 당당하게 맞섰다. 그는 벨덴에 있는 자신의 빌라 부근의 차가운 호수에서 수영을 자주 즐겼기 때문에 젊은이 못지않게 힘이 있었다. 범인의 치아가 여러 개 빠지고 피가 흘렀다. 글록은 고무망치로 머리를 맞았지만 이윽고 범인을 제압하기 시작했다.

에베르트가 급히 신고를 해 경찰이 곧 도착했다. 룩셈부르크의 법무부 차관인 존 폴 프리싱 John Paul Frising에 따르면 현장은 예상과 다른 상황이었다. 피를 많이 흘린 범인이 글록의 몸 위에 쓰러져 있었다.

"마치 예수님처럼 양팔을 벌린 채였죠."

프리싱의 증언대로, 피투성이가 된 글록이 바닥에 쓰러져 있었지만 중상은 아니었다. 오히려 범인이 의식불명이었다.

망치를 휘두른 암살자는 67세의 전직 프로레슬러이자 프랑스 외인부대 출신으로, 스파르타쿠스라는 별명을 가진 자크 페쉬르Jacques Pecheur로 밝혀졌다. 그의 경력과 숨어서 기습한 점을 고려하면 페쉬르에게 훨씬 유리한 싸움이었다. 경찰은 범인이 글록의 거친 저항을 예상하지 못한 것 같다고 분석했다.

지역 신문인 〈룩셈부르커랜드Luxemburger Land〉는 페쉬르가 실패한 이유가 무엇이든 "누구의 지시였는가? 그리고 왜?"가 진짜 의문점이라고 강조했다.

✏✏✏

글록은 머리에 망치를 7번 맞았고 몇 군데가 찢어지고 긁혀서 피를 1리터나 흘렸다. 그렇지만 그는 병원에서 아주 차분하게 행동했다. 침착한 표정으로 경찰의 사진 촬영에 응했다. 그는 봉합 수술을 받기 전에 UBS와 페리에 롤랭 은행의 직원을 불렀다. 두 은행에는 에베르트가 사용할 수 있는 계좌에 현금 7천만 달러가 예금되어 있었다. 공격을 받은 시점으로부터 3시간 후에 글록은 4천만 달러를 스위스 비밀계좌로 옮겼다.

에베르트도 분주했다. 그는 나머지 3천만 달러가 이체되지 않게 막았고, 글록은 뒤늦게 그 사실을 알았다. 두 사람 사이가 심각해진 게 분명했다.

에베르트는 스위스, 프랑스, 홍콩, 우루과이에 글록 계열사를 설립했다. 가스통 글록은 기업 구조 확대를 승인했고, 가족과 본사 중역에게 자신이 무슨 일을 당하면 에베르트와 회사 일을 상의해 결정하라고 당부해 두었다. 에베르트는 "내가 글록의 장남이나 마찬가지였다."라고 자랑했다.

그해 이른 봄에 글록은 제네바 사무실에서 근무했던 직원의 전화를 받았다. 그 사람은 에베르트가 돈을 횡령하고 있다고 알려 주었다. 에베르트가 회사 자금을 횡령해 스위스에 집을 구입했다는 제보였다. 가스통 글록은 처음에는 제보를 믿지 않았다. 일단 에베르트를 룩셈부르크에서 만나 확인하고 싶었다. 그리고 만남은 지하 주차장에서의 공격으로 이어졌다.

경찰 수사관은 페쇠르의 차에서 에베르트의 명함을 발견했다. 그는 풋내기 암살자나 저지를 법한 너무나도 허술한 실수를 저질렀다. 수사관은 두 사람이 1998년에 파리의 사격장에서 만났다는 사실도 찾아냈다. 경찰은 에베르트가 스위스에서의 자금 횡령이 들통나자 페쇠르를 고용해 글록을 죽이려 했다는 결론을 내렸다. 총이나 칼이 아니라 고무망치를 사용한 것을 보면, 글록이 넘어지면서 머리를 부딪혀 죽었다고 위장하려 했던 것 같다.

고무망치로 여러 대를 치면 실족사로 보일 수 있을 것이라고 계획했다는데 실행이 너무 허술했다. 그리고 에베르트는 공격 현장에 있었다. 은퇴한 프랑스 용병을 고용해 저명한 사업가를 죽이려 했다면 알리바이를 조작하는 것이 정상이다. 경험 많은 형사들은 범죄자들이 놀라울 정도로 멍청한 짓을 저지른다고 말할 것이다. 이 사건은 세간의 이목을 끈 청부 살인 중에서도 가장 어설픈 암살 시도였다.

회복한 후에, 가스통 글록은 에베르트가 자신의 허락을 받지 않고 해외에 여러 개의 회사를 설립한 것을 발견했다고 말했다. 글록의 변호인단은 에베르트가 스위스의 주택을 구입한 것만으로 그치지 않고 1억 달러를 더 횡령해 비밀 유령 회사에 입금했다고 주장했다. 변호인단은 에베르트가 아예 룩셈부르크의 글록 지주회사인 유니페이턴트와 글록의 수익 대부분을 벌어들이는 미국 지사의 주식 50%를 차지하려고 했다고 주장했다. 룩셈부르크의 검사 프리싱은 에베르트와 페쇠르를 살인미수로 기소했다.

에베르트의 변호인단은 그가 범죄와 아무런 관련이 없다고 주장했다. 에베르트는 자신이 모함에 빠졌고 페쇠르를 알지도 못한다고 반박했다. 그렇지만 그는 자신의 명함이 페쇠르의 차에 있었던 이유를 해명하지는 못했다. 에베르트의 변호인단은 글록이 에베르트의 기업 활동 전부를 승인했고 에베르트의 유니페이턴트 인수도 승인했다고 주장했다. 에베르트는 두 사람 사이에 비밀이 없었다는 주장을 되풀이했다. 글록은 에베르트를 통해 전 세계에 유령 회사 네트워크를 만들어 과세를 피했다. 에베르트는 그 대가로 자신이 설립한 글록 계열사에 어느 정도의 소유권 지분을 받기로 되어 있었다.

몇 년 후의 인터뷰에서 에베르트는 "내가 유니페이턴트의 5% 미만만 소유했다고 말하던가요? 글록이 미쳤군요!"라고 주장했다. 살인미수에 대해 그는 익명의 글록 관계자들이 글록 제국을 지배하려고 계획한 음모라고 비난했다. 그리고 자신이 지하 주차장에 있었던 것 또한 끔찍한 함정이었다고 말했다.

"그들은 모든 것을 차지하기 위해 나를 제거할 필요가 있었습니다."

범죄 현장에서 체포되어 혐의가 분명한 페쇠르는 오히려 자신이 글록에게 피해를 입었다며 엉뚱한 말만 늘어놓았다. 에베르트와 달리 그는 징역형을 각오하고 있는 듯했다.

2003년 3월, 두 사람은 룩셈부르크에서 진행된 3주간의 재판에서 유죄판결을 받았다. 에베르트는 살인미수 최고형인 20년형을, 페쇠르는 청부 살인 고용 혐의로 17년형을 선고받았다. 법정에서 에베르트는 꼼짝하지 않고 앉은 채 판결에 아무 반응을 보이지 않았고, 페쇠르는 말없이 한숨만 쉬었다. 나중에 글록은 "기분 좋은 날이다. 전쟁에서 한 발 나아갔다."라는 애매모호한 말을 했다. 2003년, 〈포브스 Forbes〉와의 인터뷰에서는 "공격을 받아 다행이다. 그런 일이 없었다면 여전히 에베르트에게 위임하고 있었을 것이다."라고 말했다.

페쇠르는 17년 형기 중 7년을 복역한 후에 모범수로 석방되었다. 에베르트는 룩셈부르크의 지방에 있는 보안 등급이 가장 높은 교도소에서 복역하고 있는데 여전히 무죄를 주장하고 있다.

에베르트에 대한 조사와 기소는 유죄판결 이상의 의미가 있었다. 재판 과정에서 글록사의 복잡한 재무 구조를 보여 주는 문서가 대거 공개되었다. 당시에는 룩셈부르크의 법조계만 이 문서에 관심을 가졌는데, 필자와 2명의 동료가 글록의 내부 음모를 취재하다가 이 문서를 입수했다. 기사는 2009년 9월 〈비즈니스위크〉에 보도되었다.

가스통 글록의 변호인단은 에베르트가 유령 글록 계열사를 전 세계에 연달아 설립했다고 분명하게 주장하며 룩셈부르크의 조사를 지원했다. 글록 법무 팀은 가스통 글록이 관련 회사들, 또는 적어도 실질적인 경제적 가치를 지닌 회사들의 소유권을 가지고 있었다고 주장했다. 글록 왕국의 일부를 소유하고 있다는 에베르트의 주장에 반박하면서도 미국과 오스트리아의 조세를 피하기 위해 그렇게 복잡한 기업 구조를 만들었다는 것을 부인하지는 않았다.

예를 들어 글록 변호인단은 글록을 대리하던 에베르트가 1987년에 글록의 미국 지사 주식 50%의 소유권을 룩셈부르크의 지주회사 유니페이턴트로 이전한 문서를 룩셈부르크 법원에 제출했다. 글록의 변호인단이 2000년 4월 3일에 법원에 제출한 〈글록 그룹의 설립〉이라는 문서에 따르면, "지주회사의 목적은 글록의 동업자를 표방하고, 자회사 주식의 50% 가까이를 보유하는 것"이었다고 한다. 다시 말해, 에베르트는 가스통 글록이 가상의 공동소유주를 만들 수 있게 도와

주었고, 미국에서 발생하는 기업 수익을 추적하기 어렵게 만들었다.

이 문서에 따르면, 아일랜드, 라이베리아, 퀴라소에 설립한 유령 회사는 오스트리아 본사, 중남미, 홍콩의 사무소에 다양한 '서비스'를 제공했다는 가짜 청구서를 발급했다. 프라이스워터하우스–쿠퍼스✛가 실시한 92페이지의 기밀 분석 자료에 따르면 이 서비스 회사들은 '아무런 경제적 실체가 없고 조세를 회피하려는 목적'의 회사였다. 룩셈부르크 법원은 임시 관리자를 지명해 유니페이턴트의 실제 소유주가 누구인지 조사했다. 관리자는 고난이도의 법 회계 작업을 진행하기 위해 거대한 회계감사 회사를 고용했다. PWC는 글록 서비스 회사의 역할이 오스트리아, 중남미, 홍콩의 잠재적 과세에서 기업 이익을 숨기는 것임을 밝혀냈다. 중남미와 아시아 사무소는 반대로 미국 지사에서 이익을 뽑아내는 데 이용되었다고 주장했다.

앞에서 설명한 것과 같이 서류 조작의 핵심은 글록의 세금 부담을 감소시키는 데 있다. 이들은 오스트리아에서 제조한 자동권총을 먼저 중남미와 홍콩 사무소에 판매하고, 다시 더 높은 가격을 붙여 스머나의 글록 지사에 재판매했다. 미국 지사의 비용은 늘어났지만, 미국 국세청에 보고할 이익은 줄어들었다.

룩셈부르크 법원은 다른 국가의 조세법 적용에는 관심을 보이지 않았다. 놀라운 일도 아닌 것이, 룩셈부르크는 조세 피난처로 유명했

✛ 런던에 본사가 있는 세계 1위의 다국적 회계감사 전문 회사. 이하 PWC.

다. 법원은 에베르트가 유니페이턴트에 대한 합법적인 권리와 돈벌이가 되는 글록 미국 지사의 절반을 소유했는지 판단하려고 했다. 룩셈부르크 사법부가 에베르트에게 횡령과 살인미수에 대한 유죄판결을 내리자 글록사의 조세 회피 전략은 다른 국가의 몫으로 넘어갔다.

🔫🔫🔫

가스통 글록은 회사의 소유권을 밝히기 위해 애틀랜타에 있는 탐정 팀을 고용했다. 팀 리더인 제임스 하퍼 3세James R. Harper III는 연방 검사 출신이며, 조지아주의 공화당 그룹에서 활동하고 있었다. 하퍼는 전직 경찰과 정부 요원을 고용해 글록의 요구대로 조사를 시작했다. 탐정 팀 사무실은 스머나의 글록 사옥에 있었는데, 글록 직원은 사무실에 출입할 수 없었다. 얼마 후에 하퍼 팀은 전 세계를 돌며 에베르트의 횡령을 조사했다. 자칭 'A팀'은 폴 야누초에게만 보고했고 가스통 글록에게 직접 보고할 때도 있었다.

글록의 최고운영책임자coo로 승진해 미국인 직원으로는 최고직에 오른 야누초는 정체불명의 하퍼 팀을 보고 약간 당황한 것 같았다. 그는 필자에게 "오랫동안 소위 A팀이라는 그들의 정체와 하는 일을 아는 사람이 없었습니다."라고 말했다.

불독 머리를 한 거친 스타일의 해병대 예비역 대위인 하퍼는 에베르트의 흔적을 추적하며 현장으로 날아갔고, 수상한 인물들과 그를 연결 지었다. 그는 엄청난 양의 회사 문서, 증인 녹취록, 파워포인트

흐름도를 모았다. A팀은 하키 야만 나음리Hakki Yaman Namli라는 터키 금융가가 유니페이턴트를 한동안 소유했었다는 사실을 찾아냈다. 그는 자금 세탁과 회계 부정의 중심지로 유명한 북키프로스에서 사업을 하는 의심스러운 인물이었다. 하퍼는 파나마의 글록 계열사 레오핀도 나음리와 관련이 있다고 판단했다. 1995년, 레오핀과 나음리는 북키프로스에 유니뱅크 오프쇼어Unibank Offshore라는 은행을 공동으로 설립했다.

하퍼는 글록과 야누초에게 에베르트가 글록과 유니페이턴트, 레오핀, 유니뱅크 오프쇼어의 연결을 통해서 글록사와 나음리 사이에 눈에 띄는 연결고리를 만들었다고 경고했다. 2000년 11월 1일자 메모에서 하퍼는 "이 모든 연결 때문에 가스통 글록이 국제적인 자금 세탁꾼으로 지목받을 위기이며 … 에베르트는 공격 시점까지 가스통 글록의 지시에 따라 일하고 있었다."라고 썼다. 그는 "글록이 키프로스의 자금 세탁에 연루됐다는 소문이 보도되는 것만으로도 글록의 매출, 특히 법 집행기관 시장에 중대한 영향을 미칠 수 있다."라고 덧붙였다. 그리고 "글록 씨는 자신에게 닥칠 수도 있는 문제의 전모나 재앙의 강도를 제대로 이해하지 못한다."라는 결론을 내렸다.

✒✒✒

가스통 글록은 여전히 걱정이 없어 보였다. 습격을 당한 지 5개월 만에 전시회와 총포상에서 무료로 배포하는 〈글록오토피스톨스Glock Autopistols〉라는 홍보 책자에 사장의 신년사를 실었다. 글록은 "한 해가 지고 새해가 다시 시작되었습니다. 저희의 능력에 비해 대단한 성공을 거뒀다고 감히 말씀드립니다. 저희 회사는 계속 성장하고 있고 미래에 직면할 모든 도전을 적극적으로 극복하겠습니다."라고 썼다. 2000년 1월 신년사는 룩셈부르크에서의 공포를 거론하지 않고 승리의 논조를 이어갔다. 글록사는 마치 모든 것이 정상인 것처럼 적극적인 메시지를 내보냈다.

상업적인 측면에서는 글록의 예상이 정확했다. 자동권총 매출은 계속 올라갔고, FBI는 오랫동안 S&W의 대안을 모색한 끝에 미국 업체를 제치고 .40구경 글록을 선택했다. DEA는 FBI의 구매 계약을 그대로 따랐다. 요원 수천 명이 세관, 연방보안관, 국경순찰대, 주와 지역 경찰관의 경우처럼 글록을 지급받았다. 전직 경영진에 따르면, 1990년대 말 글록사의 연간 수익은 1억 달러를 기록했다.

그렇지만 시장에서 성공했다고 해서 가스통 글록이 배신 행위를 잊어버리거나 용서한 것은 아니다. 글록은 에베르트와의 불화를 겪으면서 파나마 악바리 외에도 글록사를 강탈하려는 부하 직원이 더 있을 것이라는 의심을 품었다. 글록은 그런 직원을 아예 색출해 처벌하기로 마음먹었다.

18장
모노폴리 게임머니

총기 업체는 혼란을 먹고 산다. 글록에게, 9/11 테러에 대한 미국의 무력 대응은 금광이나 마찬가지였다. 펜타곤은 군의 주력 권총으로 베레타를 선택했지만, 자율 결정권을 가진 미군 정예부대는 글록을 선택했다.

육군 최고의 특수부대 델타포스Delta Force의 베테랑 짐 스미스Jim Smith는 고도의 훈련을 받은 특공대가 글록을 더 신뢰한다고 설명했다. 일반 보병은 소총만 지급받지만, 대부분의 특공대원은 소총과 함께 권총을 휴대한다. 스미스는 글록을 극찬했다. 그는 "모래, 물, 높은 온도에 넣고 수천 발을 격발해도 방아쇠를 당기면 발사됩니다. 글록은 안정적입니다."라고 말했다.

필자는 독일의 소형 화기 전시회에서 스미스를 만났다. 그는 델타 포스에서 전역하고 텍사스에서 컨설팅 사업을 시작했다. 스미스는 기업 경영진, SWAT 대원, 육군 레인저스를 가르쳤다. 레인저스는 정예 부대인데도 베레타를 계속 사용하는 데 실망했고, 델타포스처럼 글록을 사용하고 싶다고 말했다.

아프가니스탄과 이라크를 침공한 후, 미국 기관은 현지의 치안 유지군에 주로 글록을 지급했다. 미국 정부는 글록을 20만 정 이상 구입해 아프가니스탄과 이라크 경찰, 경비병, 군인에게 지급했다. 몇 년 동안 글록의 군용 시장 매출은 경찰과 상업용 시장을 능가했다.

미국의 총기 업체는 촉박한 계약과 납품 기한에 맞추지 못했다. 글록이 9/11 테러 이후의 중동 시장을 장악하자 일부 업체는 분노를 터트리며 항의했다. S&W의 CEO인 로버트 스콧은 "미국의 납세자이자 미국 제조업체로서 내가 낸 세금으로 외국산 무기를 사서 외국에 준다는 사실에 너무나도 실망했다. 미국 기업도 같은 제품을 공급할 수 있다."라고 항의했다. 의원 3명은 글록의 구매 독점을 조사하겠다고 발표했다. 이런 분노 반응은 언론에만 조금 보였을 뿐이고 실제로는 아무런 영향이 없었다.

이라크 파병 미군은 글록을 높이 평가했다. 89헌병대의 케빈 한라한 대위는 〈로스앤젤레스타임스〉에게 "개인적으로 이라크인은 힘을 존중한다고 생각합니다. 그 힘은 바로 AK-47이나 글록 9mm 권총입니다."라고 말했다. 한라한은 티그리스강 서쪽의 바그다드 경찰서를 쳐다보았다. 그는 이라크 경찰은 반란군에 비해 '화력과 병력 모두 열세'이기 때문에 일부는 아예 자리를 비우고 달아난 상태라고 말했다. 한라한 대위는 마치 범죄율이 치솟던 1980년대 미국의 무기력한 경찰서장처럼 보였다.

이라크 당국이 글록으로 힘을 얻었는지는 불확실하지만, 미국이 보급한 글록은 바그다드의 암시장에서 확실하게 인기를 끌었다. 경찰 출신인 야세르는 〈AFP〉와의 인터뷰에서 "미국은 일련번호도 등록하지 않고 영수증도 없이 글록을 주었습니다."라고 말했다. 그는 퇴직한 후에 '친구'에게 글록을 800달러에 팔았다. 미 의회 조사에 따르면 미군은 이라크에서 소화기 19만 정을 분실했다. 그중에서 자동권총은 8만 정이었는데 대부분이 글록이었다. 반군은 다른 군대처럼 안정적인 무기를 선호했고, 미군을 공격하는 수니파✛ 민병대는 글록을 표준 무기로 삼았다.

아프가니스탄의 상황도 다르지 않았다. 지역의 군대에 막대한 수량의 글록을 지급했지만 많은 수가 사라져버렸다. 누구 손에 들어갔는지 모르겠지만, 글록은 이전에 있었던 마약과의 전쟁에서처럼 부시 행정부의 대테러전쟁으로 큰 이익을 얻었다.

✒✒✒

그렇지만 글록사의 매출이 치솟을수록 내부는 더욱 어지러워졌다. 최고 경영진은 더는 자동권총 판매에 관심이 없는 것처럼 보였다. 글록은 알아서 팔려 나갔다.

2003년 2월, 야누초는 다시 한번 NRA와 충돌했다. 이번에는 〈60분〉+ 출연 때문이었다. 〈CBS 뉴스매거진〉은 수사관이 용의자의 총기와 탄피의 일치 여부를 확인할 수 있게 하는 디지털 기술인 "탄도지문Ballistic Fingerprinting"+++에 대해 보도했다. NRA의 리더 웨인 라피에어는 〈60분〉에서 총기와 탄피에 남은 흔적을 일치시키는 기술은 신뢰성이 떨어지고 합법적인 소유주의 총기를 편리하게 압수하는 수단일 뿐이라고 말했다.

탄도 지문 기술에 대한 거부감이 적었던 야누초는 별도의 인터뷰에서 글록이 정부와 함께 시험 프로그램을 진행하고 있다고 말했다. 그는 "이 프로그램 때문에 비용이 많이 들고 생산이 늦어지고 있습니다. 일련번호와 총을 제대로 일치시키기 위해 총을 두 번씩 시험 발사합니다."라고 말했다. 글록사는 이 정보를 국가 데이터베이스에 제공해 경찰을 도울 것인지 검토하기로 했다. 야누초는 "지금 당장은 쓸모 없고 자유에 대한 침해라고 말하는 사람들은 오히려 너무 빨리 한계를 정했습니다."라고 말했다.

야누초는 글록사가 법 집행기관의 친구이지만 요구에 무조건 따르

+ 이슬람의 최대 종파로 전 세계 이슬람 교인의 90%를 차지한다.
++ 1968년 처음 방송된 이후 지금도 방송 중인 세계 최고의 탐사 보도 프로그램이다. 국내의 〈추적 60분〉 등의 탐사 보도 프로그램이 비슷한 포맷을 따르고 있다.
+++ 피해자의 몸에서 발견한 탄자의 강선 흔적과 해당 총기를 연결시켜 범인을 추적하는 법의학 기법 중 하나이다.

지 않고 독립적인 판단을 하는 친구라고 주장했다. 총기 소유주는 그의 애매모호한 주장을 받아들이지 않았다. 야누초를 경질하라는 요구가 쏟아졌다. NRA의 노선에 반대하는 이교도는 파문될 수밖에 없었다. 몇 주 만에 야누초는 글록에서의 12년을 뒤로 하고 최고운영책임자, 법무 자문 위원, 그리고 미국 총기 산업에서 가장 유명한 경영진 자리에서 물러났다.

〈수정헌법 제2조〉를 지지하는 웹사이트에는 축하가 넘쳤다. 〈The-HighRoad.org〉의 총기 토론 그룹의 한 사용자는 "우리가 글록 중역을 날렸다!!!"라고 기뻐했다. 다른 사람도 "열 받아서 전화하고 편지를 보냈더니 그놈이 그만뒀다."라며 동의했다.

"우리를 물 먹이면 너는 더 이상 총을 못 판다고 했더니 누군가가 아주 확실하게 알아들었다."

사실 야누초의 사임에는 온라인 선동꾼이 생각하는 것보다 훨씬 복잡한 배경이 있었다. 1999년 7월에 가스통 글록이 습격당한 이후, 회사 중역은 매사에 조심하기 시작했다. 타당한 이유가 있었다. 글록이 고용한 탐정은 예리한 눈초리로 회사의 문서를 뒤지고, 이메일을 검사하고, 심지어 물리적으로 감시까지 해 가며 회계 부정의 증거를 찾아냈다.

이것만으로는 충분하지 않았는지 사랑과 질투의 막장 드라마가 미국 지사를 어지럽혔다. 야누초는 두 번째 부인과 결별하고 글록사의 인사팀장인 모니카 베레츠키와 가까워졌다. 호텔 컨시어지 출신인 베레츠키는 글록의 애정 공세를 받고 있었다. 글록은 두 사람의 관계를 몰랐거나 야누초를 무시하고 훨씬 젊은 베레츠키에게 추파를 계속 던졌다. 베레츠키에 따르면 그는 공개적으로 그녀의 허리에 손을 두르고, 약속 장소로 차를 타고 가는 동안 허벅지에 손을 얹었다. 글록이 그녀를 함부로 대하자 다혈질인 야누초는 심한 모욕감을 느꼈다. 야누초는 다른 사람들이 그녀의 성생활을 가십거리로 삼도록 글록이 암묵적으로 부추긴다고 생각했다. 오스트리아 본사의 중역이 야누초의 면전에서 베레츠키를 헤픈 여자라고 조롱하자, 그는 화를 참지 못하고 불붙은 시가를 그 중역의 이마에 던져 버렸다. 당연히 엄청난 소동이 벌어졌다.

〈60분〉 인터뷰의 여파가 이어지고 개인적인 반감이 쌓이면서 드디어 도화선에 불이 붙었다. 어느 날 아침, 야누초는 애틀랜타에 있는 가스통 글록의 집으로 갔다. 그는 이미 그만두기로 단단히 마음먹었고, 예고도 없이 퇴사한다고 통보했다. 베레츠키도 자신과 함께 퇴사한다고 말했다. 그때 그녀는 스머나의 사무실을 비우고 있었다.

야누초는 들고 온 파일 더미를 글록의 부엌 식탁에 내려놓았다. 그리고 수백만 달러의 퇴직금을 제대로 주지 않으면 회사의 더러운 비밀을 공개하겠다고 위협했다. 야누초는 글록과 에베르트가 세금 부담을 줄이기 위해 설립한 유령 회사 네트워크를 잘 알고 있었다. 그리고 A팀의 조사 내용도 알고 있었다. A팀은 에베르트와 파나마의 글록 계열사가 악명 높은 터키 금융가 나음리와 연루됐다는 증거를 밝혀냈다. 그는 이렇게 지저분한 자금 세탁을 전 세계가 알면 안 되기 때문에 당연히 글록이 거금을 내놓을 것이라고 기대했다.

가스통 글록은 협박에 익숙하지 않았다. 그는 "왜 그러는 것이오?"라고 물었다. 야누초는 이리저리 치이는 것에 지쳤다고 말했다. 글록의 수입 대부분을 벌어주는 미국 지사를 운영해 왔고, 이제 합당한 몫을 원한다고 말했다. 그러자 글록이 일어나 방을 나갔다. 부엌에는 독일어를 할 줄 아는 미국인 변호사 피터 매노운이 남아 있었다. 그는 미국에서 글록의 개인 업무 처리를 맡고 있었다. 야누초와 매노운은 자동권총의 슬라이드 소리를 들었다. 가스통 글록이 약실에 한 발을 장전했다.

깜짝 놀란 매노운이 "폴, 저 소리 들었어요?"라고 물었다.

야누초는 겁먹지 않았다. 그는 발목을 가볍게 두들겨서 자신도 권총을 휴대하고 있다는 것을 알렸다. 마치 무서운 스릴러 영화의 한 장면과도 같았다. 가스통 글록은 부엌으로 돌아왔다. 벨트 위에는 검은 플라스틱 그립이 보였다. 매노운은 나중에 "OK목장처럼 총격전이 벌어질까 봐 걱정했습니다."라고 말했다.

두 사람은 고함을 치고 손가락질을 했지만 권총을 뽑지는 않았다. 야누초는 파일을 움켜쥐고 떠나며 글록에게 소리 질렀다.

"당신은 이제 끝이야!"

가스통 글록의 부엌에서 일어난 소동에 대한 이야기는 총기 산업계 전체로 퍼져 나갔다. 야누초의 친구 펠드먼은 가스통 글록에게서 직접 들었다. 그는 글록사의 컨설턴트인 펠드먼에게 전화해서 "리처드, 폴이 미쳐버렸네! 폴이 뭘 잘못 먹었나?"라고 말했다.

펠드먼은 "실제로는 베레츠키를 둘러싼 싸움이었습니다."라고 회고했다.

✎✎✎

분명히 애정 관계가 큰 역할을 했다. 펠드먼도 야누초의 행동이 비정상적이었다고 인정했다. 이전의 몇 년 동안 야누초는 전시회나 다른 행사 중에 술에 취해 정신을 잃는 일이 몇 차례 있었다. 펠드먼에 의하면, 한 번은 호텔 보안 요원이 한밤중에 파티룸 탁자 밑에서 자고 있는 그를 발견했는데, 정장 자켓과 바지를 옆에 가지런히 개어 두었다고 했다. 야누초가 호텔 엘리베이터 안에서 정신을 잃어서 엘리베이터 문이 밖으로 나온 그의 다리를 계속 친 적도 있었다. 펠드먼은 "이런 행동을 보면 그가 항상 올바른 판단을 한다고 생각할 수는 없지요."라고 말했다.

2003년 당시, 야누초는 회사 내부의 회계 처리를 조작하는 과정에서 자신이 한 역할에 대해 많은 부담을 느꼈을 수도 있다. 그와 매노운은 글록의 판매 증가 덕분에 공식적으로 합의한 월급과 보너스 이상을 받았다. 에베르트와는 비교가 안 되었지만, 두 사람도 한동안 다양한 회계 수법을 동원해 회사 자금으로 자신의 주머니를 채웠다.

매노운은 몇 년 후 자신의 잘못을 해명하기 위한 증언에서 터무니

없는 합리화를 시도하며 솔직하게 털어놓았다. "글록은 백설공주가 아닙니다. 야누초와 나보다 훨씬 나쁜 짓을 많이 저질렀습니다. 그는 하루에 20만 달러를 버는데 불륜, 주택, 섹스, 차에 돈을 씁니다. 사람들에게 뇌물을 줍니다. 그는 그냥 나쁜 놈이에요. 주변에 그렇게 돈이 널려 있는데도 미친 것처럼 계속 원했습니다. 여러분도 이해할 겁니다. 우리는 그저 욕심이 지시하는 대로 도덕적인 가치관을 슬쩍 내버려뒀을 뿐입니다. 우리는 마더 테레사✛에게서 돈을 훔친 게 아닙니다."라고 강조했다.

야누초는 퇴사하면서 부정적인 여파 없이 나갈 수 있기를 바랐다. 입을 다무는 대가로 후한 퇴직금을 받아내려던 시도를 보면 그가 얼마나 타락했는지를 알 수 있다.

매노운은 너무 약한 사람이었다. 2003년 가을, 그는 글록이 자신의 부정을 의심한다는 것을 알았다. 두려움과 죄책감에 사로잡혀 심한 우울증을 앓았다. 그는 모든 것을 털어놓기로 했다. 매노운은 오스트리아로 날아가서 가스통 글록에게 잘못을 인정하고 고소하지 말아 달라고 애원했다. 그는 자신과 야누초가 회사의 부동산거래에서 자금을 횡령했다고 시인했다. 두 사람은 케이맨제도Cayman Islands에 만든 가짜 운송책임보험회사에 허위 보험금을 추가로 지불해 횡령했다. 그리고 개인 계좌에 수만 달러를 입금했다. 아무도 눈치채지 못할 것이

✛1979년 노벨평화상을 받고 2016년에 성인으로 추대된 테레사 수녀를 말한다.

라고 생각해서 그런 일을 저질렀다. 나중에 매노운은 "이 회사에는 너무나도 많은 돈이 날아다녔습니다. 〈모노폴리Monopoly〉⊕⊕의 게임머니 같았죠."라고 말했다.

글록은 그를 용서하지 않았지만 거래를 제안했다. 모든 것을 인정하고 횡령한 자금을 복구하고 야누초를 잡아넣으면 정상참작하겠다는 조건이었다. 매노운은 받아들였다.

가스통 글록은 사외 변호사를 시켜, 매노운의 횡령 자백을 증거 삼아 조지아주의 코브 카운티 당국에 고소했다. 글록 주식회사가 중요한 기업 시민으로 소재하는 지역이었다. 지역 검사는 매노운을 심문한 후에 소액 횡령죄로 기소했다. 그는 상당히 낮은 처벌을 선고받았다. 교도소 수감 없이 10년 집행유예 선고를 받고 변호사 면허를 반납했다. 그는 배상금으로 글록에 65만 달러를 반납했다. 이 과정은 대외비로 진행되어 매노운은 기자들 앞에 서지 않았다.

✦✦✦

코브 카운티가 매노운 고발 건을 조사하자, 에베르트를 조사했을 때처럼 가스통 글록이 숨기고 싶었던 문제들이 불거졌다. 먼저 매노운은 검사에게 글록사가 선거 자금을 불법으로 기부했고 가스통 글록

⊕⊕ 세계적인 부동산 보드게임. 국내에서 1982년 씨앗사가 출시해 큰 인기를 끈 〈부루마불〉과 비슷하다.

이 이를 승인했다고 말했다.

매노운은 지방 검찰청에서, 자신과 야누초가 회사의 계좌에서 수만 달러를 인출해 동료 직원과 배우자에게 나누어 주었다고 말했다. 돈을 받은 사람들은 글록사가 지지하는 후보에게 개인적으로 기부했다. 이런 행위는 10년 이상 자행되었는데 이는 두 가지 이유에서 불법이었다. 연방법은 외국인 소유 법인인 글록사가 미국 선거에 직접 기부할 수 없게 금지한다. 직원을 동원해 기부한다고 해도 불법이었다. 사실 회사 자금을 나누어 위장하는 것도 범죄이고 제3자를 통해 기부하는 것은 또 다른 범죄 행위였다.

매노운은 검사에게 기부 조작은 독자적으로 진행한 것이 아니라고 말했다.

"이 일은 모두 글록 씨의 승인을 받아 진행했습니다."

그는 회사 계좌에서 9천 달러씩 인출한 방법을 상세하게 설명했다. 연방의 자금세탁방지법에 따르면 은행은 1만 달러 이상의 현금 인출을 미 재무부에 보고해야 한다. 상한선을 의도적으로 회피하는 것도 또 다른 연방 범죄다.

"그래서 은행의 감시망에 안 걸렸습니다."

연방 선거 기부 기록에 따르면 글록 직원들은 1991년부터 2004년까지 의원 후보에게 100회 이상, 모두 합쳐 최소 8만 달러를 개인적으로 기부했다. 매노운은 이런 거래의 일부를 보여 주는 수기 장부를 보관했다. 2000년 11월 1일자를 보면 "GG와 PJ 4 RF 각각 부시 선거

운동"이라는 항목에 6만 달러가 기록되어 있다. GG는 가스통 글록, PJ는 폴 야누초, RF는 리처드 펠드먼이었다. 6만 달러의 용도는 밝혀지지 않았다. 펠드먼도 아는 바가 없다고 말했다.

글록 직원들의 기부를 받은 의원 중에 하원의원 밥 바와 필 깅그리, 상원의원 색스비 챔블리스가 있었는데 모두 조지아의 공화당원이었다. 글록의 후한 기부금에 혜택을 받은 세 의원은 불법 기부를 알지 못했다고 말했다. 2009년에, 챔블리스 의원 사무실은 글록 관련 기부금 전액을 반환해 깨끗하게 처리하겠다고 말했다.

✎✎✎

글록사의 모노폴리 게임머니는 다른 방향, 완전히 엉뚱한 방향으로도 흘러 들어갔다. 한 방향에는 오스트리아 카린시아 지방 출신의 반이민 극우 정치인 외르크 하이더가 있었다. 히틀러와 무장친위대 장교를 찬양해 친나치주의로 인기를 모은 하이더는 이때 미국을 방문해 대외적인 이미지를 바꾸려고 했다. 글록은 애틀랜타의 고급 레스토랑 카누에서 가진 저녁 식사 자리에서 펠드먼에게 하이더를 소개했다. 글록의 지시에 따라 펠드먼은 1999년과 2000년에 하이더를 위해 뉴욕에 교통수단과 호텔을 준비했고 글록이 비용을 댔다. 펠드먼은 필자에게 "글록은 '이미지' 문제를 해결할 수 있도록 하이더를 도우라고 재촉했습니다."라고 말했다.

오스트리아에서 글록은 하이더를 지원하지 않았다고 계속 부인했다. 글록은 자신을 하이더의 후원자로 보도한 오스트리아 신문과 정치인을 고소했고 원하는 결과를 끌어냈다. 그 후 오스트리아를 비롯한 어느 곳에서도 글록-하이더 관계는 거의 주목받지 않았다.

이듬해 1월, 펠드먼은 마틴 루터 킹의 생일을 기념하는 뉴욕 파티에 하이더가 참석할 수 있도록 주선했다. 하이더는 다른 고위 인사와 함께 대연회장 귀빈석에 앉아 있었다. 뉴욕 시장인 루돌프 줄리아니를 포함한 공화당의 주요 인물도 행사에 참석했다.

줄리아니는 미 상원 선거에서 힐러리 클린턴을 상대로 선거운동을 하고 있었다. 힐러리는 줄리아니가 하이더와 귀빈석에 같이 있었다는 것을 알고는 그를 맹비난했다. 그녀는 세계유대인의회에 보낸 공개 편지에서 "하이더의 무관용과 극단주의, 반유대주의는 우리 모두의 격정거리임이 분명합니다."라고 썼다. 그녀는 하이더가 무장친위대를 '강인한 남성'으로, 강제 수용소를 '처벌 수용소'로 지칭하며 히틀러의 고용정책을 높이 평가했다고 말했다. 뉴욕 언론은 클린턴의 메시지를 적극적으로 확대 재생산했다. 줄리아니는 결국 상원 선거를 포기했는데, 자신은 마녀사냥을 당했고, 하이더가 누구인지도 몰랐다며 불만을 터트렸다.

✎✎✎

가스통 글록은 매노운의 자백에도 불구하고, 야누초를 횡령 혐의로 바로 고소하지 않았다. 글록사를 떠난 야누초는 베레츠키와 결혼했고, 이후 몇 년 동안 침체된 세월을 보냈다. 그의 음주는 더 심해졌다. 음주 운전으로 운전면허가 정지되었다. 사업 시도는 성공하지 못했고, 성격은 더 거칠어졌다.

2007년 8월 26일 자정 직후, 애틀랜타 경찰서는 상류층 주거 지역인 프라도에 있는 야누초-베레츠키 집에서 911을 호출하다가 끊긴 전화를 받았다. 현장에 달려간 경관은 911 호출을 시도한 베레츠키를 집 밖에서 발견했다. 그녀는 앞이마 왼쪽과 왼쪽 귀에 깊은 상처가 있었고 얼굴, 손, 팔 위쪽과 아래쪽, 목과 양쪽 다리에 멍이 들어 있었다. 베레츠키는 집 안에 남아 있는 야누초와 다퉜는데 그가 많은 무기를 가지고 있다고 말했다. 야누초가 현관문을 열고는 아무 일도 아니라고 주장했다. 사건 보고서를 보면 "야누초는 뒤통수의 크고 깊은 상처에서 피를 흘리고 있었고 말이 흐릿했고 술 냄새가 진동했다."라고 되어 있다. 경관은 그에게 수갑을 채우고 체포했다.

베레츠키는 "말다툼이 격렬해졌는데 남편이 이마에 주먹을 날려서 이전에 입었던 상처가 다시 벌어졌고, 가슴을 심하게 밀어서 뒤로 넘어져 장식장에 머리를 부딪쳤어요."라고 말했다. 그녀는 전등을 그에게 던졌다. 베레츠키는 응급차 구급대원에게 "그 사람이 나를 죽일 거예요. 나는 죽은 목숨이에요."라고 말했다.

경찰은 집에서 AR-15 자동소총과 레밍턴 샷건 등 17정의 총기를 찾아냈다. 경찰보고서에는 "야누초의 전 부인 캐런 딕슨은 그녀가 그와 결혼했을 때도 무척 난폭했다며 폭행 사건이 벌어지는 건 시간문제였다고 진술했다."라고 기록되어 있다.

베레츠키는 심각한 폭력에도 불구하고 처벌을 원하지 않았다. 야누초는 풀려났고 폭력행위로 기소되지 않았다. 가정 폭력 관계에서 흔하게 나타나는 예처럼 두 사람은 동거를 이어갔다. 그렇지만 이번에는 글록이 야누초를 벼르고 있었다.

2008년 1월 말, 경찰은 야누초의 집을 다시 방문해 그를 체포했다. 이번에는 글록사의 자금을 횡령한 혐의였다. 글록은 미국 변호사를 통해 매노운의 자백과 회사 서류를 증거로 제시하며, 야누초를 기소해 달라고 코브 카운티 당국에 촉구했다. 스머나 경찰서의 조서에 따르면 "매노운, 야누초와 다른 사람이 글록 그룹에서 약 5백만 달러를 횡령했다."라는 혐의였다. 2008년 5월, 야누초는 이보다 훨씬 적은 금액의 횡령으로 정식 기소되었는데 실수로 인출했다고 주장하기에는 너무 큰 금액이었다.

예를 들어 검사는 야누초와 매노운이 케이맨제도에 만든 유령 보험회사에 지불한 17만 7천 달러를 횡령했다고 주장했다. 두 사람은 애틀랜타의 회사 계좌에서 9만 8천 633달러 80센트를 훔쳤다는 혐의도 받았다. 그리고 기소장에 따르면, 2001년 9월에 야누초는 고급 수납장을 자택에 설치하고 글록 펀드를 소유한 법률 회사에 1만 6천 달러를 지불하게 했다. 검사는 야누초가 모두 30만 달러 이상을 횡령했다고 기소했다. 형량을 조금이라도 늘리기 위해, 야누초가 글록에게서 권총 1정을 훔쳤다는 혐의도 기소장에 적었다. 이 권총은 아내에

게 폭력을 휘두르고 체포된 날 저녁에 집에서 압수당한 총기 중 하나였는데, 글록이 아니었다.✢

✦✦✦

필자는 2009년 6월에 야누초와 만났다. 코브 카운티의 형사 재판이 느리게 진행되었기 때문에 그는 미결 공판에서 보석으로 석방되었다. 그의 모습은 엉망이었다. 체중이 늘고 얼굴은 부어 있었다. 그는 글록에서 잘 나갈 때의 말끔한 정장 차림 대신에 구겨진 바지와 하와이안 스타일의 반팔 셔츠를 입었다. 아내 베레츠키는 네덜란드로 가서 취직을 했다. 그는 유럽을 오갔지만 이제는 돈이 없었다. 차는 수리 중이었는데 수리비를 낼 돈도 없었다.

우리는 애틀랜타 중심가의 떠들썩한 레스토랑에서 만났다. 애틀랜타에 사는 〈비즈니스위크〉 동료 기자 브라이언 그로우가 합석했다. 매노운의 '모노폴리 게임머니' 이야기를 상기하며 야누초는 글록의 회계 관행이 극단적으로 비정상적이었다고 말했다. 야누초와 글록은 1993년 초에 직원에게 정치 기부금을 주는 문제를 처음으로 논의했다. 글록은 "어떻게 할 생각인가? 어떤 후보가 가능성이 있지? 우리가 후원금을 기부해야 하지 않을까?"라고 물었다. 야누초에 따르면 글록

✢고등법원 항고심에서 글록이 권총에 대해 알고 있었고, 야누초가 돌려주기로 했다는 증언이 나왔다. 야누초는 2013년 8월에 석방되었다.

은 이런 식의 기부금 위장이 미국법 위반이라는 사실을 100% 알고 있었다고 한다.

그는 매노운과 함께 회사 자금을 횡령했다고 인정했다. 그중 일부는 글록의 승인을 받아 불법 정치헌금으로 들어갔다고 했다. 그는 케이맨제도의 유령 보험회사 건 등의 다른 부정은 매노운의 작품이라고 비난했다. 야누초 자신은 매노운의 지휘를 따랐을 뿐이라고 주장했다. 그는 매노운이 "나 대신 이걸 맡아주시오."라고 말했다며 자신은 적극적인 주동자가 아니라는 뉘앙스를 풍겼다.

야누초는 가스통 글록이 에베르트의 도움을 받아 어떻게 유령 회사 체계를 만들고 미국에서의 조세 부담을 줄였는지를 아주 상세하게 설명했다. 그는 국세청에 제출했던 내부 고발 문서의 복사본을 우리에게 넘겼다. 문서 파일은 "가스통 글록은 다양한 계열사를 통해 조지아 스머나의 글록사를 100% 소유하고 있다. 그는 다양한 외국 법인을 통해 총매출액을 줄이고 자금을 세탁하는 정교한 계획을 지휘했다. 그렇게 해서 판매된 총기 1정당 20달러 정도를 줄였다."라는 내용을 담고 있었다. 이것을 연간 수십만 정으로 계산하면 미국의 과세를 피한 금액은 연간 9백만에서 1천만 달러 정도가 되었다.

야누초가 아는 바로는 글록이 자신을 기소했다. 글록이 거칠게 나오면 야누초도 반격할 계획이었다. 반격의 일환으로 글록의 관행을 〈비즈니스위크〉에 공개했다.

아주 흥미로운 이야기였다. 룩셈부르크에서의 살인미수, 유령 회사, 횡령 혐의, 그 와중에도 이어지는 글록의 상업적 대성공. 2009년 9월, 잡지 편집장은 글록 특집 기사에 "수익을 위한 글록의 비밀 경로 GLOCK'S SECRET PATH TO PROFITS"라는 제목을 달았다. 부제는 "미국 최대의 법 집행기관 권총 납품 업체. 성공 뒤에 숨은 충격적인 사업 음모."라고 좀 더 상세하게 썼다. 국세청이 기사에 실린 야누초의 주장과 이 다루기 힘든 변호사를 조사하기 시작했다.

✏✏✏

글록은 야누초의 비난에 적극적으로 대응했다. 회사 경영진은 인터뷰를 거절하면서 가스통 글록은 어떤 말도 하지 않을 것이라고 했다. 그렇지만 야누초의 후임으로 고용된 사내 변호사 카를로스 게바라Carlos Guevara는 서면질의에 답장을 보내 회사의 입장을 알렸다. 그는 자신이 글록사와 가스통 글록 개인을 대변할 권한을 부여받았다며 "글록사는 항상 합법적이고 적절하게 운영되었습니다. 글록사는 예외적일 정도로 잘 운영되고 관리되고 있습니다."라고 주장했다. 그러면서 한편으로는 가스통 글록의 최고위 측근인 에베르트, 야누초, 매노운이 횡령과 사기, 살인미수 등으로 민사와 형사 소송에 휘말렸다고 주장했다.

　필자는 이 정도가 '예외적일 정도로 뛰어난 경영'이면 엉망인 경영은 어느 정도일지가 상상조차 안 되었다. 게바라는 어떤 모순도 인정하지 않았다. 그는 회사를 강조하느라 글록을 계속 대문자(GLOCK)로 표기하며 "글록은 소수의 범죄자가 몇 년 전에 저지른 피해를 무사히 극복할 수 있었습니다."라고 썼다.

그는 "글록의 세금 신고와 보고는 정확합니다. 글록은 1988년부터 정부의 종합적인 감사를 받아왔습니다. 최근에는 2005년 오스트리아 정부에, 2006년 미국 정부에 감사를 받았습니다. … 어느 국가에서도 탈세 부정이 발견되지 않았습니다."라고 이어갔다. 필자는 파나마의 글록 계열사인 레오핀 인터내셔널과 터키의 금융인 나음리의 관계에 대한 회사 자체 조사와 그 결과를 질문했다. 게바라는 "귀하의 질문이 터키나 북키프로스 터키 공화국의 금융기관과 글록이 관련되어 있는지를 묻는 것이라면, 글록은 전혀 관계가 없다고 말씀드리겠습니다."라고 답변했다. 필자는 가스통 글록이 소유한 레오핀이 관련되었는지를 물은 것이었다.

정치헌금에 대해서도 게바라는 강하게 부인했다.

"글록은 미국의 선거 자금법을 위반하는 어떤 행위도 허가한 적이 없고, 허가하지도 않습니다. 매노운과 야누초는 50만 달러 이상의 글록 자금을 훔쳤고 범죄를 숨기기 위해 정치헌금이라고 속였습니다. 우리는 항상 의무를 다했고 … 글록 자금을 직원에게 배분해서 정치헌금으로 기부했다는 매노운과 야누초의 주장은 전적으로 거짓으로 밝혀졌습니다. … 글록이 2000년 대선에 6만 달러를 기부했다는 주장에 대해서는 매노운이 글록의 자금을 훔쳐 자신과 야누초의 케이맨제도 계좌로 이체했다는 증거가 있습니다."

게바라는 필자가 쓴 기사의 정보원과 사실에 대한 신빙성이 의심스럽다고 주장했다. 그는 "글록은 귀하가 기소된 범인을 포함해, 신뢰성 없는 정보원에게서 엉터리 정보를 받았다고 생각합니다."라고 썼다.

아무리 너그러이 생각해봐도 글록과 변호사는 요점을 놓치고 있었다. 글록의 삶을 화려하게 만든 중심 사건들은 논란의 여지가 없었다. 누군가는 가스통 글록을 살해하려고 했다. 최고 재무 측근인 에베르트는 청부 살인 업자를 고용한 혐의로 기소되었다. 글록은 이런 범죄 정황을 지지했고 에베르트가 글록사를 장악하려고 했다고 고발한 것도 글록 자신이었다. 미국에서는 글록의 최고 경영진이었던 야누초와 매노운이 회사 자금을 횡령한 혐의를 받고 있었다. 이 사건도 글록사 내부에서 많은 증거가 나왔다. 매노운에게서 나온 다른 증거는 검사가 심문하는 과정에서 나왔다.

야누초와 매노운이 얼마나 많은 자금을 불법 헌금에 사용했는지, 케이맨제도에 은닉했는지, 개인 계좌에 직접 챙겼는지는 중요하지 않다. 회사가 이런 난리 법석 속에서 운영되었다는 점과 글록의 생명줄이나 마찬가지인 미국 지사가 그토록 의심스러운 관리하에서 막대한 수익을 올려 왔다는 점이 중요하다. 경영진의 혼란에도 불구하고, 폴리머 자동권총이 여전히 공장에서 쏟아져 나와 미국과 전 세계에 판매되었다는 것은 가스통 글록의 창조물이 지닌 고유한 우수성에 대한 가장 큰 헌사다.

19장
글록이 미국에 미친 영향

노스캐롤라이나의 샬럿Charlotte시는 총기를 소유하기 편한 지역이다.
NRA는 여기에서 〈수정헌법 제2조〉 축하 파티를 열었다. 세라 페일린
Sarah Palin⊕이 축하 파티에 참석하는 등 티파티Tea Party⊕⊕의 본진을
볼 수 있을 정도다. 2010년 5월 샬럿에서 열린 NRA의 연례회의에서
사회자가 페일린을 "미국에서 가장 유명한 무스 사냥꾼 엄마"라고 소
개하며 연단으로 불렀다. 페일린은 그녀의 눈부신 미소와 밤색 머리
를 보여 주는 거대한 비디오 영상에 둘러싸인 채 기조연설자로 나서

⊕알래스카 주지사 출신으로 2008년 대통령선거에서 부통령 러닝메이트로 출마했다가 낙
선했다. 잦은 말실수 등으로 구설수에 올랐고 미국 패러디 드라마의 소재가 되기도 했다. 그
래서 필자도 '기자의 성가신 질문만 없다면'이라고 지적했다.
⊕⊕2009년 시위에서 시작된 보수주의 운동으로 진보주의 노선과 반대 성격이다.

타임워너케이블 실내경기장에 모인 1만 명의 청중을 내려다보았다. 페일린은 "불쌍한 집착광 여러분과 이 자리를 함께해 너무나도 기쁩니다!"라고 소리쳐 오바마 대통령을 비꼬았다. 오바마는 2008년 대선 모금 행사에서 어리석게도 총기와 종교에 '집착'하는 '불쌍한' 공화당원이라며 공화당원과 총기지지자들을 폄하한 적이 있었는데 NRA는 그 말을 되갚았다.

페일린은 눈에 띄는 검은색 드레스를 입고 큰 옥십자가를 목에 걸고 있었다. 그녀는 준비한 원고를 무관심한 청자에게까지 아주 효과적으로 전달할 수 있는 자신의 능력을 보여 주었다.

"프롬프터를 읽을 필요가 없습니다."

프롬프터를 읽으며 그녀가 말했다. "말하고 싶은 모든 내용은 제 손바닥에 써 두었습니다. 멍청한 언론은 우리 티파티 미국인을 폭력적이고 인종차별주의자이며 촌뜨기Redneck라고 낙인찍으려 합니다."라고 외쳤다. 그녀는 잠시 기다린 후에 "좋아요. 촌뜨기라고 해도 아무 상관이 없습니다. 저도 촌뜨기이니까요!"라고 말했다.

페일린은 기자가 '성가신 질문으로 방해하지 않는다면', 공화당 우세주Red State✠✠✠의 동정론을 잘 끌어낸다. 그녀는 "총기 소유가 사상 최대로 늘었는데도 폭력 범죄는 지난 30년 중에서 최저치입니다. 총기 반대 집단에게는 이런 상식이 통하지 않습니다."라고 주장했다. 샬

✠✠✠ 공화당의 상징색인 붉은색으로 구분한 주. 민주당 우세주는 푸른색으로 표현한다.

럿의 군중은 기립 박수로 동의를 표했다.

✎✎✎

정치 집회가 열리던 경기장에서 몇 블록 떨어진 곳에는 소총, 리볼버, 자동권총, 샷건, 머스킷, 화승총, 모든 구경의 탄약, 수렵용 긴 칼, 망원경, 탄피로 만든 예술품, 방탄복, 지혈용 거즈, 냉동건조한 황소 고기 버거, 석궁, 새총, 페인트볼 발사기, 표적지(인체 모양 등), 강아지용 텐트, 사슴 사냥용 은폐물, 오리 미끼, 곰 휘슬, 공기총, 진공포장한 칠면조 육포, 남북전쟁 복장, 나치 메달, 생존주의자 참고서, 귀마개, 청음기, 방아쇠 잠금장치, 책임보험 등을 판매하는 거대한 전시장이 있었고 수만 명의 NRA 회원이 몰려들었다.

　수많은 상품 홍보 부스 중에서, 검은색과 은색으로 꾸민 글록 부스에만 50명은 충분히 넘는 사람들이 대변인과 사진을 찍으려고 줄을 서 있었다. 풍만한 가슴의 샤론 딜런에게 추파를 던지던 총포상들의 시대는 이미 오래전에 지나갔다. 글록은 몇 년 전부터 해병대 교관 출신의 배우인 로널드 리 어메이R. Lee Ermey를 고용해 대중 행사에서 관심을 모으기 시작했다. 어메이는 1987년 영화 〈풀메탈재킷Full Metal Jacket〉에 가학적인 상사로 출연해 뛰어난 연기를 선보여서 유명해졌는데, 최근에는 케이블 방송의 무기 전문 프로그램 〈락앤로드Lock'N Load〉에 출연했다. 60대인 그는 강인하고, 균형 잡히고, 꼿꼿한 자세를 하고, 옆머리를 짧게 자른 은퇴한 해병의 이상적인 모습을 보여 준다. 자신을 거니Gunny라고 부르는 사람들과 몇 시간 동안 악수를 하고, 그들의 아내에게 키스하고, 아이들의 머리를 쓰다듬어 주었다. 연례 NRA 회원 전용 행사에는 일반인이 보면 놀랄 정도로 많은 부부와 가족이 참석한다.

젊은 병사 몇 명이 해외파병에서 막 돌아왔다고 말했다.

"만세!"라고 거니가 대답했다.

"글록이 최고!"

사냥 위장복을 입은 마른 체형의 사람이 소리 질렀다.

"더럽게 좋지!"라고 거니가 대답했다.

다림질한 치노 바지와 검은색과 은색으로 된 회사 셔츠를 입은 글록 영업 직원이 만족스러운 표정으로 이 모습을 보고 있었다.

✐✐✐

필자는 캐머런 홉킨스와 엑스포를 돌아봤다. 그는 〈아메리칸핸드거너〉의 편집장 출신으로 NRA 웹사이트에 유료 기사를 기고하고 있었다. 아프리카에서 영양과 들소를 사냥하는 취미를 가진 작은 체구의 남성인 홉킨스는 40년 가까이 총과 탄약을 전문으로 다루어 왔다. 그는 "글록이 시장 전체를 바꾸었다고 해도 무방합니다."라고 논평했다.

"XD와 S&W, 토러스, 소규모 브랜드까지 여기에 나온 권총 업체는 모두 글록의 아류를 출품하고 있습니다. 미국에서 권총은 글록 세상이 되었어요."

홉킨스는 지난 몇 년 동안 외양만 글록을 흉내 내던 권총들이 이제 품질도 좋아졌다고 말했다. 다른 회사들도 이제는 인체공학과 방아쇠 작동 체계에서 글록과 약간 다른 변형 제품을 판매했다. 그리고 S&W와 같은 일부 업체는 전통적인 리볼버를 개량한 버전처럼 더 다양한 종류의 권총을 판매했다. 그렇지만 아무래도 현대적인 대용량 자동권총만큼은 여전히 글록이 최고였다.

우리는 다시 글록 부스의 인파에 돌아갔다. 홉킨스는 "사람들이 저렇게 흥겨워하다니 정말 놀라워요. 사람들이 몰려들어요. 글록은 10년 전이나 20년 전과 크게 다르지 않은 권총을 팔고 있는데도 사람들은 여전히 매력을 느끼고 있습니다."라고 분석했다.

필자가 그 이유를 물었더니, 홉킨스는 "텔레비전과 영화에 자주 나오기 때문이라고 생각합니다."라고 말했다. 글록의 이미지는 샤론 딜런부터 리 '거니' 어메이까지, 투팍 샤커부터 브루스 윌리스와 아널드 슈워제네거까지 대중문화를 아우른다.

✎✎✎

필자는 몇 개월 전에 독일 뉘른베르크의 유럽 소화기 전시회를 방문했다. 글록 부스는 빈의 카페 분위기로 꾸미고 작은 원형 탁자 위에, 맛있는 버터 쿠키를 은쟁반에 담아 올려 두었다. 검은 블라우스와 바지를 입은 젊은 여성이 에스프레소와 카푸치노, 생수를 대접했다. 유럽의 쇼는 샬럿의 NRA 행사보다 고급스러웠다. 일부 참석자는 삼베로 짠 포레스트 그린색의 사냥 재킷을 입고 훈련이 잘된 사냥개를 데리고 다녔다.

필자는 슈타이어 부스에 들렀다. 1980년대 초에 글록에 오스트리아군의 신형 권총 시장을 내준 업체였다. 슈타이어는 법 집행기관용 고성능 소총을 계속 생산하고 몇 년 동안 상당히 좋은 자동권총을 설계했다. 그렇지만 미국에서는 인기를 끌지 못했다.

군다카 부름브란트-슈트파흐라는 슈타이어의 영업 담당자가 최신 9mm 자동권총의 기능을 설명했다. 그는 슬라이드를 뒤로 젖히면서 "글록보다 많은 장점이 있죠. 우리 자동권총은 아주 자연스럽게 잡힙니다. 보이시죠?"라고 말했다.

필자는 장전되지 않은 슈타이어를 들어 올렸는데 글록보다 상당히 무거웠다. 필자가 쥐기에는 절대로 '자연스럽지' 않았다. 미국에서 슈타이어의 자동권총이 많이 팔리는지 물었다.

그는 솔직하게 그렇게 많이 팔리지는 않는다고 인정했다. 그는 곤란한 질문에 흥미를 잃었는지 제품 소개를 중단했다. "글록은 오래전에 가장 먼저 미국에 진출했습니다. 이제는 희망이 없죠. 글록은 미국 권총입니다."라고 말했다.

✐✐✐

글록이 '미국 권총'의 대명사가 되어 좋은 점이 있을까? 시장이 리볼버에서 자동권총으로 변할 때 글록은 리더의 위치를 어떻게 활용했을까?

글록의 매출을 탐내는 슈타이어, S&W, 콜트나 다른 권총 업체에게 글록의 우세는 분명히 좋지 않은 영향을 주었다. 경쟁자들이 좌절한 지점은 글록이 자동권총을 구입하려는 미국인에게 안정적이고 합리적인 가격의 제품을 판매한다는 점이다. 경찰서, FBI, 치안에 민감한 가족, 주말에 사격을 취미로 즐기는 사람들이 글록을 좋아한다. 상업적 측면만 놓고 본다면 글록은 세계 경제의 승리자이며, 미국 업체가 방심한 사이에 강습한 외국 침략자다.

총기 규제 진영은 이런 성공을 비난한다. 조시 슈거만은 필자에게 "글록은 안 좋은 쪽으로 산업을 바꾸어 놓았습니다."라고 말했다. 1980년대 말부터 9mm 글록 17은 미국에 자동권총 열풍을 퍼트렸다. 리볼버에서 자동권총으로 대세가 바뀌면서 대용량 탄창도 필수가 되었다. S&W .38구경의 6발에서 글록 17의 17발로 바뀌었다. 1990년대에 접어들면서 글록은 더 강력한 '저지력'을 가진 대구경으로 바꾸라고 많은 미국인들을 설득했다. 10mm인 .40구경 글록은 많은 경관의 표준 부무장 자리를 차지했고 중심가 총포상의 인기 품목이 되었다. 같은 기간 동안 글록은 9mm부터 .45구경까지 다양한 구경의 소형 권총을 출시했고 시장을 선도했다. NRA가 은닉 휴대 제한법을 완화하려고 노력하고, 1994년 10발 이하의 탄창만 허용하는 조항을 포함한 공격용 무기 금지법이 통과되면서 글록의 포켓로켓 마케팅이 힘을 얻었다.

슈거만의 오랜 동료로 워싱턴의 반권총폭력정책센터에서 근무하는 톰 디아즈에 따르면 "총기 산업은 치명적인 살상력을 늘리면서 교묘하게 수익도 함께 늘렸다." 슈거만은 2001년에 출간한 저서《모든 권총이 당신을 노린다 : 권총을 금지하려는 이유Every Handgun Is Aimed at You : The Case for Banning Handguns》에서 "은닉성Concealability, 용량Capacity, 구경Caliber은 치명적인 3개의 C다. 3C 설계로 살상력이 늘어났다."라고 했다. 글록은 이 3개 부문에서 선구자였다.

✐✐✐

총기 규제 진영의 고발이 합리적인지 확인하려면 글록의 차원을 넘어서 미국 사회의 총기 소유와 사용에 대해 몇 가지를 설명할 수 있어야 한다. 지금도 총기 규제 논란에 대한 종합적인 조사 연구가 나오지 않고, 진영 논리와 입맛에 맞는 통계를 주장하고 있을 뿐이다. NRA의 적극적인 활동으로 앨 고어가 2000년 대통령선거에서 지역구인 테네시에서조차 패배한 이후에 민주당은 이 문제에 대해 거론하길 회피해왔다. 총기 소유 권리는 지난 10년 동안 꾸준히 확장되었고 앞으로도 특별한 일이 없는 한은 그 추세가 이어질 것이다. 미국에서 글록의 역할을 평가할 때에는 이런 추세에 일희일비할 필요가 없다. 총기는 선이자 악으로, 사람들을 출근하게 하는 동시에 환경을 오염시키고 끔찍한 사고를 일으키는 자동차와 같다. 콜레스테롤과 칼로리가 가득한 맛있는 스테이크와 같다. 중요한 정보를 제공하는 동시에 멍청한 음모론과 사악한 아동 포르노를 보여 주는 인터넷과 같다. 〈수정헌법 제2조〉를 철회하고 미국인 절대다수의 집단심리를 완전히 바꿔 놓지 않는 한 총기는 계속 남아 있을 것이다.

✦✦✦

조지 오웰✤이 강조했듯이, 받아들이기 힘든 시민사회의 진실 하나는, 우리가 재산이나 정치 이념, 신앙, 부동산 등을 이유로 우리를 해치려는 사람을 막기 위해 거꾸로 무기를 든 강하고 용감한 사람에게 의존한다는 것이다. 이런 현실을 받아들여서, 우리는 경찰과 군대에 보호의 임무를 다할 수 있도록 무기를 주고 있다. 그런 면에서 글록은 일부 문제가 있기는 하지만 자기 임무를 다하고 있다.

전직 워싱턴 경찰인 에이먼 클리퍼드Eamon Clifford는 "글록은 위험이 닥치면 당신이 원할 총입니다."라고 말했다. 클리퍼드는 1990년 초에 총격전을 2번 겪었다. 2번 모두 정당한 행위로 인정되었다. 현재 노동조합 간부인 그는 글록의 방아쇠가 가벼워서 사고가 생길 수 있다고 인정했다.

"글록은 상당히 쉽게 격발할 수 있으니 각별히 주의해야 합니다."

그리고 나서 그는 "글록이 아니더라도 모든 총을 주의해야 합니다.

✤조지 오웰은 필명이며 에릭 아서 블레어가 본명이다. 영국 작가이자 언론인으로 전체주의를 비판하고 민주사회주의를 지지했다.《동물농장》과《1984년》등이 대표작이다.

내 말뜻을 알겠죠?"라고 덧붙였다.

법 집행기관 입장에서는 총기 규제 진영이 우려하는 구경과 은닉 휴대 문제가 탁상공론에 불과하다. 정복 경관은 다용도 허리띠에 총기를 공개적으로 휴대한다. 사복 차림의 형사와 연방 요원은 재킷 안에 숨기기 쉬운 소형 총기를 선호하는데, 이는 합리적인 선택으로 보인다. 구형 스넙노즈 .38구경 S&W도 비교적 숨기기 쉽다. 권총을 숨기는 범죄자는 브랜드는 상관없고 그냥 숨길 수만 있다면 그만이다. 은닉 휴대법을 완화하는 것이 타당한지는 중요한 문제가 아니다.

적절한 탄약 구경(직경)에 대한 논란도 꼬리에 꼬리를 무는 문제다. 동일한 설계와 장약이라면 대구경 탄약이 소구경 탄약보다 파괴력이 크다. 대구경 탄약 한 발이 가지는 저지력이 더 크다. 경관이 폭력을 휘두르는 범죄자에게 총을 쏜다면 최소한의 사격으로 대상을 쓰러트려야 자신과 무고한 시민을 지킬 수 있다. 이런 면에서 .38구경 리볼버를 9mm 자동권총으로 교체한 것은 큰 효과가 없었다. 탄약의 직경이 유의미하게 차이가 나지 않기 때문이다.

1990년대 글록의 .40구경 보상 교환 마케팅은 교환에 참여한 경찰서의 저지력을 강화했다. 총기를 반드시 교환할 필요가 없었을 수도 있다. 중고 경찰 총기가 시민에게 대거 유통되는 문제가 일어났다. 뉴올리언스와 다른 도시는 글록의 교묘한 보상 교환 프로그램에 적극적으로 참여했다가 결국에는 낭패를 보았다. 그렇지만 훈련이 잘된 경관에게는 대구경에 연사력이 높은 .40구경 자동권총이 좋은 선택이었다.

총기의 성능은 구경으로 판단할 수 없다. 일부 경찰 기관과 달리, 미군이 1980년대에 .45구경 콜트 1911 자동권총을 더 소구경인 9mm 베레타로 교체했다는 사실은 좋은 선례로 꼽을 수 있다. 펜타곤은 전장에서 구경이 작더라도 더 많은 탄약을 휴대하는 편이 낫다고 판단했다. 장군들도 미숙한 병사는 더 가볍고 반동이 작은 권총을 사용해야 명중률을 높일 수 있다고 생각했다. 이런 판단이 실전에서 유의미한 효과를 봤다고 말할 수는 없지만, 어쨌든 아예 근거가 없어 보이지는 않는다. 9mm 제식탄을 정확한 조준사격으로 두세 발 명중시키면 치명적인 위력을 발휘할 수 있다.

글록 입장에서는 더욱 괴로운 지적이 있다. 대용량 탄창과 쉬운 조작법 때문에 경찰이 더 과하게, 더 자주, 더 심각하게 총격을 가할 수 있다는 비난이다. 1999년 2월, 4명의 뉴욕 경찰이 아마두 디알로_{Ama-dou Diallo}에게 41발을 퍼부어 이런 위험성을 분명히 보여 주었다. 디알로는 늦은 밤에 브롱크스의 아파트 현관으로 가면서 주머니의 지갑을 찾았다. 경관은 그가 용의자와 닮았다고 생각한 데다가 총을 더듬고 있다고 오해했다. 기니 출신 이민자로 22살이었던 디알로는 비무장이었는데도 19발을 맞고 죽었다. 경관 4명은 9mm 자동권총을 가지고 있었다. 한 명은 글록, 두 명은 시그사우어, 나머지 한 명은 S&W를 사용했다. 뉴욕 경찰서가 승인한 3개의 브랜드였다. 이 사건에서는 글록이 소수였지만, 뉴욕도 다른 도시처럼 글록의 영향을 받아서 대용량 자동권총으로 바꾼 것이 사실이다.

언론 보도와 지역사회는 디알로 살해 사건을 백인 경관이 무고한 흑인을 사살한 사건으로만 집중적으로 다뤘다. 도시의 법 집행기관이 충격적인 사건을 계속 저지르는 원인 너머에는 글록과 다른 자동권총이 과연 '동조 사격Contagious Shooting'을 부추겼는지에 대한 의문이 있었다. 모두가 긴장한 상황에서는 동료 경관이 사격을 하면 덩달아 반사적으로 방아쇠를 당기는 경향이 있다. 사수들이 아무리 공격적이더라도 6연발 리볼버를 재장전해야 했다면 디알로 사건에서 발사된 탄약은 더 적었을 것이다. 사격한 탄약이 적으면 명중탄도 더 적었을 것이다. 그렇지만 자동권총을 들고 공황 상태에 빠지는 경찰은 리볼버를 사용했어도 같은 실수를 했을 것이다.

뉴욕대학의 법학 교수인 폴 체비니는 1999년의 사건 후에 가진 인터뷰에서 "총기보다는 훈련, 책임감, 프로토콜이 훨씬 중요한 원인입니다. 냉정한 소리를 하고 싶지 않습니다. 경관이 자동권총을 소지하지 않았다면 디알로가 살아남았을지도 모르겠지만, 나는 상황이 크게 달라지진 않았을 것이라고 생각합니다."라고 말했다. 결국 디알로를 피살한 경관 4명은 형사 기소되었다가 무죄로 풀려났다.

경찰의 자동권총 사용에는 계속 물음표가 따라다녔다. 2006년 11월에는 뉴욕 경찰이 23살의 흑인 숀 벨Sean Bell을 사살했는데, 희생자의 주차된 차에 50발을 쏘아서 논란이 일어났다. 경찰은 벨과 친구 여러 명이 총을 가지고 있다고 착각했다. 경찰에 따르면 혼란스럽게 대치하던 상황에서 벨이 잠복 중이던 뉴욕 경찰의 밴을 들이받으려고 했다. 늦은 밤의 사격이 끝난 후에야 경찰은 벨 일행이 그렇게 위험한 사람들이 아니라는 것을 알았다. 3명의 경관이 형사 기소되었지만, 무죄로 풀려났다.

디알로와 벨 사건 같은 경우가 드물기는 하지만, 자신이 위험하다고 느끼거나 오판한 경관은 동료를 자극해 과도한 총탄 세례를 퍼붓게 한다. 글록과 다른 대용량 자동권총은 동조 사격이 더 쉽게 일어나게 하는 경향이 있다. 그렇지만 아직까지 동조 사격이 일반적인 현상인지를 파악하는 것은 고사하고 발생 빈도를 정리한 사회과학 자료조차 없는 실정이다. 치안향상을위한랜드센터는 2007년에 공개한 연구에서 "따라서 반사적인 사격Reflexive Shootings의 정도, 그리고 그런 현상이 시간 경과에 따라 증감하는지를 판단하는 것은 불가능하다." 라고 결론을 내렸다.

경찰이 사격할 때, 1명이 발사한 탄약 수 통계는 마찬가지로 해석하기 어렵다. 일반적으로 경관은 그렇게 자주 사격을 하지 않는다. 대도시의 우범지역이라고 해도 대부분의 경관은 사격 훈련을 할 때 외에는 방아쇠를 당길 일이 없다. 그렇긴 하지만, 총기 발사 비율에 대한 연구를 보면, 자동권총이 대중화되면서 사건당 2~3발을 쏘던 리볼버보다 발사 횟수가 확실하게 늘었다는 것을 알 수 있다.

그렇지만 이 숫자를 그대로 받아들일 수는 없다. 자동권총 사용은 1990년대 말과 2000년대에 보편화되었는데, 범죄율은 거꾸로 줄어들었기 때문이다. 뉴욕의 경우, 매년 경찰이 벌인 총격전과 발사한 탄약 수 합계는 눈에 띄게 줄었다. 경찰이 30~40년 전 범죄율이 증가할 때보다 최근에 더 자제하고 있다는 것을 알 수 있다.

뉴욕 경찰이 치명상을 가한 총격의 비율은 디알로 사건이 발생하기 전에는 역년 기준으로 경관 1천 명당 0.48명으로 낮아졌다. 1985년 이후 최저치였다. 더구나 뉴욕시의 기록에 따르면 범죄율이 하락하는 만큼 뉴욕 경찰의 총격 횟수와 사건당 발사한 탄약 수도 줄어들었다. 1995년에는 경찰의 총격이 344건 있었고 사건당 평균 5발을 발사했다. 1998년에는 249건의 총격이 있었고 평균 3.4발을 발사했다. 이후 10년 동안, 사건당 발사한 탄약 수는 2004년의 3.1발로 떨어졌다가 벨이 피살된 이듬해인 2007년에는 다시 5.2발로 늘어났다. 이런 식으로 매년 바뀌는 이유를 제대로 설명한 자료는 없다. 아주 조심스럽게 어림짐작한다면, 사건당 탄약 수는 1980년대의 약 3발에서 2000년대의 약 4발로 늘어나 33% 증가한 셈인데, 자동권총으로 교체한 것이 아마도 원인일 수 있다. 당신은 이걸 '글록 현상'이라고 부를 수도 있다.

뉴욕이나 다른 지역의 경찰이 총기를 겨냥할 때 30년 전보다는 한두 번 더 방아쇠를 당기는 경향이 있다고 해도, 글록만 비난하는 것은 분명히 공평하지 않다. 다른 총기 업체도 상당히 많은 자동권총을 판매해 왔다. 글록이 자동권총의 유행을 선도했긴 하지만 말이다. 총체적으로 볼 때 미국의 법 집행기관이 글록과 다른 회사의 자동권총으로 무장하기 이전보다 오늘날의 경찰이 탄약을 더 적게 발사하고 있다는 것을 거듭 중요하게 여겨야 한다. 2009년, 뉴욕 경찰은 오발을 포함해 총 296발을 발사했다. 1971년에는 무려 2천 113발이었다. 뉴욕만 그런 것이 아니다. 펜실베이니아 부보안관 출신으로 맨해튼의 존제이 형사사법대학 교수인 마이클 화이트는 미국의 많은 도시에서 "경찰의 총격이 전반적으로 꽤 많이 줄어든 것을 알 수 있다."라고 말했다. 이처럼 바람직한 발전은 범죄의 강도가 약해지고 경찰의 훈련이 강화된 덕분임이 거의 확실하다. 둘 다 권총의 선택보다 훨씬 중요한 요소들이다.

💢💢💢

일반인의 글록 소유에 대한 논쟁은 "일반인이 사용하기에 글록이 적합한가?"에서 시작해 "글록 때문에 미국 내 범죄가 눈에 띄게 악화되었는가?"로 번진다.

1980년대와 1990년대에는 권총이 소총과 샷건보다 더 많이 팔리게 되었다. 이 기간 동안 총기 제조업체와 NRA는 가택침입, 강도, 살인이 늘어나고 있어서 호신용으로 권총이 필요하다고 주택 소유주들을 설득했다. 범죄학자와 공중보건학자는 범죄를 막기 위해 총기를 사격하거나 휘두르는 방어용 총기 사용의 장점이, 가정에 총기를 보관하면서 생기는 잠재적인 위험을 능가하는지를 두고 흥미로우면서도 장황한 논쟁을 벌여 왔다. 글록이 권총의 수요와 권총의 위력을 강화시킨 대용량 탄창의 수요를 폭발하게 한 것은 사실이다. 글록의 2010년 카탈로그는 글록 19가 "무용지물이 된 소형 .38구경 리볼버와 크기나 무게가 비슷하면서도 화력이 더 강하고 정확하게 속사하기 쉬워서 훨씬 강력하다."라고 자랑했다.

총기 규제 진영은 글록의 마케팅 전략을 비난한다. 슈거만은 "총기 시장의 대세로 권총이 떠오른 것은 더 효율적인 살인 도구가 되었다는 것입니다. 이 과정에서 발생한 인명 피해와 고통은 막심했습니다." 라고 주장한다.

많은 진보주의 시민과 학자는 이런 강경한 발언에 동의한다. 그렇지만 이런 주장은 감정적이고 근거가 희박하기 때문에 총기와 범죄 추세의 연관성을 설명하지 못한다.

법 집행기관은 소형 글록과 다른 자동권총이 보다 은닉하기 쉽다는 지적과 대구경 모델의 저지력을 반대하는 총기 규제 진영의 주장에 설득력이 없다고 여긴다. S&W와 콜트는 가스통 글록이 커튼 봉에서 자동권총으로 사업을 전환하기 훨씬 오래전부터 소형 권총과 대구경 총기를 판매했다. 일대일 비교를 하면 .45구경 콜트 1911이나 .44구경 S&W 리볼버가 글록 9mm보다 살상력이 더 크다.

그렇지만 글록이나 다른 대용량 자동권총은 설상가상의 상황을 만들 수 있다. 1991년의 루비스 학살과 같은 총기 난사 상황에서 능숙한 사용자는 대용량 탄창을 장착한 현대식 자동권총으로 더 많은 탄약을 발사하고 더 빨리 재장전할 수 있다. 2007년 4월, 조승희가 버지니아공대에서 32명의 학우와 교수를 학살했을 때, 그는 9mm 글록 19와 조금 더 작은 .22구경 발터를 사용했다. 대부분의 언론은 15연발의 컴팩트 글록에 초점을 맞추고, 그 덕분에 조승희가 더 짧은 시간에 많은 탄약을 발사할 수 있었다고 집중 보도했다. 그가 글록을 사용해서 피해자가 더 발생했는지는 확신할 수 없지만, 그랬을 가능성은 충분하다.

2011년 1월, 재러드 리 로프너가 글록 19를 새로 구입했기 때문에 애리조나 투손 지역 쇼핑몰의 정치 집회에서 더 많은 살인을 저지를 수 있었다는 것은 분명하다. 화창한 토요일 아침, 22살의 미치광이 로프너는 세이프웨이 슈퍼마켓 앞에서 열린 개브리엘 기퍼즈 의원의 지역구 정치 집회에서 총을 쏘았다. 그는 몇 분 만에 33발을 난사해 6명을 죽이고 13명에게 총상을 입혔다. 기퍼즈는 근거리 사격을 당해 머리에 심각한 관통상을 입었다. 사망자 중에는 연방 판사와 9살 소녀도 있었다. 이 소녀는 초등학교 학생 위원으로 정치인과 악수를 하고 싶어서 현장에 있다가 총격을 받았다. 로프너는 특별히 대용량으로 제작된 탄창을 사용해서 불과 몇 분 만에 통상적인 경우보다 훨씬 심각한 피해를 입혔다. 그는 재장전할 때까지 사격을 멈추지 않았고, 재장전하느라 멈춘 사이에 행사 참석자들이 달려들어 더 이상의 피해를 막았다.

2004년에 10발 탄창 제한이 풀리자 글록은 다시 대용량 탄창 사업을 선도했다. 로프너가 글록을 구입한 투손의 스포츠맨스 웨어하우스는 웹사이트에 "컴팩트, 그리고 더 작은 서브컴팩트 글록 자동권총 모델의 탄창은 최대 33발까지, 확실한 수량의 탄약을 장전할 수 있다."라고 홍보한다.

투손의 학살 규모는 버지니아공대와 루비스의 학살과 마찬가지로 탄창 용량을 규제해야 마땅하다는 가장 강력한 증거가 된다. 탄창 제한으로 로프너나 조승희의 공격 자체를 막을 수는 없어도 희생자의 수는 줄일 수 있다. 캘리포니아, 하와이, 메릴랜드, 매사추세츠, 뉴저지, 뉴욕 등 6개 주만 대용량 탄창을 자체적으로 규제하고 있다. 전국적인 10발 제한은 합법적인 총기 소유주도 쉽게 받아들일 수 있는 타협점으로 보이지만, NRA가 결사적으로 반대하고 의회를 압박해 규제를 풀었다.

탄창 규제 지지자와 1980년대 말 이후 글록이 일으킨 자동권총 열풍을 비판하는 사람들이 직면한 문제점은 미국의 총기 숫자나 자동권총의 인기를 전체적인 범죄율과 연관시킬 수 없다는 것이다. 슈거만의 강력한 주장대로 학살자가 17연발 글록 탄창을 사용해 살인을 더 효율적으로 저질렀다고 해도, 이것이 곧 일반 범죄자가 17연발 대용량 탄창의 이점을 이용했는지를 입증하지는 않는다.

범죄의 규모는 오랫동안 안정적이다가 1960년대 초부터 꾸준히 늘어나기 시작했다. 범죄학자는 보통 이런 추세를 인구통계학(반항적인 베이비붐 세대가 범죄를 저지르는 시기), 사회학(헤로인의 유입과 이후의 코카인 관련 범죄), 인종 간 충돌의 역사(수년에 걸친 도심의 몰락과 1960년대 말의 도시 폭동)가 결합한 결과라고 분석한다. 1960년대와 70년대에 범죄가 급증하면서 미국 교도소의 수용 능력은 줄어들었고, 주립 정신병원의 환자 수만 명이 적절한 감독이나 치료 없이 퇴원해야 했다. 일부 대도시 경찰서는 두 손을 놓고 사소한 범죄는 단속하지 않았고, 빈민가는 무법 상태로 변해갔다.

1963년부터 1993년까지 급격하게 증가하던 범죄율은 그 이후에 떨어지기 시작했다. FBI의 연례 보고서 〈미국의 범죄Crime in the United States〉에 따르면, 1993년에는 살인과 부자연스러운 과실치사가 인구 10만 명당 9.5명이었다. 책을 집필할 당시에 한 해 전체를 다룬 가장 최근의 자료를 구할 수 있었던 2009년에는 10만 명당 5명으로 47% 줄어들었다. 폭력 범죄에서 큰 비중을 차지하는 총기를 사용한 공격도 급격하게 줄어들었다. 도시는 이전보다 안전해졌는데, 그 배경은 논란의 여지가 있다. 수감률의 급증, 치안 정책의 강화, 마약 갱 사이의 영역 다툼 소멸, 빈곤층을 분산시키는 공공 주택 정책의 변화, 그리고 이전 시대에는 죽었을 총격 피해자를 구해 내는 우수한 응급처치 프로토콜 등을 배경으로 생각해 볼 수 있다.

총기 찬성론자들은 다른 배경을 상정한다. 그들은 1990년대 이후에 총기 소지 권리를 확대한 것이 범죄자를 저지했다고 주장한다. 이제 범죄자는 잠재적 피해자가 자신을 향해 대응 사격을 할지부터 고민한다는 것이다. NRA는 연구 자료를 인용해 이런 주장을 보강하고 있다. 그렇지만 총기 소지 권리를 확대하는 법의 효과에 대해 가장 중립적인 입장을 취하는 학자들은 법 개정으로 긍정적이거나 부정적인 효과가 발생했다는 주장은 근거가 희박하다고 본다.

총기폭력방지를위한브래디센터의 데니스 헤니건Dennis Henigan과 같은 진보주의 지지자는 1990년대에 범죄의 수준이 하락한 것을 구매 전 신원 확인과 함께 공격용 무기 금지가 입법된 결과로 본다. 운동가들은 자신의 주장과 바람을 뒷받침하는 자료를 선택적으로 사용할 수 있다. 그렇지만 사회과학은 총기 규제 진영의 입장을 지지하지 않는다. 가장 엄격하고 독립적인 범죄학자이자 UCLA의 공공정책학 교수인 마크 클레이먼Mark A. R. Kleiman은 한층 철저하게 이뤄진 연구들이 신원 확인과 공격용 무기 금지법의 통과가 범죄에 거의 영향을 미치지 않았다는 점을 보여 준다고 지적한다. 2004년의 공격용 무기 금지 해제도 영향이 거의 없었다. 여론 조사는 심지어 더욱 엄격한 총기 규제를 지지하는 사람조차도 법으로 폭력 범죄를 줄일 수 있다고 믿지 않는다는 결과를 일관되게 보여 준다. 헤니건은 "기본적으로 대중은 '총이 금지되면, 무법자만 총을 가질 것'이라고 확신합니다. 이런 믿음은 도움이 되지 않을 뿐만 아니라 더 강력한 총기 규제에 대한 대중의 지지를 약화합니다."라고 안타까운 심정을 밝혔다.

사실은 범죄학 전문가도 살인과 성폭행이 왜 이렇게 줄어들었는지를 알지 못한다. 2009년, 범죄비행국가협의회 의장 배리 크리스버그는 "범죄율을 예측할 수 있다면 증권거래인이 되었을 것"이라고 시인했다. 이 문제는 잠재적 변수가 너무 다양하고 많아서 학자의 조사 연구 역량을 넘어선다.

세라 페일런은 2010년 NRA 집회에서 적어도 중요한 사실 한 가지는 제대로 지적했다. 미국에서 개인이 소유한 총기 수는 역대 최고치였지만, 폭력 범죄는 1970년대 초 수준으로 낮아졌다. 살인 범죄율은 훨씬 낮아져서 1960년대 초 수준으로 돌아갔다. 총기 규제 진영은 이렇게 반가우면서도 이유를 설명하기 힘든 뉴스를 불신하고 무시하는 경향이 있다. 범죄율 하락 때문에 총기 규제 진영의 후원금 모금과 로비가 더 힘들어졌고, 실제로 1994년 이후에는 새로운 연방 총기 규제법을 발효하지 못하고 있다. 1999년에 충격적인 학원 난사 사건이 연달아 발생했지만 전국적인 규제 조치를 이끌어 내지 못했다. 전체 범죄율이 하락하는 시기에는 유권자와 정치인 모두 총기에 경각심을 갖지 않는다.

글록과 다른 자동권총이 미국 범죄율의 변화와 확실한 관련이 없다고 해서 총기의 확산과 폭력 범죄가 완전히 무관하다고 주장하는 것은 아니다. 미국의 일반 범죄나 폭력 범죄의 수준은 다른 산업화된 서구 민주주의 국가에 비해 특별히 높지 않다. 클레이먼은 2009년에 집필한《무력이 실패할 때 : 범죄와 처벌을 줄이는 방법 When Brute Force Fails : How to Have Less Crime and Less Punishment What it has》에서 "미국의 살인 사건은 서유럽, 캐나다, 오스트리아, 오스트레일리아 평균의 5배 정도로 놀라울 만큼 높다. 그리고 개인 총기, 특히 권총의 소유 수준이 믿기 어려울 정도로 높다."라고 주장했다. 총기로 인한 살인율의 차이는 미국에서 일어난 강도, 가택침입, 가중처벌이 가능한 폭행 사건이 훨씬 치명적이라는 점과 관련이 있다. 그리고 훨씬 치명적이라는 점은 전체 살인율에서 차이가 나는 이유를 상당 부분 설명한다.

다시 말해서 미국 범죄자는 총기 때문에 더 치명적이다. 미국의 범죄자 사이의 총기 보급률이 영국이나 캐나다 범죄자의 비율과 비슷하다면, 미국의 살인율도 영국이나 캐나다의 살인율과 비슷해질 것이다. 클레이먼은 미국의 범죄자가 그토록 많이 무장한 것은 미국인에게 무장이 보편화됐기 때문이라고 말한다. 미국에는 총기가 아주 흔하다. 미국은 경찰과 군인을 제외하고도 성인 1명당 1정의 총기가 있다. 더구나 잘 만들어진 총은 몇 세대를 이어 사용된다.

개인이 소유한 권총 수량을 크게 줄이면 살인도 그만큼 줄어들까? 꼭 그렇지는 않다. 대부분의 권총은 법을 준수하는 사람이 소유하고 있고 이들은 편의점을 털거나 마약상을 덮칠 생각이 없다. 사회과학자는 가상의 정책 변화의 효과를 측정하는 연구를 실시했다. 클레이먼에 따르면 전체 권총 소유를 10% 줄이는 법안은 살인 건수를 최대 3%까지 줄일 수 있고, 다른 범죄에는 측정 가능한 변화가 일어나지 않는다. 물론 극단적인 조치를 취해 권총 소유를 서유럽이나 캐나다 수준까지 줄이면 살인율을 훨씬 더 크게 낮출 수도 있다.

그렇지만 민주당이 총기 규제 노선을 포기한 사실과 〈수정헌법 제2조〉를 감안하면, 이렇게 전면적인 정책을 시행하는 것은 헛된 꿈에 불과하다. 오바마 대통령은 2008년 대선 운동 중에 엄격한 규제에 대한 논란을 일으켰지만, 취임 후에는 아무 움직임도 보이지 않아 총기 규제 진영을 경악시켰다. 2008년에 처음으로 미 대법원은 〈수정헌법 제2조〉는 민병대나 다른 무장 세력의 권리가 아니라, 개인이 집에서 총기를 소유할 수 있는 권리를 보호한다고 분명하게 밝혔다. 법원은 5대 4 투표로 워싱턴에서 개인의 총기 소유권을 효과적으로 금지하는 법도 각하했다. 2010년, 고등법원은 다른 지자체와 주에도 이 명령을 확대해서 시카고의 금지법을 취소했다. 합법적인 권총 소유권을 엄격하게 제한하고 있는 지자체도 향후 자진해서 완화하거나 NRA가 법원을 통해 취소할 것이다.

✎✎✎

미국에 개인이 소유한 총기가 2억~3억 정이 있다는 것을 감안하면, 무장 범죄를 조금이라도 줄이기 위한 정책 변화를 여전히 상상해 볼 수 있다. 총기를 가져서는 안 되는 사람이 총기를 구입하기 어렵게 하거나, 총기를 구입하더라도 휴대하기 어렵게 조치할 수 있다. 개인 간의 총기 거래는 신원 확인법을 적용하는 데 분명한 한계가 있다. 브래디법에 의한 현장 기록 확인은, 1968년의 총기 금지 시행령에서 이미 금지한 어린이, 전과자, 기소 중인 사람, 불법 이민자, 정신이상자 등을 걸러 내도록 되어 있다.

하지만 브래디법은 정식 총기 판매업자에게만 적용된다. 약 40%의 권총이 개인 거래로 획득되며, 신원 확인이나 서류 작업이 전혀 이뤄

지지 않는다. 분명한 허점이다. 개인 거래의 허점을 보완하고, 한 번 이상 폭력 혐의로 기소되거나 청소년 시기에 폭력 전과가 있는 사람도 금지 대상에 포함하는 것은, 총을 가져서는 안 되는 사람의 총기 구입을 더 어렵게 만들 수 있는 적당한 조치로 보인다. 물론, NRA는 이런 생각에 반대한다. NRA가 이의를 제기하기조차 망설일 이 법안은 정신이 불안정하다고 공식적으로 인정된 사람들의 모든 기록을 연방 신원 확인 데이터베이스에 제출하지 못한 여러 주의 실패를 해결할 것이다.

범죄 현장의 탄피를 총과 일치시키는 디지털 기술인 탄도 지문을 제대로 적용하는 것도 좋은 생각이다. 연방 수사관이 국가 데이터베이스를 조회해서 총기를 추적하고 범죄자를 지목할 수 있어야 하는데, 그러려면 각종 법적 제약을 풀어주어야 한다. 그리고 이 문제는 다시 글록으로 되돌아간다. 현재의 추적 수준이 완벽하지는 않지만 글록이 최악의 범죄용 총이라는 이미지는 사실이 아닌 것으로 드러났다. 범죄자가 선호하는 총일지는 몰라도 실제 범죄에서 가장 많이 사용되는 총은 아니다.

범죄에 사용된 총기를 대량으로 추적하면 범죄자가 선호하는 브랜드와 모델을 알 수 있을 것이다. NRA는 이런 총기 추적에 반대하지만 많은 범죄학자는 찬성한다. 2003년 이후 총기 추적을 제한한 의회의 안타까운 법안 때문에 어느 총기가 가장 빈번하게 추적되는지에 대한 데이터를 BATF가 공개하지 못하고 있다. 이런 제한이 발효되기 전에는 가끔 순위를 공개했다. 2002년, 〈타임〉은 2000년에 BATF가 46개 도시에서 회수한 8만 8천 570정을 대상으로 실시한 총기 분석 자료를 입수했다. 상위 10개 목록 중 S&W .38구경 리볼버가 첫 번째였고 다음 4개는 루거, 로신, 레이븐 암스와 모스버그 Mossberg 12게이지 샷건이었다. 글록은 목록에 이름을 올리지도 못했다.

✦✦✦

글록은 총기 클럽에서 눈에 띄는 악당이 아니다. 할리우드가 우리에게 보여 주는 이미지와 달리 영웅도 아니다. 글록은 호신용과 취미용 총기로 긍정적인 요소가 많다. 치명적인 문제를 일으킬 수 있는 대용량 탄창과 같은 특징은 이제 여러 브랜드가 공유하고 있다.

가스통 글록은 권총의 역사에서 콜트, 브라우닝, 스미스, 웨슨과 함께 큰 족적을 남긴 사람이다. 글록 경영진은 총기 규제 진영의 미숙한 공격을 역이용해서 외국산 자동권총을 〈수정헌법 제2조〉를 열광적으로 지지하는 사람들의 총아로 변신시켰다. 글록사와 글록 자동권총은 지금까지 엄청난 행운과 믿을 수 없는 호재를 누렸다.

기업으로서 글록사는 고고한 경영 철학보다는 이익을 좇아 움직였다. 자본주의 사회에서는 당연한 일이다. 미국에서 정치적 반대파와 절충안을 찾기 위해 총기 산업계를 대표할 기회를 잡았을 때, 글록사는 중도를 지키는 것처럼 보였지만 실제로는 그런 척만 했을 뿐이고 철저하게, 그리고 일관성 있게 자신의 이익을 추구했다. 글록사는 권총을 생산하고 판매하는 기업이다. 가스통 글록은 이 일을 엄청나게 잘 해냈다.

20장
에필로그

2011년 4월 11일, FBI는 노스마이애미 해변에서 FBI 역사상 가장 어두운 때이자, 글록 자동권총의 시대를 여는 계기가 된 25년 전의 사건에서 사상한 요원들을 추모하는 행사를 가졌다. 마이애미 총격 사건은 시간이 지나고 사람의 입을 거치면서 과장이 더해졌다. 〈연합통신〉은 추모 행사를 보도하면서 범죄자가 기관총으로 요원의 리볼버를 압도하면서 쉽게 물러서지 않았다며 치열했던 당시 상황을 상기시켰다. 물론 은행 강도는 완전자동소총을 가지고 있지 않았다. 반자동소총과 샷건을 가지고 있었고 FBI 요원 일부도 대용량 자동권총과 샷건을 가지고 있었다. 그렇다고 달라질 것은 없다. 가스통 글록은 총격전의 여파를 이용해 법 집행기관의 화력 강화에 적극적으로 대응했을 뿐이다. 나머지는 신화로 포장되었다.

미국인은 글록에 대해 항상 강력한 이미지를 가지고 있다. FBI가 사상한 요원을 추모할 때, HBO는 1990년에 할리우드 영화 팬에게 처음으로 글록을 선보인 배우 브루스 윌리스가 출연한 영화 〈캅 아웃 Cop Out〉으로 시청자를 즐겁게 했다. 윌리스는 순수한 마음을 가졌지만 냉소적인 경찰 역을 몇 번째 하는지 모르겠다. 그는 트레이시 모건과 함께 고가의 희귀 야구 카드를 찾다가 폭력적인 액션 코미디에 휘말리는 뉴욕 경찰 듀오를 연기한다. 여전히 이스트코스트에서 최고의 무기 소품 전문업자로 활동하는 릭 워시번은 2010년에 처음 상영한 〈캅 아웃〉에도 총기를 공급했다. 그는 총을 한 번도 쥐어 본 적이 없는 모건에게 표준 글록 19를 주었다. 워너브라더스는 "당신의 글록을 꺼내 함께 즐겨요."라는 슬로건으로 잡지와 인터넷에 광고했다.

글록 마케팅은 침체기가 거의 없었다. 2011년, 글록은 몇 부분을 조금 수정한 Gen 4라는 모델을 출시했다. 그립 표면에 거친 질감을 넣어 더 안정적인 그립감을 제공하고, 교체 가능한 백스트랩을 사용해 손잡이 크기를 조절할 수 있게 했다. 이중 스프링도 재설계해서 반동을 줄였는데 반응이 우호적이었다. 〈건스앤아모〉는 "총을 200발 정도 발사했는데 오동작이 없었다."라고 평가했다. 〈핸드건스〉는 "사격성이 개선되었다."라고 덧붙였다. 보수적인 정치 간행물 〈휴먼이벤츠 Human

Events〉는 2010년 12월 '은닉 휴대 권총 10선'에 다른 업체보다 많은 3개의 글록 모델을 넣었다.

글록사는 구체적인 재무 결과를 공개하지 않는데, 2010 회계 연도에는 '기록적인 매출'이었으며 수익과 시장 점유율이 모두 급증했다고 발표했다. 이제 스머나는 단순한 조립 작업에 그치지 않고 자동권총 완제품을 일부 생산하고 있다. 애틀랜타 외곽의 18에이커 규모의 부지에 4개의 빌딩을 세울 계획이다. 지역 당국은 글록 미국 지사가 기존에 근무하던 200명 외에 100명을 더 신규 채용한다고 밝혔다.

법 집행기관은 여전히 주요 고객이다. 2010년 말과 2011년 초, 플로리다 힐즈버러 카운티 보안관 사무실, 웨스트버지니아 찰스턴 경찰서, 일리노이 메디슨 카운티 보안관 사무실에 Gen 4 자동권총을 납품했다. 워싱턴에서는 BATF와 4천만 달러 규모의 신형 글록 계약을 맺었다. FBI는 수년에 걸친 1억 4천 8백만 달러짜리 계약에 서명했다. 글록사는 7천만 달러 상당의 미군 계약도 따냈다.

민간 시장도 글록을 선호한다. NRA는 지속적인 로비와 일반 시민의 풀뿌리 운동으로, 공공장소에서 권총을 휴대할 권리를 얻어냈다. 일리노이를 제외한 49개 주가 은닉 휴대를 허용했고 그중 10개 주에서만 신청자가 사전에 이유를 제시해야 한다. 애리조나, 알래스카, 버몬트, 와이오밍에서는 어떤 허가도 필요 없다. 은닉 휴대용 총기를 생산하는 업체에는 너무나도 반가운 소식이다.

2011년 1월의 투손 난사 때는 일부 언론이 살인범의 글록 19에 초점을 맞춰 부정적인 보도를 내보냈는데, 애리조나의 총포상 관리자들은 오히려 주문이 밀려들 것을 알고 미리 준비했다. 학살 며칠 후부터는 글록 재고가 남아나지 않았다. 피닉스에 있는 글록마이스터 가게의 소유주 그레그 볼프는 〈블룸버그뉴스 Bloomberg News〉에 "재고를 두 배로 가져가고 있습니다. 이런 일이 일어나면 사람들은 정부의 금지 조치를 염려합니다."라고 말했다.

같은 상황이 반복되었다. 심지어 학살범이 사용했더라도 글록의 성능이 입증되었기 때문에 총기 마니아는 하나라도 더 사 두려고 했다. 총기 규제 진영은 새로운 규제를 주장해 금지할까 봐 두려워하는 심리에 신빙성을 더 실어 주었다. 그렇지만 오바마 대통령은 아무런 조치도 취하지 않았다. 의회는 예산, 세금, 재정 적자 완화 등의 갑론을박이 먼저였다. 글록사와 총기 산업계는 새롭게 일어나는 규제 입법의 위협마저도 자신에게 유리한 상황으로 바꾸고 있다.

✐✐✐

가스통 글록은 80대에 들어서면서 건강이 나빠져 120살까지 살겠다던 그의 꿈을 못 이룰 것 같다. 글록사의 미래 경영권이 불투명하다. 그렇지만 글록의 삶에 대한 욕망은 여전하다. 아내 헬가와 이혼하고, 2011년 7월의 82세 생일 직후에 후원자를 위한 승마 교육기관인 글록호스퍼포먼스센터의 이사인 31살 캐서린 치코프와 재혼했다.

딸인 브리짓 글록은 글록 본사의 공동 CEO로 재직하고 있다. 다른 CEO는 기술감독관으로 오래 근무한 라인홀트 히어슈하이터다. 고통을 겪었던 브리짓은 이제 더는 아버지의 개인 노예라고 생각하지 않는다. 그녀가 공동 CEO에 오르자 글록 가문이 회사를 매각하고, 중년이 된 세 자식이 재산을 상속받은 후에 회사 경영의 부담에서 벗어나려 한다는 소문이 돌았다. 그렇지만 2011년 중반까지 매각의 낌새는 없었고 소문도 시들해졌다. NRA 블로거이자 마케팅 컨설턴트인 캐머런 홉킨스는 "대부분의 사람들은 가스통이 살아있는 한 글록을 합병할 기업이 없다고 생각합니다."라고 말했다.

글록이 금전 지원을 했지만 친분 관계를 부인했던 극우파 정치인 외르크 하이더는 2008년에 글록의 주택에서 멀지 않은 곳에서 자동차 사고로 죽었다.

현재의 글록이 있기까지 성공을 이끈 미국 직원 중에 성공과 부를 누리는 사람은 거의 없다.

뛰어난 세일즈맨인 칼 발터는 가스통 글록과 이별한 후에 업계에서 이전의 지위를 누리지 못했다. 그는 다른 총기 회사에서 일하다가 지금은 중개인으로 제조업체 간 자산 매각과 합병 거래를 주선하고 있다. 몇 년 전의 자동차 사고로 중상을 입었지만, 구부정한 모습으로 전시회에 참석했다. 그는 나이에 비해 늙어 보인다. 골드클럽에서 비용에 상관없이 문란한 파티를 즐기던 당시의 모습은 찾아볼 수 없다. FBI는 골드클럽 운영자의 부정 사업이 적발되자 글록의 역사였던 클럽을 폐쇄했다.

발터가 글록의 대명사로 만든 금발의 스트리퍼 샤론 딜런은 신분을 감춰 소재를 알 수 없다.

S&W에서 이름을 알리고 글록으로 이직한 광고 및 홍보 이사 셰리 콜린스는 승자와 함께하는 것을 즐겼지만 스머나에서 생각만큼 성공을 누리진 못했다. 그녀는 피터 매노운과 갈등을 빚은 후에 해고되었다. 글록의 변호사였던 매노운은 나중에 회사 자금을 횡령했다고 자백하고 쫓겨났다. 콜린스는 필자에게 "글록에 근무할 때 뭔가 따로 논다는 느낌을 계속 받았어요. 그들은 매우 엄격하면서도 '알 필요가 없다'라는 식의 측근 경영을 했어요. 미국 지사에서 근무하는 사람은 오스트리아 본사의 일은 알 필요가 없었죠."라고 말했다.

총기 산업 조합장으로 몇 년 동안 글록에 귀중한 조언을 했던 리처드 펠드먼은 뉴햄프셔에서 대학 행정 직원인 아내 재키와 함께 민박을 운영하고 있다. 시골의 주거지에서 NRA를 대체하는 중도파 총기 소유주 협회를 조직하려고 하는데 현재까지 별다른 진척이 없다.

펠드먼의 친구이자 글록의 미국 지사 최고경영자였던 폴 야누초는 이 책이 나올 때도 교도소에서 복역하고 있었다. 〈비즈니스위크〉가 2009년 9월에 글록의 막후 음모를 분석한 기사를 보도한 후에 야누초는 조지아 코브 카운티의 횡령 재판 심문에 출두하지 않았고 몇 개월 후에 FBI의 요청으로 네덜란드에서 체포되었다. 그는 글록의 전 인사관리자인 아내 베레츠키와 함께 네덜란드로 건너갔다. 야누초는 1년 동안 미국 송환을 거부하다가 2011년 봄에 조지아로 송환되어 재판을 받았다. 기소 중에 다른 나라로 떠났기 때문에 갈등을 겪은 전 고용주가 부당하게 고소했다는 주장은 설득력을 잃었다. 그리고 글록이 유럽과 아시아, 중남미에 유령 회사를 세워 비용을 늘리고 미국 세금을 회피했다는 그의 국세청 제보도 힘을 잃었다. 제보를 한 핵심 증인이 사법 정의를 피해 스스로 달아났기 때문에 국세청도 글록을 조사할 명분을 잃었다.

야누초의 탈세 주장은 확인할 방법은 없어도 충분한 근거가 있어 보인다. 그는 글록의 복잡한 내부 회계 자료를 전부 볼 수 있었다. 만약 그가 자신의 횡령을 인정하고 정부에 구체적이고 정확한 정보를 제공한 후에 양형 거래Plea Bargain를 시도했다면 선처를 받을 수 있었을 것이다. 그런데도 그는 유럽으로 달아나는 이해하지 못할 선택을 했다. 그의 재판은 2011년 말에 코브 카운티에서 시작될 예정이다.

글록이 미국에서 마주한 가장 큰 잠재적 위험 요소, 즉, 비밀을 알고 있는 내부자는 효과적으로 제거됐다. 글록은 결백을 주장하고, 변함없는 매출을 자랑하며, 검은색 플라스틱 자동권총을 계속 출하하고 있다.

감사의 글

글록과 다른 총기 회사에서 근무한 많은 사람이 이 책을 위해 귀중한 정보를 제공했다. 이름을 밝힌 사람도 있고 익명도 있다. 그분들께 감사드린다.

스튜어트 크리쳅스키Stuart Krichevsky는 필자의 생각을 다듬고 훌륭한 출판사를 찾는 데 더없이 큰 도움을 주었다. 크라운Crown 출판사의 대단한 편집자인 로저 숄Roger Scholl은 필자가 쓰는 내용을 제대로 파악하고 도움을 주었다. 릭 윌릿Rick Willett은 교열 작업을 잘해 주었고 줄리 코언Julie Cohen과 로런스 배럿Laurence Barrett은 초안을 훌륭하게 다듬어 주었다.

이 책의 일부는 〈블룸버그〉, 〈비즈니스위크〉의 기사로 시작했다. 전 동료 브라이언 그로우Brian Grow와 잭 유잉Jack Ewing은 2009년 표지 기사를 함께 작성했고 그 기사 덕분에 집필을 시작할 수 있었다. 스티브 아들러Steve Adler와 엘런 폴록Ellen Pollock은 초기 보도를 지도하고 정신적 지지를 해 주었다. 〈블룸버그〉의 노먼 펄스타인Norman Pearlstine과 조시 티랑기엘Josh Tyrangiel은 총기 산업에 대한 필자의 열정에 공감하며 2011년에 글록에 대한 다른 표지 기사를 보도해 주었다. 재능 있는 동료와 물심양면으로 도움을 준 상사들이 기자로서 큰 영향을 미쳤다.

사랑스럽고 기발한 영화제작자인 아내 줄리 코언이 없었다면 의미 있는 결과를 내지 못했을 것이다. 모든 것이 그녀 덕분이다. 감사의 글을 쓰는 중에 닥스훈트 뷰Beau가 무릎 위에서 자고 있다.

참고문헌

Ayoob, Massad F. *The Ayoob Files : The Book*. Concord, N.H. : Police Book-shelf, 1995.

———. *The Gun Digest Book of Combat Handgunnery*. Iola, WI : Gun Digest Books, 2007.

———. *In the Gravest Extreme : The Role of the Firearm in Personal Protection*. Concord, N.H. : Police Bookshelf, 1980.

Bascunan, Rodrigo, and Christian Pearce. *Enter the Babylon System : Unpacking Gun Culture from Samuel Colt to 50 Cent*. Toronto : Random House Canada, 2007.

Boatman, Robert H. *Living with Glocks : The Complete Guide to the New Standard in Combat Handguns*. Boulder, Colo. : Paladin Press, 2002.

Brown, Peter Harry, and Daniel G. Abel. *Outgunned : Up Against the NRA*. New York : The Free Press, 2003.

Bush, Jacklyn. *The Gold Club : The Jacklyn "Diva" Bush Story*. Duluth, Ga. : Milligan Books, 2003.

Cooper, Jeff. *To Ride, Shoot Straight, and Speak the Truth*. Boulder, Colo. : Paladin Press, 1998.

Diaz, Tom. *Making a Killing : The Business of Guns in America*. New York : New Press, 1999.

Dizard, Jan E., Robert Merrill Muth, and Stephen P. Andrews, Jr., eds. *Guns in America : A Reader*. New York : New York University Press, 1999.

Feldman, Richard. *Ricochet : Confessions of a Gun Lobbyist*. Hoboken, N.J. :

Wiley & Sons, 2008.

Hemenway, David. *Private Guns, Public Health*. Ann Arbor, Mich. : University of Michigan Press, 2004.

Henigan, Dennis A. *Lethal Logic : Exploding the Myths That Paralyze American Gun Policy*. Washington, D.C. : Potomac Books, 2009.

Hofstadter, Richard, and Michael Wallace, eds. *American Violence : A Documentary History*. New York : Random House, 1970.

Horwitz, Joshua, and Casey Anderson. *Guns, Democracy, and the Insurrectionist Idea*. Ann Arbor : University of Michigan Press, 2009.

Kairys, David. *Philadelphia Freedom : Memoir of a Civil Rights Lawyer*. Ann Arbor : University of Michigan Press, 2008.

Kasler, Peter Alan. *Glock : The New Wave in Combat Handguns*. Boulder, Colo. : Paladin Press, 1992.

Kleck, Gary. *Point Blank : Guns and Violence in America*. New York : Aldine De Gruyther, 1991.

Kleck, Gary, and Don B. Kates. *Armed : New Perspectives on Gun Control*. Amherst, NY : Prometheus Books, 2001.

Kohn, Abigail A. *Shooters : Myths and Realities of America's Gun Culture*. Oxford : Oxford University Press, 2004.

Lytton, Timothy D., ed. *Suing the Gun Industry : A Battle at the Crossroads of Gun Control & Mass Torts*. Ann Arbor : University of Michigan Press, 2006.

Sugarmann, Josh. *Every Handgun Is Aimed at You : The Case for Banning Handguns*. New York : New Press, 2001.

Sweeney, Patrick. *The Gun Digest Book of the Glock*. Iola, WI : Gun Digest Books, 2008.

Tonso, William R. *Gun and Society : The Social and Existential Roots of the American Attachment to Firearms*. Washington, DC : University Press of America, 1982.

Viscusi, Kip, ed. *Regulation Through Litigation*. Washington, D.C. : AEI-Brookings Joint Center for Regulatory Studies, 2002.

Wills, Chuck. *The Illustrated History of Weaponry*. New York : Fall River Press, 2006.

Wills, Garry. *A Necessary Evil : A History of American Distrust of Government*. New York : Simon & Schuster, 1999.

정보의 출처

1장

1986년 마이애미 총격 사건의 현장 묘사는 "Shooting Incident 4/11/86 MIAMI, FL"이라는 제목으로 온라인에서 볼 수 있는 FBI 자료와 1986년 4월 이후의 〈마이애미헤럴드Miami Herald〉, 〈팜비치포스트〉, 〈선센티널Sun-Sentinel〉 등의 지역 신문 보도를 참고했다. 1987년 4월 10일자 〈연합통신〉 윌 레스터Will Lester의 "One Year Later, Vivid Memories of FBI's Bloodiest Shootout Linger", 1989년 12월 10일 〈선데이오클라호마Sunday Oklahoman〉의 "FBI Developing New Semiautomatic Weapon for Agents"와 같은 후속 보도도 도움이 되었다. 마사드 아유브의 *The Ayoob Files* 195~223페이지는 총격전의 법의학 분석을 제공한다.

2장

피터 앨런 카슬러Peter Alan Kasler의 *Glock : The New Wave in Combat Handguns*의 서장에는 글록사가 인증한 초기 이야기가 나온다. 2002년의 〈글록 오토피스톨스〉 76~79페이지에 실린 발터 라우치Walter Rauch의 "Glock : Gun of Future"는 글록의 축약사를 다른 시각으로 설명한다. 1984년 10월호 〈솔저오브포춘〉에 실린 피터 코칼리스의 기사 "Plastic Perfection"은 미국 총기 구매자에게 글록을 소개했다. 기술적인 내용이지만 다음의 참조 책자가 배경 설명에 도움이 되었다. 패트릭 스위니, *The Gun Digest Book of the Glock and The Complete Glock Reference Guide*(Ptooma Productions, 3판, 2006). 2003년 3월 31일자 〈포브스〉에 실린 다이안 매칸Dyan Machan의 가스통 글록 인터뷰에서도 유용하고 귀한 정보를 얻었다.

3장

미국 총기 역사의 배경에 대해서는 *Guns in America : A Reader* 1~8페이지와 얀 디자르Jan E. Dizard, 로버트 메릴 머스Robert Merril Muth, 스티븐 앤드루스Stephen P. Andrews Jr가 집필한 해설 모두를 추천한다. 다른 참조 문서로는 척 윌스Chuck wills (Berman Museum과 공동 집필)의 *The Illustrated History of Weaponry* 중 152~155, 178~179, 194~197페이지를 추천한다. 필자가 미국 총기 작가 중 가장 좋아하는 사람은 수필가이자 비평가인 헨리 앨런이며 1989년 4월 19일자 〈워싱턴포스트〉에 실린 "The Mystique of Guns : From Daniel Boone to Dirty Harry, America's Fascination with Firearms"를 추천한다.

4장

본문에서 강조했듯이, 1984년 10월호 〈솔저오브포춘〉에 실린 코칼리스의 "Plastic Perfection"에서 많은 자료를 인용했다. 그리고 스위니의 *Gun Digest Book of the Glock* 78~83페이지와 윌스의 *Illustrated History of Weaponry* 153페이지도 인용했다.

5장

플라스틱 권총 논란은 잭 앤더슨과 데일 반 아타의 연합 기사, 1986년 1월 15일자 〈워싱턴포스트〉의 "Qaddafi Buying Austrian Plastic Pistols", 1986년 3월 14일자 "Lawmaker Seeks to Ban Plastic Pistols", 1986년 4월 18일자 "Concern Growing Over Plastic Pistol"로 촉발되었다. 다른 중요한 보도로는 다음과 같은 사설이 있다. 1986년 2월 9일자 〈뉴욕타임스〉, "Hijacker's Special?" ; 1986년 2월 27일자 〈USA투데이〉, "Pass Laws to Ban Plastic Handguns". 다음의 기사에도 도움을 받았다. 1986년 3월 24일자 〈로스앤젤레스타임스〉, 조시 슈거만, "Progress Gives Us Great New Handgun : Hijacker Special" ; 1986년 3월 1일자 〈애틀랜타저널컨스티튜션〉, 게일 화이트Gayle White, "Partly Plastic Gun Comes Under Fire : Critics Say Pistol Would Help Terrorists Evade Metal Detectors" ; 1986년 3월 15일자 〈워싱턴포스트〉, 로버트 프라제크Robert J. Mrazek, "The Deadly Truth About Plastic Guns" ; 1986년 6월 17일자 〈연합통신〉, "Lincoln Mayor Sponsors Resolution : Call for Ban on Plastic Guns Triggers Response by NRA" ; 1986년 12월 7일자 〈뉴욕타임스〉, 웨인 킹Wayne King, 워런 위버Warren Weaver Jr., "Washington Talk: Gun-Control Struggle".

6장

다음과 같은 미국 경찰서의 글록 도입에 대한 보도가 도움이 되었다. 1987년 7월 19일자 〈UPI〉, "Miami Police Get New Firepower"; 1987년 9월 7일자 〈미니애폴리스 스타트리뷴〉, 케빈 디아즈, "Faster Pistol for Police Is Gaining Acceptance : Semiautomatics Replace Revolver"; 1988년 7월 3일자 〈나이트라이더〉, 제럴드 볼게나우Gerald Volgenau, "Police Being Outgunned by Lawbreakers"; 1988년 9월 15일자 〈워싱턴포스트〉, 베로니카 제닝스Veronica Jennings, "Union Chief Seeks New Police Guns ; More Firepower Needed, Officer Says"; 1988년 9월 29자 〈뉴욕포스트〉, "Top Cop Wards Off Ban on Super Gun"; 1988년 9월 30일자 〈뉴욕포스트〉, "Police Lift Ban on Gun Ward Carries, a Glock"; 1988년 10월 13일자 〈애틀랜타저널컨스티튜션〉, 칼라 제닝스 Karla Jennings, "New Gun 'Ugly,' But Effective, Police Say"; 1988년 11월 28일자 〈뉴스데이〉, 미치 겔먼 Mitch Gelman, "Automatic Guns for NY Narcs"; 1990년 9월 4일자 〈뉴욕타임스〉 앤드루 맬컴Andrew H. Malcolm, "Many Police Forces Rearm to Counter Criminals' Guns"; 1990년 12월 21일자 〈뉴욕타임스〉, 제임스 매킨리James C. McKinley Jr., "Subway Police to Get New Pistols"; 1991년 9월 25일자 〈뉴스데이〉, 윌리엄 브래턴William Bratton, "Don't Knock the Glock". 뉴욕 경찰관 스콧 가델의 피살 사건은 1986년 6월 30일자 〈뉴욕타임스〉에 로버트 맥패든Robert D. McFadden이 쓴 "Wide Hunt for Killer of Officer"와 1992년 5월 31일자 〈뉴욕타임스〉에 보도된 "Memory of a Fallen Officer"를 인용했다. 새뮤얼 콜트의 배경 설명은 윌리엄 호슬리 William Hosley의 "Gun, Gun Culture, and the Peddling of Dreams"와 디자르, 머스, 앤드루스의 *Guns in America : A Reader*, 윌스의 *The Illustrated History of Weaponry* 130~133페이지를 참조했다.

7장

본문에서 강조했듯이, 로드리고 바스쿠난과 크리스천 피어스는 *Enter the Babylon System : Unpacking Gun Culture from Samuel Colt to 50 Cent*에서 글록과 힙합 세계를 생생하게 묘사한다. 딘 스페어의 웹사이트 〈건존〉(thegunzone.com)은 유용한 글록 섹션을 제공한다.

8장

이 장은 1989년 4월 19일자 〈워싱턴포스트〉에 실린 앨런의 에세이 "The Mystique

of Guns : From Daniel Boone to Dirty Harry"와 1970년 〈아메리칸 헤리티지 American Heritage〉 21권 6호에 실린 역사학자 리처드 호프스태터의 "America as a Gun Culture", 호프스태터와 마이클 월리스Michael Wallace가 저술한 *American Violence : A Documentary History*(New York : Knopf, 1970)의 "Reflections on Violence in the United States"를 인용했다. 닥터로의 1989년 소설 *Billy Bathgate*(New York : Random House)도 인용했다.

9장

1980년대 미국 총기 산업의 쇠퇴는 다음을 참고하면 된다. 1986년 5월 19일자 〈비즈니스위크〉, 레사 킹Resa W. King, "US Gunmakers : The Casualties Pile Up — Depressed Sales, Costly Insurance, and Foreign Competition Keep Claiming Victims" ; 1989년 3월 21일자 〈뉴욕타임스〉, 커크 존슨Kirk Johnson, "Gun Valley Tries to Adapt to the Winds of Change" ; 1990년 3월 25일자 〈워싱턴포스트〉, 헨리 앨런, "Uncle Sam Can't Shoot Straight : Our Crooks Use Uzis, Our Cops Glocks — Even the Ammo's Imported". S&W에 대한 이야기는 다음을 참조했다. 1987년 12월 10일자 〈파이낸셜타임스〉, "Appointments : Smith & Wesson Corp" ; 1990년 3월호 〈아메리칸 라이플맨〉, 로버트 허니컷Robert W. Hunnicutt, "SHOT Show 1990" ; 1991년 5월 1일자 〈슈팅인더스트리〉, 찰스 페티Charles E. Petty, "Smith & Wesson : In-Store Promotions" ; 1992년 11월 1일자 〈비즈니스위크〉, 그레그 콕스Greg Cox, "A Call to Arms : Facing Tough Competition, Smith & Wesson's New CEO Presses Ahead with Sweeping Changes" ; 2002년 8월 4일자 〈스프링필드유니온뉴스〉, 윌리엄 프리베언William Freebairn, "Smith & Wesson at 150 : Springfield Gunmaker Defined by Controversy, Innovation". 이 장에서 다이안 매칸의 2003년 3월 31일자 〈포브스〉 인터뷰 "Top Gun"과 월스의 *Illustrated History of Weaponry* 134~137페이지를 다시 참조했다.

10장

킬린 학살과 학살범 헤나드의 글록 추적에 대한 다양한 이야기는 다음 자료를 참조했다. 1991년 10월 17일자 〈댈러스모닝뉴스〉, 캐시 잭슨Kathy Jackson, "Gunman's 9mm Pistol Is Type Often Used by Police : Weapon's Accuracy Credited for Its Popularity" ; 1991년 10월 19일자 〈휴스턴크로니클〉, 태라 파커 포프 Tara Parker Pope, "Massacre in Killeen : Nevada County's Tough Gun Laws

Failed to Stop Killer"；1991년 10월 17일자 〈뉴욕타임스〉, 닉 라보 Nick Ravo, "Gun Used in Slayings Has Lethal Reputation"；1991년 10월 18일자 〈애틀랜타저널컨스티튜션〉, 린다 레코프 Linda Rehkopf, "Gun Came from Smyrna : Mother Likely Bought It"；1991년 10월 17일자 〈휴스턴크로니클〉 앨런 터너 Allan Turner, "Bloodbath in Killeen : 'Ugly' Gun Can Fire 16-20 Shots". 공격용 무기를 둘러싼 의회의 논란 배경은 다음을 참조했다. 1991년 10월 19일자 〈Congressional Quarterly Weekly Report〉, 홀리 이델슨 Holly Idelson, "House Members Duel on Crime : Assault-Gun Ban Is Rejected"；1991년 10월 17일자 〈연합통신〉, 맷 얀시 Matt Yancy, "House Rejects Ban on Assault Rifles, Large Clips". 그리고 이 장을 쓰기 위해 다음을 참조했다. 1991년 10월 18일자 〈애틀랜타저널컨스티튜션〉, "Of What Legal and Practical Use Is a Glock 9mm Semiautomatic Pistol?"；1992년 6월 1일자 〈슈팅인더스트리〉, "Gun Ownership Has New Champion : Killeen Massacre Survivor"；1991년 12월 12일자 〈댈러스모닝뉴스〉 마크 맥도널드 Mark McDonald, "Under the Gun : As Crime Comes Closer and Closer, More and More City Dwellers Consider Owning and Learning to Use Firearms"；1992년 6월 3일자 〈USA투데이〉, "Top 18 Handguns Used by Criminals".

11장

총기 규제가 의도하지 않은 결과를 설명하기 위해 다음과 같은 자료를 인용했다. 1993년 12월 20일자 〈연합통신〉, "Brady Bill Triggers Local Run on Guns," 1993년 12월 20일자 〈뉴스데이〉, 마이클 아레나 Michael Arena, "Packing Heat in a Hurry"；1994년 5월 10일자 〈USA투데이〉, 로버트 데이비스 Robert Davis, "Gun Ban Triggers Sales Rush : President 'Finest Gun Salesman in History'"；1994년 5월 12일자 〈로스앤젤레스뉴스〉, 지넷 레갈라도 Jeannette Regalado, 티나 던트 Tina Daunt, "Possible Ban Ignites Rush on Area Gun Shops"；1994년 5월 15일자 〈볼티모어선〉, 스콧 셰인 Scott Shane, "Curbs on Guns Are Growing, But So Are Sales"；1994년 5월 25일자 〈미니애폴리스 스타트리뷴〉, 밥 스턴버그 Bob von Sternberg, "NRA".

12장

초기의 오발 문제에 대한 보고서는 다음과 같다. 1989년 12월 20일자 〈시카고선타임스 Chicago Sun-times〉, 길버트 히메네스 Gilbert Jimenez, "Police Chief Red

Faced After Gun Discharges" ; 1990년 2월 19일자 〈세인트피터즈버그타임스 St. Petersburg Times〉, 케슬린 오바크Kathleen Ovack, "Gun's 'Hair Trigger' Under Fire" ; 1990년 11월 20일자 〈애리조나데일리스타〉, 댄 허프Dan Huff, "Accidents Happen, But All Too Often with the Glock 19" ; 1994년 12월 13일자 〈연합통신〉, "Glock Pistol Under Fire in S.C. : Is It Simple and Safe or a Dangerous Hair-Trigger". 워싱턴의 글록 교체는 다음을 참조했다. 1989년 3월 4일자 〈워싱턴포스트〉, 르네 샌체즈Rene Sanchez, "D.C. Officers Get 9mm Pistols for 'Parity with Drug Dealers'" ; 1989년 4월 8일자 〈워싱턴포스트〉, 엘사 월시Elsa Walsh, "D.C. Police Pistol Gets Poor Safety Marks" ; 1998년 11월 15일자 〈워싱턴포스트〉 제프 린Jeff Leen, 조 크레이븐Jo Craven, 데이비드 잭슨David Jackson, 사리 호르비츠Sari Horwitz, "D.C. Police Lead Nation in Shootings : Lack of Training, Supervision Implicated as Key Factors" ; 1998년 11월 18일자 〈워싱턴포스트〉, 제프 린, 사리 호르비츠, "Armed and Unready : City Pays for Failure to Train Officers with Sophisticated Weapon". 녹스빌의 그랜트 소송은 1994년 6월 13일~6월 21일자 〈녹스빌뉴스센티널〉의 보도를 참조했다. 마사드 아유브는 1990년 9월호 〈건스〉에 "The Glock Pistol : Perspective from the Field"와 "Glock's Perfection Questioned on the Street : Enter the New York Trigger"라는 기사를 실었다.

13장

포켓로켓의 도래에 대해 인용한 자료는 다음과 같다. 1995년 12월 16일자, 〈애틀랜타저널컨스티튜션〉, 빌 토피Bill Torpy, "Laws Trigger Newfound Market for Small Guns : Easy to Conceal, They're Being Toted by More Women" ; 1996년 1월호 〈건스앤아모〉, "Glock's New Pocket Rockets!" ; 1996년 1월호 〈슈팅인더스트리〉, 마사드 아유브, "Building a Big Market with Small Handguns" ; 1996년 2월호 〈슈팅인더스트리〉, "Presentation Guns Make Ideal Gifts While Increasing Sales" ; 1996년 9월 12일자 〈월스트리트저널〉, 앨릭스 프리드먼Alix M. Freedman, "Tinier, Deadlier Pocket Pistols Are in Vogue". 이 장을 쓰는 데는 다음의 자료도 많은 도움이 되었다. 1993년 3월호 〈슈팅인더스트리〉, 마사드 아유브, "'Trend Crimes' and the Gun Dealer" ; 1997년 1월호 〈슈팅스포츠리테일러〉, "Headache Cure #2000" ; 톰 디아즈, *Making a Killing : The Business of Guns in America*, 69~92페이지.

14장

이 장에서는 2003년 3월 31일자 〈포브스〉에 실린 다이안 매칸의 인터뷰 "Top Gun"을 인용했다.

15장

매리언 해머의 일화는 1989년 3월 12일자 〈세인트피터스버그타임스〉에 실린 데이비드 올링거David Olinger, 팀 니켄스Tim Nickens, 케이티 카이리스Kati Kairies의 "Gun-Control Opponents Have Their Hopes Up for This Year"를 인용했다. 이 장에서는 총기 애호가 웹사이트인 〈글록토크〉(Glocktalk.com)와 〈건존〉(the-gunzone.com)의 도움을 많이 받았다.

16장

지자체의 총기 정책과 소송에 대해서는 피터 해리 브라운Peter Harry Brown과 대니얼 아벨Daniel G. Abel의 *Outgunned : Up Against the NRA* 7~67페이지와 리처드 펠드먼의 *Ricochet : Confessions of a Gun Lobbyist*의 232~256페이지가 큰 도움이 되었다. 다음의 자료도 도움이 되었다. 1997년 10월 10일자 〈나이트라이더〉, "Gun Makers Visit Clinton to Announce Safety Locks" ; 1997년 10월 25일자 〈댈러스모닝뉴스〉, 커티스 하월Curtis Howell, "Hot as a Pistol : Increasingly Prominent Gun Trade Group Wins Praise for Conciliatory Attitude Behind Safety-Lock Agreement" ; 1997년 10월 10일자 〈연합통신〉, 테런스 헌트Terrence Hunt, "Gun Makers Agree to Provide Childproof Locks on Handguns" ; 1997년 12월 1일자 〈슈팅인더스트리〉, 짐 슈나이더Jim Schneider, "Clinton Applauds Gun Makers at Historical Ceremony" ; 1998년 12월 9일자 〈월스트리트저널〉, 폴 배럿, "Courting Trouble? As Lawsuits Loom, Gun Industry Presents a Fragmented Front — Widening Legal Threat Finds Makers, Sellers Are Split on Issues and Tactics" ; 1998년 12월 23일자 〈워싱턴포스트〉, 로베르토 수로Roberto Suro, "Cities Plan Legal Assault on Makers of Handguns : Tobacco Lawsuits Viewed as Models" ; 1998년 12월 24일자 〈뉴욕타임스〉, 폭스 버터필드Fox Butterfield, "Results in Tobacco Litigation Spur Cities to File Gun Suits" ; 1999년 1월 29일자 〈연합통신〉, 앨런 세이어Alan Sayre, "Watchdog Group : Guns Swap Could Leave City Open for Lawsuit" ; 1999년 2월 14일자 〈애틀랜타저널 컨스티튜션〉, 윌 앤더슨Will Anderson, "Gun Maker Takes Aim at Cities' Lawsuits

; Smyrna Glock Plant Chief Sees No Ties Between Anti-Smoking Lawsuits and Challenges Against Arms Industry Manufacturers" ; 1999년 6월 9일자 〈월스트리트저널〉, 폴 배럿, "Gun Interests, Philadelphia Mayor to Talk Today" ; 1999년 7월 8일자 〈월스트리트저널〉, 폴 배럿, 제프리 테일러Jeffrey Taylor, "Focus of Gun-Control Fight Shifts to Cities, States" ; 1999년 8월 16일자 〈월스트리트저널〉, 바네사 오코넬Vanessa O'Connell, 폴 배럿, "Ricochet : Cities Suing Gun Firms Have a Weak Spot : They're Suppliers, Too — Police Trade-ins Cut Costs, but Many of the Weapons Land in the Wrong Hands" ; 1999년 8월 23일자 〈뉴스위크〉, 맷 바이Matt Bai, "Clouds Over Gun Valley" ; 1999년 12월 13일자 〈월스트리트저널〉, 폴 배럿, 바네사 오코넬, "White House and Gun Industry May Discover Some Talking Points to Reach Deal on Lawsuit" ; 2000년 3월 21일자 〈연합통신〉, 브리짓 그런버그Brigitte Greenberg, "Some NRA Allies Renounce Comments from Group's Leaders" ; 2000년 3월 22일자 〈연합통신〉, "Glock Rejects Gun-Control Agreement" ; 2000년 5월 1일자 〈슈팅인더스트리〉, 러스 투르몬Russ Thurmon, "Smith & Wesson Agreement Draws Fire" ; 2000년 5월 22일자 〈뉴스위크〉, 맷 바이, "A Gun Maker's Agony : Inside Smith & Wesson's Fight to Survive the Crossfire" ; 2000년 6월 14일자 〈하트퍼드쿠랑트〉, 링커 벅Rinker Buck, "Agreement Backfires on Smith & Wesson" ; 2000년 8월 24일자 〈월스트리트저널〉, 게리 필즈Gary Fields, "For Smith & Wesson, Blanks Instead of a Magic Bullet — Nation's No. 1 Gun Maker Signed a Deal to Promote Safety, but Is Still a Legal Target" ; 2001년 2월 5일자 〈뉴스위크〉, 맷 바이, "A Gun Deal's Fatal Wound : As a Landmark Pact to Control Guns Falls Apart, Smith & Wesson Takes the Hit".

17장

가스통 글록의 인생과 그 영향에 대해서는 다음 자료의 도움을 받았다. 2001년 1월 18일자 〈룩셈부르커랜드〉, 베오니크 푸욜Veonique Poujol, "Don't Shoot the Pianist" ; 2002년 11월 24일자 〈선데이타임스(남아프리카)〉, 개너 립슨Gaenor Lipson, "Hard Lesson for Plasticity Tycoon" ; 2003년 3월 12일자 〈로이터〉, "Luxembourg Holds Suspected Mastermind of Bid to Kill Gunmaker Glock" ; 2003년 3월 31일자 〈포브스〉, 다이안 매칸, "Top Gun" ; 2005년 1월 11일자 〈로이터〉, "Court Re-convicts Two in Gun-Maker Murder Trial" ; 2009년 9월 21일자 〈비즈니

스위크〉, 폴 배럿, 브라이언 그로우, 잭 유잉, "Glock's Secret Path to Profits".

18장

하이더와 그의 미국 활동 배경은 다음 자료를 참조했다. 1999년 11월 9일자 〈뉴욕타임스〉, 프랭크 리츠키Frank Litsky, "From One Marathon to Another for Victors" ; 1999년 12월 6일자 〈뉴욕타임스〉, 앨리슨 스메일 Alison Smale, "A Rightist Leader Stirs Tepid Dissent, and Assent" ; 2000년 1월 6일자 〈뉴욕타임스〉, 클라이드 하버만 Clyde Haberman, "Top Honoree at King Event Is Surprising" ; 2000년 1월 29일 〈뉴스데이〉, 릭 브랜드Rick Brand, "Hillary Slams Austrian Leader" ; 2000년 2월 2일 〈뉴욕타임스〉, 데이비드 허샌혼David Herszenhorn, "Giuliani Outlines Some Foreign Policy Views from Austria to the West Bank" ; 2000년 2월 3일자 〈롤콜Roll Call〉, 수전 크랩트리Susan Crabtree, "Hatch, RNC Chairman Drawn into Giuliani Controversy" ; 2008년 10월 12일자 〈뉴욕타임스〉, 니콜라스 쿨리시Nicholas Kulish, "Jorge Haider, Austrian Rightist, Is Dead at 58" ; 2009년 9월 21일자 〈비즈니스위크〉, 폴 배럿, 브라이언 그로우, 잭 유잉, "Glock's Secret Path to Profits".

19장

자동화기와 총기 규제에 대해서는 마크 클레이먼의 *When Brute Force Fails : How to Have Less Crime and Less Punishment*(Princeton, N.J. : Princeton University Press, 2009) 8~15, 136~148페이지를 특히 참조했다. 총기 규제 관점에 대해서는 톰 디아즈의 *Making a Killing : The Business of Guns in America* 1~16, 83~84페이지, 데니스 헤니건의 *Lethal Logic : Exploding the Myths That Paralyze American Gun Policy* 1~12, 37~73페이지, 조시 슈거만의 *Every Handgun Is Aimed at You : The Case for Banning Handguns*의 서론 9~17, 1~11페이지를 참조했다. 범죄학자가 범죄율을 설명하지 못하는 어려움에 대해서는 2009년 8월 2일자 〈뉴욕타임스〉에 실린 셰일라 드완Shaila Dewan의 "The Real Murder Mystery? It's the Low Crime Rate"가 잘 설명하고 있다. 버지니아공대 학살의 배경은 다음을 참조했다. 2007년 4월 18일자 〈리치먼드타임스-디스패치〉, 빌 맥켈웨이Bill McKelway, 피터 바크Peter Bacque, "Killer Bought Handgun, Ammo Last Month : Roanoke Shop Owner Says Sales to Cho Didn't Raise Any Suspicions" ; 2007년 4월 26일자 〈워싱턴포스트〉, 제리 마컨Jerry Markon, 사리 호

로비츠, "Va. Tech Killer's Motives Pursued : Some Actions During Rampage Still a Mystery" ; 2007년 4월 30일자 〈뉴스위크〉, 제리 아들러, "Story of a Gun : It's Sleek, Light, and Frighteningly Lethal. How the 9mm Became the Weapon of Choice for Cops and Criminals, Civilians and Soldiers — and a Very Sick Young Man in Virginia". 디알로 난사 사건의 배경은 다음을 인용했다. 1999년 2월 7일자 〈뉴욕타임스〉, 조디 윌고렌Jodi Wilgoren, "Fatal Police Barrage Renews Debate Over Safety of Semiautomatics" ; 2000년 2월 26일자 〈뉴욕타임스〉, 제인 프리치Jane Fritsch, "The Diallo Verdict : The Overview — 4 Officers in Diallo Shooting Are Acquitted of All Charges". 숀 벨 사건에 대해서는 다음을 읽었다. 2006년 11월 27일자 〈뉴욕타임스〉, 마이클 윌슨Michael Wilson, "50 Shots Fired, and the Experts Offer a Theory" ; 2008년 2월 29일자 〈뉴욕타임스〉, 클라이드 하버만, "Yes, There's a Trial, but There Are Also Broader Statistics" ; 2008년 3월 6일자 〈뉴욕타임스〉, 마이클 윌슨, "Police Guns Make Jarring Evidence at Detectives' Trial". 동조 사격에 대해서는 2010년 8월 11일자 〈뉴욕타임스〉에 레이 리베라Ray Rivera와 알 베이커Al Baker가 쓴 "Bystander Injured in Harlem Episode Cites 'Contagious Shooting' in Plan to Sue"라는 기사로 보도되었다. BATF의 범죄에 사용된 총기 추적에 대한 〈타임〉 기사는 2002년 7월 12일자에 일레인 섀넌Elaine Shannon이 쓴 "America's Most Wanted Guns"이다.

20장

FBI의 25주년 추모식은 2011년 4월 11일자 〈연합통신〉에 아리 오처Ari Odzer와 브라이언 하마허Brian Hamacher의 "Memorial for FBI Agents Killed in Miami"라는 기사로 보도되었다. 글록의 신형 권총에 대한 긍정적인 리뷰는 다음과 같다. 2011년 1월호 〈건스앤아모〉, 페이튼 밀러Payton Miller, "Glock 17 Gen 4" ; 2010년 12월호, 2011년 1월호 〈핸드건스〉, 데이브 스폴딩Dave Spaulding, "A Handier New Glock" ; 2010년 12월 7일자 〈휴먼이벤츠〉, "Top 10 Concealed Carry Guns". 투손 난사 사건 후, 애리조나의 총기 판매에 대해서는 2011년 1월 12일자 〈블룸버그〉(Bloomberg.com)에 실린 마이클 라일리Michael Riley의 "Arizona Shootings Trigger Surge in Glock Sales Amid Fear of Ban"을 참조했다.

찾아보기

글록 미국을 지배하는 또 하나의 제국

1판 1쇄 발행 2021년 9월 23일
1판 3쇄 발행 2023년 10월 4일

지은이 폴 배럿
옮긴이 오세영
감수 강준환
펴낸이 김영곤
펴낸곳 (주)북이십일 레드리버

콘텐츠개발본부 이사 정지은
웹콘텐츠팀 팀장 배성원
책임편집 유현기
외주편집 김의경
디자인 조기연
출판마케팅영업본부장 한충희
마케팅1팀 남정한 한경화 김신우 강효원
출판영업팀 최명열 김다운 김도연
제작팀 이영민 권경민

출판등록 2000년 5월 6일 제406-2003-061호
주소 (우10881) 경기도 파주시 회동길 201(문발동)
대표전화 031)955-2100 **내용문의** 031)955-2731 **팩스** 031)955-2151 **이메일** book21@book21.co.kr

ISBN 978-89-509-9699-4